MOEWIG ARGUMENTE



Für [illegible]
zur kritischen
Lektüre
Helmut
26.10.90

## *Zum Buch*

In den zwanziger Jahren dieses Jahrhunderts erregte ein amerikanischer Justizskandal weltweit Aufsehen und Empörung: der Fall Sacco und Vanzetti.

Als am 15. April 1920 ein Geldtransport überfallen und zwei Personen dabei niedergeschossen wurden, richtete sich der Verdacht bald gegen die beiden italienischen Einwanderer Nicola Sacco und Bartolomeo Vanzetti, die all das verkörperten, wovor sich ein „rechtschaffener" amerikanischer Bürger fürchtete: Sie waren Ausländer, Atheisten und in der anarchosyndikalistischen Gewerkschaftsbewegung aktiv. Trotz mangelnder Beweise, trotz zahlreicher Einsprüche und weltweiter Proteste wurden die beiden Angeklagten nach siebenjähriger Verhandlung auf dem elektrischen Stuhl hingerichtet. Bis zuletzt beteuerten sie ihre Unschuld. Es dauerte fünfzig Jahre, bis die amerikanische Regierung die beiden zu Unrecht Verurteilten 1977 endlich rehabilitierte.

Ebenso spannend wie engagiert schildert Helmut Ortner das tragische Schicksal zweier Menschen, die voll Enthusiasmus und Hoffnung in das „Land der unbegrenzten Möglichkeiten" kamen und dort das wehrlose Ziel kollektiver Angstgefühle und weltanschaulicher Intoleranz wurden.

*Helmut Ortner macht in seinem Buch deutlich, wie traurig aktuell dieser tragische Fall heute noch ist. Das Buch ist nicht nur spannend wie ein Thriller, es ist ein Thriller.*

Vorwärts

## *Zum Autor*

Helmut Ortner, Jahrgang 1950, hat sich als Journalist und Sachbuchautor einen Namen gemacht. Er schreibt für zahlreiche Zeitungen und Zeitschriften und hat bislang mehr als ein Dutzend Bücher veröffentlicht, vor allem zu sozial- und justizkritischen Themen. 1986 erhielt er den Stadtschreiberpreis der Stadt Kelsterbach.

Von Helmut Ortner liegen bei Moewig außerdem vor: *Die verkaufte Lust* (Band 3350) und – als gebundene Ausgabe – *Der Einzelgänger Georg Elser.*

Helmut Ortner

# Zwei Italiener in Amerika

## Der Justizmord Sacco & Vanzetti

MOEWIG ARGUMENTE

MOEWIG Band Nr. 3448
Verlagsunion Erich Pabel-Arthur Moewig KG, Rastatt

Fotos im Innenteil:
Bilderdienst Süddeutscher Verlag, München (Nr. 1 – 9, 13, 14)
Ullstein Bilderdienst, Berlin (Nr. 10 – 12)


Umschlagentwurf und -gestaltung: Werbeagentur Zeuner, Ettlingen
Umschlagfoto: Bilderdienst Süddeutscher Verlag, München
Auslieferung in Österreich:
Pressegroßvertrieb Salzburg Gesellschaft m. b. H.,
Niederalm 300, A-5081 Anif
Printed in Germany 1990
Druck und Bindung: Ebner Ulm
ISBN 3-8118-3448-7

# Inhalt

*Ich war wild darauf zu kommen in dieses Land,*
*weil ich gemocht freies Land ...*

Nicola Sacco

*Ich muß leiden, weil ich ein Radikaler bin,*
*und ich bin in der Tat ein Radikaler;*
*ich muß leiden, weil ich ein Italiener bin,*
*und ich bin in der Tat ein Italiener ...*

Bartolomeo Vanzetti

*Erstes Kapitel*

# Die Schüsse von Bridgewater und South Braintree

Dieser Winter war besonders hart in New England, der schneereichste seit Jahren. Am kalt-feuchten Morgen des 24. Dezember 1919 war der Zahlmeister Alfred Cox mit Lohngeldern von mehr als dreißigtausend Dollar von der Bridgewater Trust Company zu seiner Firma, der L. Q. White Shoe Company in Bridgewater, Bundesstaat Massachusetts, unterwegs. Cox saß mit dem Rücken zu seinem Fahrer Earl Graves auf einer großen, verzinkten Eisenkiste, in der sich das Geld befand. Neben Graves, der das schwerfällige Gefährt, einen Ford mit Segeltuchdach und dicken Gummireifen, wegen vereinzeltem Glatteis sehr vorsichtig steuerte, saß der Wachtmeister Benjamin Bowles.

Die Uhr zeigte zwanzig Minuten vor acht, als Graves in die Summer Street einbog, um kurz danach die Broad Street hinunterzufahren. In der Mitte der Straße verliefen dort Straßenbahnschienen, und Graves verlangsamte deshalb das Tempo auf kaum zehn Meilen in der Stunde, denn er wußte, wie tückisch solche Schienen bei Glätte sein konnten. Als sich der Lastwagen etwa hundert Meter hinter einer Straßenbahn befand, die in gleicher Fahrtrichtung unterwegs war, bemerkte Graves, wie an der Ecke Hale Street ein Personenwagen abrupt bremste. Drei Männer sprangen heraus und kamen dem Lastwagen entgegen. Im Bruchteil einer Sekunde ahnte Graves, daß etwas nicht stimmte. Der vorderste der drei Männer trug keine Kopfbedeckung, hatte einen dunklen Schnurrbart und war mit einem langen schwarzen Mantel bekleidet. Graves sah, daß er eine Flinte in der Hand hielt. Die beiden anderen Männer hatten Handfeuerwaffen. Plötzlich kniete sich der Mann mit dem Schnurrbart nieder und zielte auf die Front des Lastwagens.

»Ein Überfall!« schrie Graves. Er wußte nicht, ob er bremsen oder Gas geben sollte. In diesem Augenblick eröffneten die beiden anderen Männer das Feuer. Kugeln prasselten gegen die Bleche des Lastwagens. Bowles und Cox erwiderten das Feuer mit zwei Schüssen, während Graves nun doch kräftig auf das Gaspedal drückte und über die Schienen hinweg auf die andere Straßenseite fuhr. Doch auf der vereisten Straße verlor er die Kontrolle über den Wagen; da half es auch nicht, daß Bowles ihm ins Steuer griff. Schleudernd prallte der Lastwagen gegen einen Telegrafenmast. Blech krachte, Scheiben klirrten, Rauch stieg aus dem Motor auf.

Kurz nach dem Aufprall rannten die drei Banditen zu ihrem Wagen zurück. Ein vierter Mann, von großer Gestalt, hatte während des Überfalls am Steuer sitzend auf sie gewartet. Hastig rissen sie die Türen auf und sprangen in den Wagen, der mit quietschenden Reifen durch die Hale Street davonfuhr.

Der demolierte Lastwagen war mittlerweile von vielen Schaulustigen umringt. Gestenreich schilderten sie, was sie gesehen hatten oder gesehen zu haben glaubten. Bowles, Graves und Cox steckte der Schreck noch tief in den Gliedern. Bleich im Gesicht dankten sie Gott, daß keiner von ihnen getroffen und keiner verletzt worden war. Auch die Kiste mit den Lohngeldern war unversehrt geblieben.

Noch am selben Tag beauftragte die White Shoe Company die Detektivagentur Pinkerton mit den Ermittlungen. Ein Pinkerton-Agent befragte zunächst die drei Beteiligten sowie mehrere Zeugen, die den Überfall miterlebt hatten. Seine ersten Recherchen blieben jedoch dürftig und widersprüchlich. Doch das war der Pinkerton-Mann von anderen Fällen schon gewohnt. Augenzeugen von Verbrechen waren häufig unzuverlässig. So etwas geht zu schnell, jede Person nimmt nur einen Teil des Verbrechens wahr, und viele sehen häufig nur, was sie sehen wollen, und nicht, was tatsächlich geschah.

So gab Frank Harding, ein Verkäufer von Auto-Ersatzteilen, zu Protokoll, er habe beim Anblick der Schießerei zunächst gedacht, es würde ein Film gedreht. Als er zur Hale

Street kam, seien die Gangster gerade zu ihrem Wagen gerannt. Vielleicht sei es ein Hudson gewesen, in jedem Fall ein schwarzer Wagen, daran könne er sich erinnern. Und an das Zulassungszeichen: 01173 C.

Ein anderer Zeuge, ein junger Arzt mit dem Namen Dr. John Murphy, sagte aus, er habe sich gerade angezogen, als er die Schüsse hörte. Sofort habe er das Fenster geöffnet, doch nur noch einen Personenwagen gesehen, der davonraste. Ja, der Wagen sei schwarz gewesen. Immerhin, dachte der Pinkerton-Agent, diese Farbe wurde auch von Harding genannt. Und noch etwas gab der Arzt zu Protokoll: Er sei, so diktierte er dem Detektiv in den Block, später von seiner Wohnung in der Broad Street dorthin gegangen, wo der Lastwagen gegen den Mast geprallt war. Dort habe er eine Patronenhülse gefunden, aufgehoben und eingesteckt. »Haben Sie die Hülse dabei?« fragte der Detektiv ungeduldig. Der junge Arzt griff in seine Jackentasche und gab sie ihm.

Andere Zeugen waren nicht so ergiebig, ihre Beobachtungen diffus, oberflächlich und voller Widersprüche. Drei Zeugen gaben an, der Mann mit dem Gewehr habe einen Mantel getragen; ein Zeuge sagte, dies sei nicht der Fall gewesen. Wieder andere behaupteten, er sei barhäuptig gewesen; dem widersprach eine Frau: Er habe einen schwarzen Filzhut getragen. Trotz der zahlreichen Widersprüche ergab sich für die Pinkerton-Agentur ein erstes Bild: Vier Männer, schwarzer Wagen, der Bandit mit dem Gewehr ein Mann mit dunklem Teint, kurzem, gestutztem Schnurrbart, mittelgroß, etwa vierzig Jahre alt.

Da es damals durchaus üblich war, Personen nach ihrer ethnischen Abstammung zu identifizieren, dachte man sofort an Ausländer: an Griechen, Polen, Russen oder Italiener ... Ein Pinkerton-Detektiv sprach auch mit dem Polizeichef von Bridgewater, Michael E. Stewart. Für diesen war der Überfall ein außerordentliches Ereignis.

Stewart war seit 1915 Polizeichef in der Stadt, aber so etwas hatte er noch nicht erlebt. Zwar wußte er, daß es in den Industrievierteln von Boston häufig zu Überfällen und Einbrüchen in Läden und Banken gekommen war, und ihm war auch nicht entgangen, daß die Presse von einer »Welle von

Verbrechen« geschrieben hatte. In den Berichten war immer wieder die mangelnde Durchschlagskraft der Polizei kritisiert worden. In Randolp, ganz in der Nähe von Bridgewater, war erst am 17. November eine Sparkasse ausgeraubt worden. Vier Täter erbeuteten dabei 35 000 Dollar und verschwanden unerkannt. Doch das war in Randolp, nicht in Bridgewater. Stewart buchte es als seinen persönlichen Erfolg, daß in Bridgewater die Welt bislang noch in Ordnung war. Darauf war er stolz. Mit seinen zwei Polizeibeamten, einem Mann, der am Tage Streife ging, und einem, der Nachtdienst versah, war ihm der Überfall auf den Lohngeldtransport eine Nummer zu groß. Und das beunruhigte ihn. Ja, es kratzte an seiner Polizistenehre, den Fall gemeinsam mit den Pinkerton-Detektiven bearbeiten zu müssen. Stewart, ein großer, kräftiger Mann von Anfang Vierzig, sah darin aber auch eine Herausforderung. Jetzt konnte er beweisen, daß er zu Höherem berufen war als nur zu einem Provinzpolizisten. Dem Detektiv gab er zu verstehen, daß von den »Roten und Bolschewisten« eine ganze Menge nach Bridgewater hereinkämen und daß der Überfall das Werk einer von außerhalb der Stadt gekommenen Russenbande gewesen sein könnte.

Stewart wußte zwar nicht so genau, woher eigentlich das Wort »Bolschewisten« kam, doch er benutzte es als generelles Schimpfwort für alle, die ihm als Gesindel galten. Und so taten es alle in Bridgewater. »Bolschewisten« waren Ausländer, Anarchisten, Kommunisten, manchmal auch Gewerkschafter. In jedem Falle war ein Bolschewist das genaue Gegenbild von einem Amerikaner. Stewart, dessen Familie aus Irland stammte und schon seit zwei Generationen in Amerika ansässig war, fühlte sich diesen Einwanderern überlegen. Mit solchen Leuten hatten er und seine Familie nichts gemein. »Ich bin ein Amerikaner«, sagte er oft. Und als Ire fühlte er sich nicht nur als Pionier dieses großen Landes, das seine Heimat geworden war, sondern auch als eine Art besonderer Amerikaner.

Inspektor Albert Brouillard von der State Police, der als Verstärkung nach Bridgewater geschickt worden war, um Stewart bei der Aufklärung des Verbrechens zu helfen, war bei der Beurteilung der Tat anderer Meinung. Er sah den Überfall in Zusammenhang damit, daß viele Verbrecher Boston verlassen hatten, nachdem dort der Streik der Polizisten beendet worden war, und sich nun in den Vorstädten aufhielten. Jetzt, so Brouillard, würden sie wieder neues Terrain für ihre Verbrechen suchen.

Die Pinkerton-Detektive hatten für derartige Spekulationen nicht viel übrig. In ihrem Job zählten Beweise, nicht Phantasien. Um handfestere Spuren zu bekommen, versuchten sie, mit einer von der L. Q. White Shoe Company ausgesetzten Belohnung von tausend Dollar Unterweltspitzel zu gewinnen. Am 30. Dezember notierte sich ein Detektiv:

*Heute Telefonanruf von einem Informanten, treffe ihn später zum Abendessen. Im Verlauf der Unterhaltung teilt er mir mit, ein ihm nicht näher bekannter Italiener habe erzählt, die am Bridgewater-Überfall beteiligten Männer hätten sich vorübergehend in einem Schuppen in unmittelbarer Nähe von Bridgewater aufgehalten. Dort hätten sie auch den Wagen zurückgelassen, dazu einige Overalls und andere Kleidungsstücke. Er erzählt weiter, die Männer seien Italiener gewesen. Sie hätten den Wagen untergestellt und seien mit dem Bus nach Quincy zurückgefahren. Sie wohnten in der Gegend der Fore Rivers Docks und seien Anarchisten.*

Sofort streckten die Pinkerton-Agenten in den Italienervierteln ihre Fühler aus. Es vergingen einige Tage, bis sie das Haus des redefreudigen Informanten aufgespürt hatten. Der dreistöckige Ziegelbau lag draußen in Brighton. Am 3. Januar 1920 suchten Polizeichef Stewart, State-Police-Mann Brouillard und Pinkerton-Detektiv Henry Hellyer den Mann auf. Das ging nicht ohne Probleme vonstatten. Zunächst mußten sie an zahllosen Wohnungstüren läuten, ehe jemand öffnete. Dann erfuhren sie, daß der Mann, den sie suchten, schon am Morgen nach Alston gefahren sei. Also beschlossen sie, auf seine Rückkehr zu warten. Auf dem obersten Treppenabsatz im Hausflur schlugen sich die drei Männer die Zeit tot.

Es war eine ärmliche Gegend, in der vor allem Ausländer wohnten, Menschen, die vor Jahren mit großen Hoffnungen in das Land gekommen waren und nun feststellen mußten, daß diese Gesellschaft ihnen nur ein bescheidenes Leben zubilligte. Es waren Polen, Russen, Griechen, Armenier und Italiener.

Ein modriger Geruch lag in der Luft. Die Häuser waren feucht, der Putz bröckelte von den Wänden. Der Geruch von Armut, dachte Stewart und sah aus dem Treppenhausfenster in den Hof hinunter. Für ihn war schon jetzt klar, daß der Überfall auf das Konto dieser Leute ging. »Vielleicht«, sagte er zu Brouillard, »waren es Russen, die ein Spitzel in der Schuhfabrik auf den Geldtransport aufmerksam gemacht hat.« Brouillard schüttelte gelangweilt den Kopf. »Vielleicht aber auch Italiener«, meinte Stewart. »Die tragen doch fast alle dunkle Oberlippenbärte, und der Mann mit der Flinte, der hatte einen solchen Bart, das steht fest.«

Stewart verstummte schlagartig, als ein Mann mit langsamen, aber festen Schritten die Treppe heraufkam. Mehr als vier Stunden hatten sie im Treppenhaus gewartet; jetzt endlich kam der Mann, den sie suchten. Er war auffällig gekleidet: schwarzer Mantel, breiter Filzhut. Sein Name: Carmine Barasso. Daraus hatte er C. A. Barr gemacht, weil es amerikanischer klang. Er wollte nicht, daß jeder Beamte schon am Namen merkte, daß er es mit einem Einwanderer zu tun hatte. Carmine Barasso hatte längst gelernt, daß falscher Stolz in diesem Land oft nur Nachteile brachte. Also nannte er sich C. A. Barr.

Die drei Männer sprachen ihn auf Bridgewater an, und er war durchaus bereit zu erzählen, was er wußte. Später berichtete der Pinkerton-Detektiv Henry Hellyer, Barr habe, als sie in seiner Wohnung waren, eine verworrene Geschichte über eine von ihm erfundene Maschine erzählt, mit der er feststellen könne, wer ein Verbrechen begangen habe, ganz gleich, wo es begangen worden sei. Er, Stewart und Brouillard waren sich einig: ein Verrückter, ein Wichtigtuer, der sich gern interessant machte, einer, der nicht ernst zu nehmen war.

Als Stewart an diesem Abend nach Hause fuhr, vorbei an den Schneehaufen, die sich links und rechts der Straße auftürmten, war er verärgert und enttäuscht. Die Ermittlungen waren bislang im Sand verlaufen. Wer waren die Täter? Fest stand nur, daß es sich aller Wahrscheinlichkeit nach um Ausländer handelte. In der Frage der Nationalität gab es zwar unterschiedliche Meinungen – aber daß es Ausländer waren, darin waren sich alle einig. Und die Vermutung, der Überfall könnte das Werk von Anarchisten gewesen sein, teilte er. Diese politischen Wirrköpfe haben doch ihre Anhängerschaft fast ausschließlich unter den Ausländern, unter Russen und Italienern vor allem ... dachte Stewart. Doch wenn der Überfall tatsächlich von Anarchisten verübt worden war, dann war dies ein betrübliches Zeichen für Bridgewater. Das ist der Anfang vom Ende, sagte er sich.

Wochen nach dem Überfall muße Stewart schließlich mit gekränktem Stolz feststellen, daß sich im Fall White Shoe Company noch immer nichts getan hatte. Die Detektei Pinkerton zog ihre Agenten ab, State-Police-Mann Brouillard trat die Heimreise an. In seinem Büro, einem Hinterzimmer des mit Holzsäulen geschmückten Stadthauses von Bridgewater, legte Stewart den Fall bis auf weiteres zu den Akten.

Wenig später ereignete sich in South Braintree, Massachusetts, ein neuerlicher Raubüberfall, der Polizeichef Stewart wieder an die ungeklärte Schießerei vom Dezember denken ließ. An einem Donnerstag, es war der 15. April 1920, trafen die Lohngelder der Slater & Morrill Shoe Company wie immer mit dem Morgenzug ein. Die Gleise der New Haven Railroad und des Bahnhofs von South Braintree verliefen zwischen den beiden etwa dreihundert Meter voneinander entfernten Fabrikgebäuden der Firma. Es war neun Uhr dreißig, als Shelley Neal, ein Agent der American Express Company, eine Stahlkassette in Empfang nahm, um sie zur sogenannten »oberen Fabrik« zu bringen, wo sich, im Gebäude Nummer I, das Lohnbüro von Slater & Morrill befand. Die Lohnbuchhalterin Margret Mahoney machte sich gleich daran, das Geld in die Lohntüten einzufüllen, die für die »untere Fabrik« bestimmt waren.

Es war fast drei Uhr nachmittags geworden, bis sie die knapp fünfhundert Lohntüten mit insgesamt 15 773 Dollar und 59 Cents versiegelt hatte. Sie legte die Tüten in zwei Holzkästen, um diese wiederum in zwei Stahlkassetten zu verschließen. Gerade als sie dabei war, die Schlösser an den Kassetten zu befestigen, betraten Mr. Parmenter, der Zahlmeister der Firma, und der Wachmann Berardelli das Büro.

Frederick Parmenter, ein Mann von Mitte Vierzig, mit rundem Kopf und kurzgeschnittenem Schnurrbart, war bei allen Angestellten und Arbeitern der Firma beliebt. Nicht nur, weil er es war, der ihnen das schwerverdiente Geld an den jeweiligen Zahltagen brachte – nein, er war eine Frohnatur, einer, der immer gute Stimmung verbreitete. Margret Mahoney und die anderen Frauen freuten sich deshalb immer auf den wöchentlichen Besuch. Parmenter war für jeden Spaß zu haben und hatte immer einen Witz auf den Lippen.

An diesem Donnerstag trug er wie gewohnt seine braune Filzmütze, und die Buchhalterinnen machten über diese Kopfbedeckung ihren Jux. Doch das kannte Mr. Parmenter schon, und deshalb tat er die Mütze nie vom Kopf, wenn er das Lohnbüro betrat. Gegen 15 Uhr nahm Frederick Parmenter wie immer eine der Geldkassetten in die Hand; die andere ergriff Alessandro Berardelli, ein zurückhaltender, fast schüchtern wirkender italienischer Wachmann, der nur selten ein Wort sprach. Dann verließen die beiden Männer das Lohnbüro.

Gewöhnlich legten sie die kurze Strecke zur »unteren Fabrik« mit dem Auto zurück, doch an diesem Donnerstag gingen sie zu Fuß. Berardelli schritt voran, Parmenter, ohne Mantel, folgte ihm einige Schritte dahinter. Beide waren unbewaffnet. Von seinem Arbeitsplatz im dritten Stock der Firma Slater & Morrill sah der Zuschneider Mark Carrigan, wie sich der Zahlmeister und der Wachmann den Warnschildern vor dem Bahnübergang näherten. Als er ans Fenster trat, um es wegen der großen Hitze weiter zu öffnen, bemerkte Carrigan, wie die beiden hinter dem Übergang stehenblieben, um mit einem Mann zu sprechen. Dann setzten sie ihren Weg fort.

Auch die Fenster im ersten Stock des Gebäudes standen offen. Die beiden Ledernäherinnen Minnie Kennedy und Louise Hayes konnten von ihren Arbeitsplätzen auf die Straße hinunterblicken. Dort fiel ihnen ein Wagen auf, der am Straßenrand, nur etwa zehn Meter von dem Fabrikgebäude entfernt, parkte. Ein Mann machte sich am Motor zu schaffen und klappte, mit einem Schraubenschlüssel in der Hand, mal die eine, mal die andere Seite der Kühlerhaube auf. Danach stellte er sich vor das Auto, setzte einen Fuß auf die Stoßstange und zündete sich eine Zigarette an. Nach einer Weile beobachteten die beiden Mädchen, wie der Mann einstieg, die Pearl Street langsam hinunterfuhr, dann aber wendete und wieder zurückfuhr. Jetzt stand der Wagen etwa 75 Meter von dem Fabrikgebäude entfernt.

Jimmy Bostock, ein Mann, der für Reparaturen an den Maschinen in der Fabrik zuständig war, kam ebenfalls die Pearl Street herunter. Er hatte es eilig, denn er wollte seinen Bus um 15 Uhr 14 nach Brockton noch erwischen. Ihm kamen Parmenter und Berardelli mit den Stahlkassetten in der Hand entgegen, und er grüßte die beiden.

»Bostock«, rief Parmenter ihm zu, »ich soll dir ausrichten, daß an einem der Motoren in Gebäude I etwas nicht in Ordnung ist.« Bostock konnte nicht lange stehen bleiben und erwiderte nur kurz: »Heute wird das nichts mehr, ich will meinen Bus noch erwischen. Morgen ist auch noch ein Tag.« Dann hetzte er weiter.

»Schon gut!« rief Parmenter und winkte kollegial zu ihm hinüber auf die andere Straßenseite. Er und Berardelli gingen jetzt an einer Garage vorbei, die »untere Fabrik« war schon in Sichtweite. Als sie einen Telefonmast mit einem Feueralarmkasten passierten, sah Parmenter zwei Fremde an einem Zaun stehen. Es waren zwei finster aussehende, untersetzte Gestalten, die Hände in den Taschen. Der eine trug eine Kappe, der andere eine Filzmütze.

Parmenter war gerade an den beiden Männern vorübergegangen, da nahmen sie die Hände aus den Taschen. Plötzlich sprang der Mann mit der Mütze vor Berardelli und schoß auf ihn. Parmenter drehte sich ruckartig um und sah nun ebenfalls diesem Mann ins Gesicht. Sofort richtete sich die Waffe auf ihn. Von Kugeln in die Brust getroffen, taumelte Parmenter über die Straße; stolpernd und schwankend machte er ein paar Schritte. Der Mann feuerte abermals und traf Parmenter nun in den Rücken. Dann gab er noch einen Schuß in die Luft ab. Auf dieses Signal hin kam der bis dahin nahe dem Fabrikgebäude geparkte Wagen. Augenzeugen berichteten später, es sei ein hellgrauer Buick gewesen, der mit jaulendem Motor herangefahren war.

Berardelli war es inzwischen trotz seiner schweren Schußwunden gelungen, sich auf Händen und Knien hochzurappeln. Bevor der Wagen abfuhr, sprang ein dritter Mann aus dem Auto und lief, eine automatische Waffe in der Hand, zu dem halb aufrecht schwankenden Berardelli. Aus nächster Nähe feuerte er noch einmal auf ihn. Die Banditen warfen die beiden Geldbehälter in den Fond des Wagens und stiegen eilig ein. Ehe sie mit quietschenden Reifen losfuhren, feuerte einer der Männer noch eine Geschoßgarbe auf die obere Reihe der Fabrikfenster.

Jimmy Bostock, der völlig versteinert als Augenzeuge den Überfall miterlebt hatte, mußte zur Seite springe, so nahe schoß der Wagen der Banditen an ihm vorbei. Das Auto erreichte den Bahnübergang an der Pearl Street genau in dem Augenblick, als der Schrankenwärter Michael Levangie die Schranken herabließ, weil sich ein Zug näherte. Levangie blickte in die Mündung einer Pistole. »Schranken hoch!« rief aufgeregt einer der Banditen. »Schranken hoch, oder wir knallen dich übern Haufen!« Levangie öffnete die Schranken so schnell wie möglich und rannte, Deckung suchend, in sein Wärterhäuschen. Die Banditen gaben einen Schuß auf das Häuschen ab, dann fuhren sie mit aufheulendem Motor knapp vor dem sich nähernden Zug über die Gleise.

Während sie davonrasten, streckte einer der Gangster seine Pistole durch das glaslose Rückfenster, um mögliche Verfolger in Schach zu halten. Es hagelte Salven von Schüssen nach beiden Seiten der Pearl Street, um Augenzeugen abzuschrekken. Reißnägel wurden auf die Straße geworfen, die mit Gummiköpfen versehen waren, damit sie aufrecht stehen blieben, um die Autoreifen etwaiger Verfolger zu durchlöchern.

Ray Gould, ein Hausierer, der auf dem Weg zur Fabrik war, wo er den Arbeitern eine von ihm erfundene Paste verkaufen wollte, mit der man stumpf gewordene Rasierklingen wieder schärfen konnte, stand auf der anderen Seite der Schranke, als eine Kugel der Banditen den Saum seines Mantels durchschlug. Gould war wie gelähmt, und Angstschweiß stand auf seiner Stirn. Dennoch versuchte er, als der Gangsterwagen ganz dicht an ihm vorbeiraste, sich den Gesichtsausdruck eines der Schützen einzuprägen. Später erinnerte er sich noch an weitere Einzelheiten: Einer der Männer hatte schütteres Haar, war blond und trug einen blauen Anzug...

Jim McGlone, ein Bauarbeiter, der gerade dabei war, in der Nähe des Tatortes eine Grube auszuheben, lief nach der Schießerei zu der Stelle, wo Parmenter lag. »Ich faßte ihn bei den Schultern«, erzählte er beim Verhör zwei Tage später, »und fragte ihn, ob er verletzt sei. Doch er gab keine Antwort. Ich bettete ihn vorsichtig wieder auf den Boden. Dann holte ich eine Pferdedecke und schob sie ihm unter den Kopf.«

Auch Jimmy Bostock war, sobald der Gangsterwagen außer Sicht war, zum Tatort gelaufen. Er kümmerte sich um Berardelli. »Seine Lippen waren geöffnet, bei jedem Atemzug schoß ihm tiefrotes Blut aus dem Mund«, gab Bostock später zu Protokoll. Er hatte alles getan, was zu tun war, doch schon nach kurzer Zeit setzte Berardellis Atem aus. Bostock entdeckte auf der Straße vier Geschoßhülsen, die er einsammelte und in die Hosentasche steckte.

Mittlerweile waren zahlreiche Menschen herbeigerannt, die sich aufgeregt gestikulierend um die Niedergeschossenen drängten. Die Fenster der nahe gelegenen Schuhfabrik waren von Arbeitern und Angestellten dicht besetzt. Zwar wußte niemand so genau, was passiert war, doch daß es sich um eine Schießerei gehandelt hatte, war unüberhörbar gewesen. Nach und nach erfuhren sie, daß Parmenter und Berardelli überfallen, die Löhne von den Banditen geraubt worden waren.

Fred Loring, der mit vielen Arbeitern von der »oberen Fabrik« gekommen war, sah etwas, das die anderen überhaupt nicht registriert hatten: eine Mütze, nicht weit von der blutüberströmten Leiche Berardellis. Er hob sie auf und steckte sie ein. Parmenter, der noch Lebenszeichen von sich gab, wurde von McGlone und anderen Männern ins nahe liegende Colbert-Haus getragen. Alle sahen, daß Parmenters Zustand sehr bedenklich war, er verlor viel Blut.

Inzwischen war Polizeichef Jeremiah Gallivan eingetroffen und bahnte sich mühsam einen Weg durch die Schaulustigen. Die Menschen um ihn herum stießen sich und drängelten, alle riefen durcheinander, wo die Schüsse gefallen waren und welchen Fluchtweg die Gangster genommen hatten. Gallivan traf auf den Feuerwehrhauptmann Fred Tenney, der ihm sagte, es handle sich um einen grünen Personenwagen. »Vielleicht können wir sie noch schnappen, sie können noch nicht sehr weit sein«, meinte Tenney. Hektisch stiegen sie in das kleine rote Auto des Feuerwehrmannes, um unter dem Gebimmel der Messingglocke die Verfolgung aufzunehmen.

Sie rasten zunächst – auf reine Vermutungen angewiesen – in Richtung Süden bis hinaus zum zwei Meilen entfernten Ort Holbrook. Dort befragten sie einen Soldaten, dem sie auf einer Straßenkreuzung begegneten.

»Ja, vor zehn Minuten ist hier ein grüner Wagen vorbeigefahren«, sagte der junge Mann. »Sie bogen auf die Straße nach Abington ab«, dabei deutete er nach links. »Nichts wie dorthin!« befahl Gallivan, und Tenney steuerte sein Auto nach Osten in Richtung Abington. Mittlerweile hatte der Polizist seine Pistole gezogen und das Beifahrerfenster heruntergekurbelt. Mit hohem Tempo fuhren sie auf die Kleinstadt zu. Doch schon im Gewirr der ersten Straßen verloren sie rasch die Übersicht. Sie fuhren auf die andere Seite des Ortes, hin und her, aber beide wußten längst: Die Jagd war zu Ende, die Täter waren entkommen. Nach einer Stunde begaben sie sich enttäuscht zurück nach South Braintree.

Nicht einmal zwei Stunden lag der Raubüberfall zurück, doch schon löste sich die Realität des Geschehens auf, und an ihre Stelle traten Phantasien, Spekulationen. Ähnlich wie Monate zuvor in Bridgewater waren auch diesmal die Wahrnehmungen der Augenzeugen, welche die verschiedenen Phasen des Überfalls erlebt hatten, unterschiedlich und widersprüchlich. Typischerweise waren sich die Zeugen nicht einig, was oder wen sie gesehen hatten. Der Wagen war hellgrau, sagten die Mädchen von Slater & Morrill; er war grün, meinte Feuerwehrmann Tenney. Andere wiederum hatten einen schwarzen Wagen gesehen – oder war er nicht vielleicht zweifarbig lackiert gewesen? Nein, sagten andere Zeugen, nicht *ein* Auto, zwei Autos seien von den Banditen benutzt worden. Die Männer, die geschossen hatten, wurden mal als dunkle Typen, dann wieder als blaß und blond beschrieben; einmal sollten sie blaue, ein anderes Mal braune oder graue Anzüge getragen haben. Sie trugen Hüte, Mützen oder überhaupt keine Kopfbedeckung. Jeder hatte eine Waffe, nein, nur einer – oder waren es zwei? Es waren drei, vier oder gar fünf Männer. Die Lage war so unübersichtlich, sagte ein weiterer Zeuge, es könnten auch mehr gewesen sein.

In einigen Punkten wenigstens gab es Übereinstimmung. Der Überfall war am hellichten Tag geschehen, konsequent geplant und durchgeführt bis hin zum letzten Reißnagel. Die Experten waren sich einig: Da waren Profis am Werk gewesen. Die Entschlossenheit der Banditen, Berardelli um jeden Preis zu töten, legte Spekulationen nahe, daß er sie entweder gekannt hatte oder sogar ihr Komplize war. Als der Wagen losfuhr, den immer mehr Zeugen als einen Buick beschrieben, saßen in ihm wahrscheinlich fünf Männer, zwei vorn und drei hinten. Viele Augenzeugen stimmten darin überein, daß der Fahrer ein bleicher, blondhaariger junger Mann gewesen sei. Die drei direkt am Überfall beteiligten Banditen wurden überwiegend als mittelgroße Italiener beschrieben.

Während auf der Straße die Zeugenaussagen protokolliert wurden, lag Parmenter, den Oberkörper halb aufgerichtet, stöhnend auf einem Sofa in einem Zimmer des Colbert-Hauses. Er war kaum noch bei Bewußtsein, doch seine Lippen bewegten sich leicht. »Einer war dunkel, klein und untersetzt«, flüsterte er angestrengt, »der andere klein und dünn.« Dann fiel er wieder aufs Kissen zurück.

Als der Polizeiarzt Dr. Frazer eintraf, ordnete er sofort an, Parmenter ins Quincy-Stadtkrankenhaus zu bringen. Dort wurde er unmittelbar nach der Einlieferung von Dr. Nathaniel Huntig operiert. Zwar konnte dieser die Kugeln entfernen, aber das Leben von Frederick Parmenter war nicht mehr zu retten. Eine todbringende Kugel hatte seine Bauchhöhle durchschlagen und eine der Hauptvenen verletzt. Gegen fünf Uhr morgens, vierzehn Stunden nachdem er niedergeschossen worden war, starb Parmenter.

An Berardellis Leiche, die man nach dem Überfall ebenfalls in das Colbert-Haus gebracht hatte, wurde noch in derselben Nacht eine Autopsie durchgeführt. Man stellte vier Schußwunden fest: die erste am linken Oberarm, die zweite nahe der linken Achselhöhle, die dritte an der linken Körperseite und die vierte an der rechten Schulter. Nach Meinung der Ärzte wären die ersten drei Verletzungen nicht unbedingt tödlich gewesen, doch die vierte Kugel hatte den rechten Lungenflügel zerfetzt und eine große Arterie beschädigt. Alle vier Geschosse fanden die Mediziner noch in Berardellis Körper. Sie wurden vorsichtig herausgelöst und jeweils an der Basis mit römischen Ziffern markiert.

Auch am Abend noch pilgerten viele Schaulustige dorthin, wo am Nachmittag die Raubmorde geschehen waren. Familien schlenderten nach dem Abendessen die Pearl Street hinunter, um den Ort des Grauens in Augenschein zu nehmen. Nicht nur aus allen Teilen von South Braintree strömten die Leute herbei, auch aus den Nachbarorten Randolp, Quincy, Holbrook und Wymonth waren, angelockt von den Nachrichten über das Verbrechen, die Menschen gekommen. Unter Gemurmel starrten sie auf die eingetrockneten, aber noch sichtbaren Blutflecken, die im Schein der Laternen dem Straßenbelag ein makabres Aussehen gaben.

Die Geschoßhülsen, die Jimmy Bostock fand, hatte er wenige Stunden später einem Fabrikleiter von Slater & Morrill gegeben, der sie Captain William Proctor aushändigte. Der Chef der Landespolizei von Massachusetts hatte sich, unterstützt wiederum durch Pinkerton-Detektive, persönlich des Falles angenommen und war nach South Braintree gekommen. Als Spurenmaterial waren die gefundenen Geschoßhülsen – zwei Peters-Geschosse, ein Remington- und ein Winchester-Geschoß – von großem Wert. Auch die Mütze, die Fred Loring nach dem Überfall an sich genommen hatte, wurde den ermittelnden Beamten übergeben. Captain William Proctor stand unter Druck. Die Öffentlichkeit und die Presse forderten von der Polizei eine rasche Aufklärung. Aber wie? Wo sollte die Spur nach den Tätern aufgenommen werden?

Am Tag nach den Raubmorden rief Proctor alle Detektive, Polizeichef Gallivan und dessen Beamte in sein provisorisches Büro. »Wir müssen alles tun«, sagte er scharf und blickte dabei den Männern in die Augen, »um die Täter rasch zu fassen, denn hier geht es um die Sicherheit unserer Bürger und unseres Landes. Die Menschen erwarten jetzt von uns zu

Recht, daß wir Erfolge vorweisen.« Dabei dachte er an Bridgewater. Es gab viele Parallelen. Und noch immer war der Überfall von Bridgewater nicht aufgeklärt. Daß es sich damals ebenfalls um den Lohntransport einer Schuhfirma gehandelt hatte, war eine der auffälligsten Übereinstimmungen. Auch damals waren die Täter mit äußerster Kaltblütigkeit aufgetreten, hatten sofort das Feuer eröffnet. Captain Proctor schlug also Großalarm. Das Wochenende hindurch durchkämmten Polizeichef Gallivan und die Männer der State-Police auf der Suche nach dem Wagen der Banditen Straßen, Parkanlagen und Wälder in und um South Braintree. Die Suche blieb jedoch erfolglos.

Das Verbrechen machte im ganzen Bundesstaat Schlagzeilen. Überall wurde darüber gesprochen, Gerüchte und Vermutungen über die Täter kursierten allerorts. Das brachte der Polizei viele Hinweise, jedoch mit nur geringem Nutzen. So hieß es immer wieder, Berardelli habe den Mann, der ihn niederschoß, gekannt, er habe schon vorher von dem geplanten Überfall gewußt, und deshalb sei er erschossen worden. Andere Augenzeugen, denen die Pinkerton-Detektive eine Auswahl von Bildern aus der Bostoner Verbrecherkartei vorlegten, erkannten den Bankräuber Anthony Palmisono »mit absoluter Sicherheit« als einen der Täter. Nur befand sich Palmisono zur Zeit des Überfalls hinter Schloß und Riegel im Zuchthaus von Buffalo.

In New Bedford erinnerte sich Polizeiinspektor Jacobs, kurz zuvor einen ortsbekannten Ganoven am Steuer eines neuen Buicks gesehen zu haben. Es handelte sich um Mike Morelli, der gemeinsam mit seinen Brüdern den Kern einer Banditengruppe, der sogenannten Morelli-Bande, bildete. Jacobs hatte den Buick seit dem Tag des Verbrechens in South Braintree nicht mehr gesehen, wohl aber einen anderen Wagen mit derselben Autonummer. Frank, ein anderer Morelli-Bruder, erklärte Jacobs auf dessen Frage, er sei Autohändler und habe einfach die Nummernschilder ausgetauscht. Der Verdacht, die Morellis hätten etwas mit dem Raubüberfall zu tun, wurde jedoch in New Bedford begraben, denn ein Mann meldete sich bei Captain Proctor und erzählte ihm eine Geschichte, welche die Ermittlungen in eine ganz neue Richtung lenkte. Es war Polizeichef Michael E. Stewart aus Bridgewater.

Am 16. April, dem Tag nach dem Raubüberfall, war Stewart von einem Beamten der Einwanderungsbehörde gebeten worden, ihm bei der Überprüfung eines italienischen Anarchisten namens Ferruccio Coacci zu helfen, der wegen Verteilung anarchistischer Schriften ausgewiesen werden sollte. Coacci hatte darin mit weiteren fünf Männern zum Sturz der amerikanischen Regierung aufgerufen. Die sechs wurden aufgrund des sogenannten Deportationsgesetzes, das 1918 in Kraft getreten war, zur Ausweisung vorgemerkt und gegen Kaution vorläufig wieder auf freien Fuß gesetzt. Coacci, der sich manchmal auch Ercole Parrecca nannte, hatte eine Zeitlang in der Schuhfabrik L. Q. White gearbeitet. Als er verhaftet worden war, hatte einer seiner Freunde, Joseph Ventola, eine Kaution von hundert Dollar für ihn gestellt. Von Ventola wußten die Behörden, daß er Kontakte zu Anarchistengruppen unterhielt.

Coacci war nur unter der Bedingung freigelassen worden, daß er Unterhalt für seine beiden Kinder zahlte, die ihm seine Frau Ersilia geboren hatte, mit der er aber nur zeitweise zusammenlebte. Während er darauf wartete, wie die Ausländerbehörde über seine Ausweisung entscheiden würde, arbeitete er in der Schuhfabrik Slater & Morrill. Die Aufforderung, sich am 15. April bei der Behörde zu melden, hatte er mit dem Hinweis abgelehnt, seine Frau sei erkrankt.

Stewart war persönlich nicht in der Lage, Coacci aufzusuchen, weil er an diesem Abend in seiner Laientheatergruppe proben mußte. Darum schickte er einen Mitarbeiter hin, der Coacci reisefertig mit Gepäck antraf, als sei er gerade im Aufbruch. Noch am späten Abend berichtete der Mitarbeiter Stewart telefonisch, daß Coaccis Frau nichts fehle, der Italiener habe offensichtlich bloß Zeit gewinnen wollen. Danach konnte Stewart nicht einschlafen, er grübelte ...

Coacci wohnte mit seiner Frau und einem jungen Landsmann namens Mike Boda in einem verwahrlosten Haus an der Ecke Lincoln und South Elm Street, einem Stück Ödland in West Bridgewater. Bislang waren die Ausländer hier noch nicht unangenehm aufgefallen, davon hätte Stewart gewußt.

Doch keiner konnte sagen, wovon dieser Boda, ein gutaussehender Bursche mit gestutztem Schnurrbart, einer Adlernase und tiefliegenden braunen Augen, eigentlich lebte. Manche, die ihn kannten, vermuteten, er habe mit illegalem Schnapshandel zu tun. Wenn jemand ihn fragte, erklärte er, er sei Vertreter einer Obstfirma in New York.

Tatsächlich hatte Boda mit seinem Bruder im nahen Needham eine Zeitlang als *bootlegger*, als Schwarzbrenner, gearbeitet. Aber das machten zu dieser Zeit, in der ein Prohibitionsgesetz in den USA Herstellung und Ausschank von Alkohol unter Strafe stellte, viele Männer. Und noch etwas war über Boda bekannt: Er war Anarchist. Wenn er Zeit hatte, verteilte er anarchistische Broschüren und Zeitungen in den italienischen Kolonien. Davon hatte auch Stewart erfahren, der zwar jegliche politische Aktivitäten mißtrauisch verfolgte, jedoch nicht einschritt, solange es keine Übergriffe gab.

Stewart saß an seinem Schreibtisch und dachte angestrengt nach. Wenn dieser Coacci sich nicht am 15. April gemeldet hatte, dann mußte er einen Grund gehabt haben. Vielleicht hatte er sich deshalb nicht gemeldet, weil er bei dem Raubmord in South Braintree mit dabei war...? Außerdem fiel ihm ein, daß dieser Barr, dieser Spinner, gesagt hatte, eine in der Nähe von Bridgewater wohnende Anarchistengruppe hätte den Bridgewater-Überfall verübt. Barr hatte damals von einem verwahrlosten Schuppen erzählt. Stewart kam zu dem Schluß, das Coacci das Bindeglied sein könnte...

Zwei Tage nach dem Raubmord, am Nachmittag des 17. April, schloß nicht weit von Stewarts Dienstzimmer Charles Fuller, Geschäftsführer der Zeitschrift *Enterprise*, sein Büro ab. Wie jeden Samstag ging er zu Fuß zum Messeplatz, um sich mit seinem Freund Max Winter zu treffen, denn die beiden hatten dort in einem Reitstall ihre Pferde stehen. Auch an diesem Nachmittag ritten sie aus, wie immer durch das hintere Tor in Richtung West Bridgewater. Ihr Weg führte durch ein Waldstück, vorbei an Feldern mit hohen Büschen. Fuller, der vorausritt, sah plötzlich wenige Meter vor sich im Gebüsch ein Auto stehen. Er und sein

Freund stiegen von den Pferden und drückten die Zweige vorsichtig zur Seite.

»Ein Buick mit eingeschlagener Heckscheibe«, sagte Fuller, »den sollten wir uns einmal näher ansehen.« Als sie einen Blick ins Innere des Wagens warfen, fiel ihnen auf, daß auf den Vordersitzen ein paar Münzen lagen; auf der Rückbank entdeckten sie einen braunen Mantel, von Glassplittern übersät. Bevor sie wieder in den Sattel stiegen, fiel ihnen noch auf, daß von dem Fahrzeug die Nummernschilder entfernt worden waren. »Charles«, sagte Max Winter, »dieser Wagen hat eine Ähnlichkeit mit dem Auto, über das in den Zeitungen in Zusammenhang mit dem Überfall geschrieben wurde.« Fuller nickte. »Wir werden die Polizei informieren.«

Zwanzig Minuten später waren City-Marshal Ryan und Polizist William Hill von der Polizeistation West Bridgewater vor Ort. Gemeinsam untersuchten die vier Männer den Wagen sorgfältig innen und außen. Außer den Münzen und dem braunen Mantel entdeckten sie an der hinteren Tür einen Einschuß. Fuller, der mit Buicks vertraut war, fuhr das Auto anschließend zur Polizeistation in Brockton. Dort wurde am Sonntag nochmals eine eingehende Untersuchung vorgenommen. Inzwischen waren die Kollegen vom Bridgewater-Revier verständigt worden. Stewart und State-Police-Mann Brouillard kamen zur Inspektion herüber. Gemeinsam entdeckten sie: Das Ersatzrad fehlte, die Herstellernummer war unkenntlich gemacht worden, doch die Motornummer war lesbar – 560490.

Es war, so stellte sich bald heraus, die Motornummer eines Wagens, der einem Mann namens Daniel H. Murphy aus Dedham bereits am 23. November gestohlen worden war. Zunächst hatte er auf eigene Faust nach seinem Wagen gesucht, erst später war er zur Polizei gegangen. Damals, am 23. November, hatte der Polizist Warry Totty abends unter dem Lichtbogen der Memorial Hall in Dedham gestanden und beobachtet, wie ein Wagen mit überhöhter Geschwindigkeit über den Platz gerast war. Die Autonummer des Rasers stimmte mit jener überein, die der Zeuge Harding nach dem Überfall in Bridgewater notiert hatte.

Für Stewart war sofort klar: Das war der Wagen, der bei

beiden Verbrechen benutzt worden war. Und noch etwas ging ihm nicht aus dem Sinn: Der Buick war an einer Stelle gefunden worden, die keine zwei Meilen von der South Elm Street entfernt lag. Und dort wohnten diese beiden Italiener, Coacci und Boda. »Die Leute, die das getan haben, glauben nicht an Gott«, sagte Stewart bedeutungsvoll. Die anderen nickten ihm stumm zu. Alle wußten, woran Stewart dachte. Und sie dachten das gleiche.

Am Dienstagnachmittag fuhren Stewart und Brouillard erneut zu dem heruntergekommenen Haus von Coacci und Boda hinaus. Sie hofften, dort irgendwelche Spuren finden zu können. Nachdem Stewart mehrmals geklopft hatte, öffnete Boda. Sie stellten sich als Beamte der Fremdenpolizei vor und fragten nach Coacci. »Aber Coacci ist doch schon längst außer Landes«, antwortete Boda verwundert. »Er ist auf dem Schiff in Richtung Italien. Ihre Behörde hat ihn doch ausgewiesen.«

Stewart und Brouillard waren für einen Moment sprachlos. Angeblich um ein Foto von Coacci zu suchen, das dieser der Polizei nicht geschickt habe, durchsuchten sie daraufhin das ganze Haus. Boda folgte ihnen mißtrauisch von Raum zu Raum. »Hat Coacci eine Waffe besessen?« fragte Stewart schließlich. Boda anwortete: »Ja, er hat sie immer in der Schublade in der Küche aufbewahrt.« Stewart ging in die Küche und zog die betreffende Schublade auf. Die Waffe war weg, aber er fand die Gebrauchsanweisung zu einer Savage Automatic.

Brouillard fragte auch Boda, ob er eine Waffe habe, und der holte, ohne zu zögern, eine spanische Automatic aus seinem Schreibtisch. »Waffenschein?« fragte Stewart, und Boda schüttelte den Kopf. Dann begann er sich zu rechtfertigen: »Gut, ich besitze keinen Waffenschein, aber wer hat schon einen? Ich trage die Waffe nie außerhalb meiner vier Wände, aber hier fühle ich mich damit sicherer...« Stewart gab Boda die Waffe zurück und fragte, ob Coacci häufig Besuch von Männern bekommen habe und wo jetzt dessen Familie lebe. Die habe ein Freund, Joseph Ventola, mit einem Lastwagen nach South Braintree gebracht, wohin genau, wisse er nicht, sagte Boda. Stewart schaute ihn skeptisch an. Er dachte: Alles Anarchisten, denen kann man ohnehin nichts glauben ...

Als die drei Männer das Haus verließen und für einen Augenblick unter dem Vordach standen, entdeckte Stewart nur wenige Meter vom Haus entfernt einen Schuppen. »Können wir da noch einmal einen Blick reinwerfen?« fragte er Boda. Boda ging mit hinüber und öffnete das Holztor. »Normalerweise steht hier mein Overland, doch der ist gerade zur Reparatur in Johnsons Garage«, sagte Boda, während er das Holztor weit öffnete, damit mehr Licht in den Schuppen fiel. »Erst gestern haben wir das Auto dorthin geschleppt, es hat wieder mal verschiedene Mucken ...«

Stewart und Brouillard sahen sich den Schuppen genau an. Stewart glaubte Reifenabdrücke erkannt zu haben, viel zu groß für einen Overland, aber passend für einen Buick. Dann verließen die beiden Polizisten den Schuppen, und Stewart bedankte sich bei Boda, nicht ohne zu erwähnen, daß sie vielleicht noch einmal vorbeikommen müßten.

Auf der Rückfahrt nach Bridgewater war Stewart schlechter Laune. »Ich traue diesem Burschen nicht. Vielleicht hätten wir ihn festnehmen sollen.« Brouillard schüttelte den Kopf. »Was haben wir denn gegen diesen Boda in der Hand? Gut, er hat keinen Waffenschein, aber deswegen können wir ihn nicht belangen. Da machen wir uns lächerlich.« Stewart verzog keine Miene, während er den Wagen steuerte; auch er wußte, daß jeder Richter bei solchen Delikten mit Rücksicht auf das Volksempfinden großzügig verfuhr. Schließlich trugen in Amerika Männer seit eh und je Waffen. Aber es sind Ausländer und sogar Anarchisten, dachte er, da müßte sich doch etwas finden lassen ...

Am nächsten Morgen fuhr Stewart noch einmal hinaus zu Bodas Haus, um mit dem Mann zu sprechen. Vielleicht, so hoffte er, würden sich Widersprüche ergeben, denn der Junge war gesprächsbereit, und wer viel sprach, machte womöglich auch einen Fehler ...

Trotz mehrmaligen Klopfens öffnete niemand die Tür. Verärgert fuhr Stewart bei Johnsons Garage vorbei, um nachzuschauen, ob Bodas Overland noch dort zur Reparatur war. Als er Simon Johnson, den Garagenbesitzer, sah, fragte er danach. »Ja, der Wagen ist hier«, antwortete Johnson, »das dauert auch noch eine Weile, denn wir haben derzeit viel zu tun.«

Stewart war wütend. Keine Spur von Boda, aber seine Angaben über den Overland stimmten. Dieser Bursche verstand sein Handwerk ... Doch dann kam Stewart eine Idee.

»Du, Johnson«, sprach er in ruhigem Ton, »mit dem Wagen gibt es einige Probleme. Kann sein, daß der Overland in eine faule Geschichte verwickelt ist.«

Johnson war über diese Andeutung verunsichert. »Was für eine faule Geschichte? Hat der kleine Boda sich danebenbenommen?«

Stewart wurde deutlicher: »Hör zu, Johnson, ich kann auf Grund der laufenden Ermittlungen nichts darüber erzählen. Aber für uns wäre es eine große Hilfe, wenn du uns anrufst, sobald jemand den Overland abholt. Egal, wer es ist.«

Johnson erklärte sich einverstanden, und Stewart fuhr, zufrieden über seinen Einfall, zurück ins Revier nach Bridgewater. Vielleicht, dachte er, schnappt die Falle ja doch noch zu ...

Es dauerte eine Woche, bis Boda sich telefonisch bei Simon Johnson meldete und sich erkundigte, ob sein Overland fertig sei. »Ja, du kannst ihn abholen, er ist wieder okay«, erwiderte Johnson kurz.

Aber Boda ließ sich Zeit. Nach seinem Anruf dauerte es bis zum 5. Mai, dann meldete er sich wieder. Es war abends, kurz nach neun Uhr. Simon Johnson und seine Frau wollten gerade schlafen gehen, als es kräftig an der Haustür klopfte. Als Mrs. Johnson ins Treppenhaus ging, hörte sie eine Stimme rufen: »Hier ist Mike Boda, ich möchte meinen Wagen abholen!« Simon Johnson, der auf der Bettkante saß, hatte den Ruf ebenfalls vernommen. Flüsternd gab er seiner Frau zu verstehen, sie solle unter einem Vorwand zum Nachbarhaus gehen, um von dort aus Polizeichef Stewart zu benachrichtigen.

Als Mrs. Johnson die Haustür öffnete, wurde sie vom grellen Licht eines Motorradscheinwerfers geblendet. Aber sie erkannte dennoch einen Mann, der seinen Hut tief in die Stirn gezogen hatte und, auf dem Sattel sitzend, auf Boda wartete. Hinten am Zaun konnte sie schwach zwei weitere Männer erkennen. »Mein Mann kommt gleich runter, um die Garage aufzuschließen«, sagte sie zu Boda, der wenige Meter entfernt von ihr stand. Dann ging sie über den Hof zum Nachbarhaus.

Als Simon Johnson aus dem Haus kam, erblickte auch er Boda und die drei anderen Männer. Er sah deren Gesichter nicht, dafür standen sie zu weit weg. Zu Boda sagte er: »Hast du die Zulassungsschilder dabei?« Der verneinte. »Ich riskiere es ausnahmsweise ohne Schilder.« Johnson schüttelte bedächtig den Kopf, tat aber so, als sei er bereit, ihm den Wagen auch ohne Schilder zu übergeben. Langsam ging er hinüber zur Garage.

Währenddessen telefonierte Mrs. Johnson aufgeregt Stewart hinterher. Schließlich erreichte sie Warren Laughton, den für den Ortsbereich zuständigen Polizisten, und bat ihn, Stewart sofort davon zu unterrichten, daß der Overland gerade abgeholt werde. »Stewart weiß schon Bescheid!« schrie sie in den Hörer, denn der verwirrte Polizist begriff nicht sofort, um was es ging.

Doch Boda hatte es sich inzwischen anders überlegt. Ihm war die Abwesenheit von Johnsons Frau verdächtig vorgekommen. Als Mrs. Johnson zurückkehrte, warf der Mann auf dem Motorrad gerade den Motor an. Boda rief: »Ich schicke morgen jemand vorbei!« Dann stieg er in den Seitenwagen, und sie fuhren mit hohem Tempo davon. Die beiden Männer am Zaun gingen in Richtung Brockton davon. Das Ehepaar schaute ihnen nach, bis sie in der Dunkelheit verschwunden waren. »Ob die gemerkt haben, daß ich telefoniert habe?« fragte Mrs. Johnson ihren Mann. Der zuckte nur mit den Schultern.

Die North Elm Street war um diese Zeit menschenleer. Eher zufällig trafen die beiden Männer eine Frau, die später angab, sie hätten nach der Straßenbahnhaltestelle der Linie Bridgewater–Brockton gefragt, worauf sie ihnen Auskunft gegeben habe und die beiden Männer gedankt hätten. Es war kurz nach halb zehn, als die beiden Männer an der Haltestelle ankamen. Ein paar Minuten später kam die Bahn. Sie stiegen ein. Der Schaffner fragte, ob sie nach Brockton wollten, und einer der beiden, mit bartlosem Gesicht, bejahte. Sie setzten sich in den hinteren Teil des Wagens. Die Bahn fuhr ratternd in Richtung Copeland Street.

Inzwischen war Stewart von seinem Kollegen Warren Laughton informiert worden und sofort hinaus zu Johnsons Garage gefahren. Doch zu spät. Wieder war Boda entkommen.

Als Stewart hörte, daß zwei seiner Begleiter zu Fuß in Richtung Brockton gegangen seien, rief er von Johnsons Nachbarhaus die Polizeistation in Brockton an. Er war sicher, daß die Männer zur Haltestelle gegangen waren, und verließ sich auf seinen kriminalistischen Spürsinn. Dem diensthabenden Polizeioffizier Michael Connolly jedenfalls gab er den Auftrag, zwei Männer festzunehmen, die sich in der Straßenbahn aus Richtung Bridgewater befänden. Auf die Frage, was die beiden verbrochen hätten, sagte Stewart, sie hätten versucht, ein Auto zu stehlen.

Connolly nickte seinem Kollegen Earl Vaughn zu, der an der anderen Seite des Schreibtischs saß: »Komm, wir müssen zwei Männer festnehmen...« Die Polizisten liefen die Hauptstraße hinauf.

Es war vier Minuten nach zehn, als sie die Scheinwerfer der Straßenbahn sahen, die gerade aus der Keith Avenue in die Hauptstraße einbog.

Connolly winkte dem Fahrer, der daraufhin das Tempo drosselte. Die Bahn fuhr jetzt so langsam, daß die beiden Polizisten aufspringen konnten. Als sie in der Bahn waren, gingen sie auf die beiden Männer zu, die als einzige in dem sonst leeren Wagen saßen. Connolly fragte: »Woher kommen Sie?«

»Bridgewater«, antwortete der Mann mit dem dunklen Schnurrbart.

»Was haben Sie in Bridgewater gemacht?«

»Wir haben einen Freund besucht.«

»Wie heißt Ihr Freund?«

Der Mann ohne Bart antwortete: »Poppi.«

»Schön«, sagte Connolly, »beim Poppi waren Sie... Wir suchen Sie. Sie sind beide verhaftet!«

Die Männer fragten nach dem Grund.

»Verdächtige Personen«, sagte Connolly.

Zu diesem Zeitpunkt wartete bereits ein Polizeiauto an der Endstation in Brockton, um die beiden Festgenommenen zum Polizeirevier zu fahren. Ihre Namen: Nicola Sacco und Bartolomeo Vanzetti.

*Zweites Kapitel*

# Aufbruch ins Gelobte Land

Hoch oben in den Bergen von Piemont im nördlichen Italien, dort, wo sich die kleinen, blau, rosa und apfelgrün gestrichenen Häuser an die Abhänge der Berge schmiegen, geht das Leben seinen behäbigen Gang. Keine Spur von Hast und Hektik. Von den Bergen erstreckt sich die Provinz Cuneo bis hinunter zum Ufer des Marga. Das Dorf Villafalletto, eine Ansammlung weniger Häuser, liegt unmittelbar am Fluß. Hier wurde Bartolomeo Vanzetti am 11. Juni 1888 geboren. Sein Geburtshaus steht noch heute, ist aber nicht mehr im Besitz der Familie Vanzetti. Es ist ein Haus mit verblichenem Putz und einem roten Ziegeldach, wie es für diese Gegend typisch ist. Ein unauffälliges Haus, kaum einer nimmt von ihm Notiz.

Bartolomeos Eltern galten als wohlhabend, gemessen am spärlichen Wohlstand der Leute in Villafalletto. Sie besaßen ihr eigenes Haus, ihren Garten und ein Stück Ackerland. Als Nachbarn waren sie geachtet, der Bürgermeister und der Pfarrer des Ortes lobten sie als ehrsame, fromme Menschen. Acht Jahre vor Bartolomeos Geburt hatte Vater Giovanni Vanzetti, damals dreißig Jahre alt und noch nicht verheiratet, beschlossen, in Amerika sein Glück zu suchen. Doch er blieb nur zwei Jahre. Schlechte Arbeitsbedingungen und Heimweh trieben ihn schon 1882 wieder in die Heimat. Nach seiner Rückkehr heiratete er die Witwe Giovanna Nivello Brunetti. Auch sie hatte Italien für einige Jahre verlassen: Nach dem Tod ihres ersten Mannes hatte sie in Frankreich eine Stelle als Amme angenommen. Ihren Sohn Nalin hatte sie mitgenommen. Nach ihrer Heirat mit Giovanni Vanzetti gab sie Nalin in die Obhut eines Onkels. Bartolomeo war das älteste der vier Kinder der Vanzettis, ein zurückhaltender, ruhiger Bursche. Er liebte die Vögel, die er gerne beobachtete, um anschließend seine Wahrnehmungen in ein kleines Notizbuch einzutragen. Auch Musik interessierte ihn, und er besaß eine Gitarre, auf der er häufig übte. Wie alle in der Familie war auch er ein frommer Katholik, der niemals den Kirchgang versäumte.

In seiner 1923 erschienenen Autobiographie schrieb er: *Ich besuchte die örtliche Schule und liebte das Lernen. Meine frühesten Erinnerungen sind Preise, die ich in den Prüfungen gewann, unter ihnen ein zweiter Preis in Religion. Mein Vater wußte nicht recht, ob er mich weiter lernen lassen oder bei einem Handwerker in die Lehre geben sollte. Eines Tages las er in der »Gazetta del Popolo«, daß sich in Turin 42 Rechtsanwälte um eine Stellung mit 35 Lire Monatsgehalt beworben hatten. Diese Nachricht wurde entscheidend für meine Jugend, denn nun entschloß sich mein Vater, mich ein Handwerk erlernen zu lassen.*

Giovanni Vanzetti hatte nach seiner Rückkehr aus Amerika ein Kaffeehaus eröffnet, und so lag es ganz in seinem Interesse, daß Bartolomeo den Beruf des Zuckerbäckers erlernte. Im Alter von 13 Jahren wurde der Junge nach Cuneo zu einem Bäckermeister in die Lehre gegeben. Sein Vater brachte ihn selbst dorthin, *damit er zum erstenmal den Geschmack harter, eifriger Arbeit kennenlerne.* 15 Stunden am Tag und sieben Tage in der Woche schuftete der kleine Bartolomeo in der Backstube, doch nahm er diese Tortur ohne Klagen hin. Seine ersten Briefe, die er nach Hause schrieb, zeigten ihn als folgsamen Sohn. Am 23. August 1901 schrieb er an seine Eltern:

*Euer Brief hat mich sehr gefreut, ich danke Euch für das Geschenk, das Ihr mir geschickt habt. Ich habe Eure guten Ratschläge überdacht und stimme Euch zu und verspreche, daß ich sie befolgen werde ...*

*Wie Ihr wißt, habe ich nur ein Paar Schuhe, wenn ich sie einmal zur Reparatur bringen muß, dann werde ich barfuß gehen müssen, weil ich meine alten Schuhe nicht mehr tragen kann. Bitte seid so gut, mir ein neues Paar zu geben ...*

*Bitte schickt mir etwas Kropfmedizin (von dem Klima in Cuneo habe ich schon eine Kropfinfektion bekommen) und dazu noch die Gebrauchsanweisung.*

*Ich bin zufrieden, und es gefällt mir hier...*

*Ich bin bei ausgezeichneter Gesundheit.*

Der kleine Bartolomeo war indes weder zufrieden noch bei ausgezeichneter Gesundheit. Zwanzig Monate lang ertrug er das Elend in Cuneo, dann ging er nach Cavour. Dort, in der Bäckerei des Signore Goitre, waren die Arbeitsbedingungen erträglicher, doch nicht selten stand er auch hier 15 Stunden und länger in der Backstube. *Ich mochte diesen Beruf nicht, aber ich blieb dabei, um meinem Vater Freude zu machen,* stellte er später über seine Lehrzeit lapidar in seiner Autobiographie fest.

Sein Elend trug er in frommer Resignation, seinen Jammer unterdrückte er. In den Briefen an seine Eltern schrieb er nichts über sein Unglücklichsein, sondern vielmehr das, was – wie er glaubte – seine Eltern lesen wollten. So hieß es etwa einen Tag vor Weihnachten, am 23. Dezember 1902:

*Ich schreibe Euch diesen Brief, um Euch Neuigkeiten von mir mitzuteilen und, ermutigt durch diese festlichen Tage, Euch meine Gedanken und Gefühle anzuvertrauen. Es ist Weihnachten, der Tag, der uns an die Ankunft des wahren Lichts in der Welt erinnert, an die Ankunft des himmlischen Kindes zur Erleuchtung der Welt, um sie von der Nacht zu erlösen, um sie durch das Opfer zu erlösen. Dies ist ein feierlicher und glücklicher Tag, den man am häuslichen Herd verbringen sollte, und ich würde viel darum geben, wenn ich ihn unter jenen Menschen verbringen dürfte, die mir am liebsten und am heiligsten sind. Es ist aber nicht möglich. Wir wollen Gott danken, daß ich bei einer guten Familie wohne, das ist eine glückliche Fügung, die nicht jedem zuteil wird. Ich bete von ganzem Herzen zu Jesus, daß wir alle tausend solcher glücklichen Tage des Friedens und der Liebe erleben mögen, wenigstens in unseren Herzen vereinigt, wenn es in Wirklichkeit nicht möglich ist. Auch schreibe ich diesen Brief, um Euch ein gutes Ende des alten Jahres und einen guten Anfang für das neue zu wünschen. Ich sehne mich schrecklich danach, Euch zu sehen, und bin traurig, wenn ich daran denke, wieviel Zeit noch dazwischen liegt.*

*Ich umarme Euch alle.*

In späteren Briefen an seine Eltern offenbarte Bartolomeo Vanzetti seine Misere und warb um Mitgefühl. *Meine einzige Klage betrifft meine Füße, die sehr schmerzen,* schrieb er am 10. Juni 1903 aus Cavour. *Am Abend, wenn ich nach 18 Stunden mit der Arbeit aufhöre, brennen meine Füße, als würden sie auf glühenden Kohlen stehen. Um die Wahrheit zu sagen, ich habe dieses elende Leben satt.*

Zwei Jahre später verließ er den Bäckerladen in Cavour und machte sich nach Turin auf, um dort Arbeit zu suchen. Vergeblich. Erst bei einem zweiten Versuch – zwischenzeitlich war er nochmals für sechs Monate in die Kleinstadt zurückgekehrt – fand er eine Stellung als Karamelbrenner in Turin.

Im Februar 1907 erkrankte Bartolomeo heftig an einer Rippenfellentzündung, und sein gesundheitlicher Zustand verschlimmerte sich so, daß sein Vater nach Turin reiste, um ihn nach Hause zu holen. Er war noch keine 19 Jahre alt. *Und so kehrte ich zurück,* schrieb er in seiner Autobiographie, *nachdem ich sechs Jahre in der stinkenden Atmosphäre von Bäckereien und Restaurantküchen verbracht und nur selten einen Atemzug von Gottes frischer Luft oder einen Anblick seiner herrlichen Welt genossen hatte.*

Über zwei Monate verbrachte er im Krankenbett. Trotzdem nannte er später diese Zeit die glücklichste seines Lebens, besonders die Monate danach. Er beschäftigte sich im Garten, ging viel in den Hügeln um Villafalletto spazieren, führte einen Plausch mit den Leuten aus dem Dorf. Doch sein Glück währte nicht lange. Seine Mutter, die er besonders liebte, erkrankte an Krebs. Bartolomeo pflegte sie, saß tagelang an ihrem Krankenbett. Vergeblich. Im Alter von nur 45 Jahren beendete ein Lungenkrebs ihr Leben.

Vanzetti sagte später, nach dem Tod seiner Mutter sei er so verzweifelt gewesen, daß er an Selbstmord gedacht habe. In seiner Autobiographie äußerte er sich darüber: *Der Verlust war zu groß für mich. Die Zeit milderte meinen Schmerz nicht, sondern vergrößerte ihn nur. Ich sah, wie mein Vater vor der Zeit ergraute. Ich wurde zurückgezogener, schweigsamer; tagelang sprach ich keine Silbe und durchstreifte einsam die Wälder am Ufer der Magra.*

Nach dem Tod der Mutter mußte Bartolomeo mehr im Haus helfen als zuvor. Seine Schwester Luigia war gerade 16, Vincenzina vier und der Jüngste, Ettore, zwei Jahre alt.

Als er seinen Vater eines Tages mit dem Entschluß überraschte, nach Amerika auszuwandern, zeigte sich dieser nicht gerade erfreut. Obwohl er selbst einmal im Gelobten Land sein Glück versucht hatte, daran gescheitert und zurückgekehrt war, faszinierte ihn dieses Land noch immer. Doch diese Faszination konnte er, der gerade seine Frau verloren hatte, nicht zugeben. Er wollte nicht auch noch eines seiner Kinder verlieren. Abend für Abend redeten Bartolomeo und sein Vater über die geplante Auswanderung. Schließlich stimmte Giovanni schweren Herzens zu.

Am 9. Juni 1908, zwei Tage vor seinem zwanzigsten Geburtstag, brach Bartolomeo nach Amerika auf. Das halbe Dorf begleitete ihn zur Bahnstation. Nach Amerika – so weit waren noch nicht viele aus Villafalletto gekommen. Als die kleine Bahn die Station dampfend und schnaubend verließ, hatten viele Tränen in den Augen. Auch der junge Vanzetti.

Seine Eindrücke schilderte er später in seiner Autobiographie: *Mein Trennungsschmerz war so groß, daß ich kein Wort sprechen konnte. Meine Abreise hatte im Dorf Interesse erregt, und die Nachbarn füllten unser Haus, jeder mit einem Wort der Hoffnung, einem guten Wunsche, einer Träne. In einem langen Zuge begleiteten sie mich, als ob ein Bewohner der Stadt für immer von ihnen scheide. So verließ ich mein Land, ein heimatloser Wanderer...*

Als Bartolomeo Vanzetti seine Heimat verließ, um in das große Gelobte Land aufzubrechen, das Land seiner Sehnsüchte und Hoffnungen, war er auf der Suche nach seiner persönlichen Freiheit. Doch sein Fortgehen glich auch einer Flucht. Er wollte seine jungen Tage in keiner stickigen Backstube mehr verbringen, und er wollte der übermächtigen Autorität seines Vaters entkommen. Sein Aufbruch war schmerzhaft und hoffnungsvoll zugleich. Drei Tage lang fuhr er mit der Bahn durch Frankreich und schiffte sich am 13. Juni in Le Havre ein. Die Überfahrt mit dem Dampfer dauerte sieben lange Tage und Nächte. Die Verhältnisse an Bord waren katastrophal. Mangelnde hygienische Einrichtungen, angespannte Stimmung, die nicht selten in Aggression umschlug. Im Zwischendeck, wo Vanzetti untergekommen war, saßen und lagen die Menschen eng aneinandergepfercht bei trübem Licht – alle in Erwartung des Gelobten Landes: Amerika.

Als das Schiff schließlich an den Häuserschluchten von Manhattan vorbei in den Hafen glitt, waren viele der Passagiere von der Masse der hohen Gebäude so eingeschüchtert, daß sie die Hände vor das Gesicht schlugen und zu schluchzen begannen. *Ich stand auf dem Deck und versuchte durch die Steinmassen das zu entdecken, was für uns alle so einladend und drohend zugleich war,* schilderte Vanzetti später diesen Augenblick.

Bei der Einwanderungsbehörde, die in einem dunklen Backsteingebäude gleich neben den Landungsbrücken untergebracht war, zerstoben Vanzettis hochgesteckte Hoffnungen binnen weniger Minuten. Niemand gab ihm ein freundliches Wort, eine Aufmunterung. Die hoffnungsvollen Erwartungen, die er wie alle anderen Einwanderer mit diesem Land verknüpft hatte, stellten sich rasch als Illusion heraus. Vor kaum zwei Wochen noch war er in Villafalletto der Sohn einer angesehenen Familie gewesen, ein junger Mann, der anerkannt und beliebt war. Hier war er nur einer dieser *dagos*, wie die Amerikaner italienische Einwanderer abfällig nannten.

Wie ihm zumute war, als er, mit wenigen Habseligkeiten und noch weniger Dollars, kaum mehr als die Adresse eines Landsmannes in der Tasche, auf der Straße stand, beschrieb er später so:

*Wie gut erinnere ich mich an den Moment, als ich im unteren Neuyork nach meiner Ankunft allein, mit ein paar ärmlichen Kleidungsstücken und sehr wenig Geld dastand. Am Tage vorher war ich noch unter Leuten gewesen, die mich verstanden. Nun schien ich in einem Lande erwacht zu sein, in dem meine Sprache nicht viel mehr bedeutete als die jämmerlichen Geräusche eines stummen Tieres.*

*Wohin sollte ich gehen? Was sollte ich tun? Hier war das Gelobte Land. Die Hochbahn rasselte vorbei und antwortete nicht auf meine Frage. Die Automobile und Draisinen rasten vorbei und bemerkten mich nicht.*

Vanzetti versuchte zunächst in der 7th Avenue unterzukommen. Dort wohnte der Mann, dessen Adresse man ihm bei seiner Abreise in Villafalletto mitgegeben hatte. Doch hier eine Unterkunft zu bekommen, erwies sich als unmöglich. Über dreißig Verwandte wohnten bereits in vier kleinen Zimmern. Also machte er sich auf die Suche nach einer Schlafstelle. Schließlich übernachtete er in einem Haus, in dem man einzelne Betten mieten konnte. In jedem der schmucklosen Räume standen zehn davon.

Drei Tage nach seiner Ankunft fand Vanzetti eine Stelle als Tellerwäscher in einem Restaurant. Drei Monate lang arbeitete er dort. Nach der Arbeit schlief er gleich neben der Küche in einer Abstellkammer, in der es drückend heiß war. Um frische Luft zu bekommen, stand er nachts häufig auf und ging in einem nahe gelegenen Park spazieren. Morgens hatte er alle Mühe, die Augen offenzuhalten.

Später fand er eine Anstellung im eleganten Mouquin-Restaurant. Dort gab es für die betuchten Gäste zwar prachtvolle Speisesäle; die Arbeitsbedingungen in der Küche jedoch waren fürchterlich. Der Wasserdampf, der beim Abwasch entstand, nebelte die stickigen Räume ein, so daß man häufig kaum mehr die Kollegen erblicken konnte. Die Küchenabfälle, die in großen Fässern gesammelt wurden, verbreiteten einen penetranten Geruch. Oft waren die Abflußrohre verstopft, und auf dem Boden standen Pfützen von Schmutzwasser, das einen üblen Gestank verströmte. Vanzetti arbeitete täglich zwölf Stunden, an Sonntagen erhielt er fünf Stunden frei. Sein Lohn betrug sechs Dollar pro Woche.

Die Arbeitsbedingungen erinnerten ihn an seine Lehrjahre in Cuneo. Aber war er nicht in dieses Land ausgewandert, um dem Martyrium zu entfliehen? Hatte er nicht seine Heimat verlassen, um der Knechtschaft derer zu entkommen, die die

Macht besaßen, seine Arbeitskraft auszubeuten? Wollte er nicht ein freier Mann sein? Die Realität aber sah anders aus, trist und niederschmetternd. Nach acht Monaten gab er seinen Arbeitsplatz auf, weil er fürchtete, in diesen nassen Räumen an Tuberkulose zu erkranken. Vanzetti war jetzt einer der unzähligen Arbeitslosen, die zu jener Zeit durch New York liefen, auf der Suche nach Arbeit. Jeden Morgen stellte er sich in die lange Schlange vor einer Vermittlungsstelle für Arbeitslose. Doch es warteten viele, zu viele für die wenigen Arbeitsplätze, die es gab.

Eines Morgens traf er dort einen jungen Mann, der nicht einmal mehr einen Dollar in der Tasche trug. Seit Tagen hatte er keine warme Mahlzeit mehr zu sich genommen. Vanzetti führte ihn in ein billiges Lokal und lud ihn zu einem kargen Mahl ein. Es sei kaum möglich, in dieser Stadt einen Arbeitsplatz zu bekommen, meinte der junge Mann; deshalb würde er jetzt sein Glück im Landesinnern versuchen, dort seien die Chancen größer. Auch Vanzetti klagte über sein Problem, als Einwanderer Arbeit zu finden. Gemeinsam beschlossen sie, New York zu verlassen. Auf einem Dampfboot reisten sie mit den letzten Dollars, die Vanzetti noch besaß, nach Hartford in Connecticut.

Sie streiften durch das Land, ohne bestimmtes Ziel, klopften an die Türen und fragten nach Arbeit. So auch bei einem Farmer: *Wir baten um Arbeit. Er konnte uns keine geben, aber er war von unserer Armut und unserem nur zu offensichtlichen Hunger bewegt. Er gab uns zu essen und ging dann selbst mit uns durch die ganze Stadt auf die Suche nach Arbeit. Nichts, aber auch nichts war zu finden. Da nahm er uns aus Mitleid wieder auf seinen Hof, obwohl er keine Arbeiter brauchte. Vierzehn Tage durften wir bei ihm bleiben. Ich werde immer das Andenken an diese amerikanische Familie hochhalten, denn sie waren die ersten Amerikaner, die uns als Menschen behandelten, obwohl wir aus dem Lande Dantes und Garibaldis kamen.*

Danach wanderten sie weiter von Dorf zu Dorf, auf der Suche nach Arbeit und Unterkunft. Oft waren sie schon zufrieden, eine Scheibe Brot zu bekommen und ein Dach über dem Kopf zu haben.

Endlich, nach mehr als zwei Wochen Wanderschaft, fanden sie Beschäftigung in einer Ziegelei in Springfield, Massachusetts. Die Arbeit war außerordentlich schwer, und Vanzettis Gefährte gab schon nach wenigen Tagen entkräftet auf. Er selbst blieb dort zehn Monate. Über diese Zeit schrieb er: *Die Arbeit war tatsächlich zu schwer für mich, aber es gab manche Freuden nach des Tages Mühen. Wir waren eine ganze Kolonie ehemaliger Landsleute aus Piemont, Toscana und Venedig und beinahe wie eine Familie. Am Abend vergaßen wir das Elend des Tages.*

Anschließend ging Vanzetti wieder auf Wanderschaft, auf die Suche nach einem besseren Arbeitsplatz, nach neuen Möglichkeiten. Doch nur selten wurde sein guter Wille belohnt. Als er in Meriden in einem Steinbruch arbeitete, bekam er zwar einige Dollars mehr als in Springfield, die Arbeit jedoch war ebenso beschwerlich.

Am 12. Januar 1911 schrieb er aus Meriden einen Brief an seine Schwester Luigia. Vanzetti erwähnte darin, daß er geplant habe, in den Westen zu gehen, aber dann doch beschlossen habe, vorerst in Meriden zu bleiben. Ausführlich schilderte er seine Eindrücke von Amerika, dem Land, das ihm als mittlerweile fast 23jährigem Einwanderer häufig unverständlich erschien, an das er jedoch immer noch glaubte.

*Nun will ich Dir ein wenig über Amerika erzählen. Es würde zu lange dauern, Dir alle meine Abenteuer zu schildern, denn es sind genug, um damit ein Buch zu füllen, darum will ich Dir nur eine kurze Zusammenfassung geben.*

*Wie Du schon aus meinen ersten Briefen erkennen konntest, hat dieses Gebiet zur Zeit meiner Ankunft unter einer schweren Finanzkrise gelitten. Ich hatte das Glück, in Hotels Arbeit zu finden, und zehn Monate lebte ich ziemlich gut. Ich arbeitete zwei Monate lang für Caldera [Giacomo Caldera war ein Vetter aus Villafalletto, der schon früher ausgewandert war] und dann zehn Monate lang in einem französischen Restaurant. Allerdings konnte ich wegen meines Temperaments nicht dort bleiben, weil sich mein Gesundheitszustand verschlechterte und mein Charakter es mir nicht erlaubt, daß in meiner Gegenwart Unrecht begangen wird.*

*Ich verließ New York und ging aufs Land. Ich arbeitete auf Farmen, fällte Bäume, machte Ziegel, grub Gräben und war in einem Steinbruch tätig. Ich arbeitete in einem Früchte-, Süßigkeiten- und Eiscremeladen und für eine Telefongesellschaft.*

*Am Ende der ersten Saison hatte ich noch ein wenig Geld übrig, gab aber im Winter alles aus. In diesem Jahr hatte ich einen besseren Posten als im vergangenen und verdiente daher mehr Geld. Derzeit habe ich wegen der Kälte keine Arbeit. Im Winter werden fast alle Arbeiten im Freien eingestellt. Ich habe Aussicht auf einen guten Job, da einer meiner Freunde, ein alter Piemonteser, sein Bestes tut, um mir einen solchen zu verschaffen. Auf dem Land bin ich kräftiger und gesünder geworden. Ich sage zwar auf dem Land, aber in Wirklichkeit arbeite ich in einer Stadt mit dreißigtausend Einwohnern. Es gibt hier eine öffentliche Bibliothek, eine Grundschule und eine Mittelschule, und die Stadt ist von Parks und Seen umgeben. Es gibt keine Nationalität auf Erden, die hier nicht vertreten wäre. Ich habe sehr viel gelitten, als ich entdeckte, daß ich von fremden, gleichgültigen und manchmal feindseligen Menschen umgeben war. Ich habe Beleidigungen von Leuten erdulden müssen, die ich mit dem Gesicht im Staub hätte liegen lassen, wenn ich nur ein Zehntel so gut Englisch könnte wie Italienisch. Hier beruht die Justiz auf Gewalt und Brutalität, und wehe dem Fremden und vor allem dem Italiener, der mit energischen Methoden seine Rechte verteidigt; ihm winken die Knüppel der Polizei, die Gefängnisse und die Strafgesetze. Glaube nicht, daß die Amerikaner zivilisiert sind, obzwar sie viele gute Eigenschaften haben. Wenn man ihnen ihr Geld und ihre elegante Kleidung wegnimmt, dann sind sie Barbaren, Fanatiker und Verbrecher.*

*Kein Land der Welt hat so viele Religionen und religiöse Absonderlichkeiten wie diese gesegneten Vereinigten Staaten. Hier gilt als gut, wer reich ist, auch wenn er raubt und mordet. Viele sind reich geworden, indem sie ihre Menschenwürde verkauften; sie bespitzeln ihre Arbeitskollegen und Landsleute.*

*Viele reduzieren ihre Moral auf ein Niveau, das unter dem der Tiere liegt. Obwohl hier jede Religion zugelassen ist, triumphiert der Jesuitismus. Die heiligen Lehren Europas, die klug und freundlich sind, erhellen nicht diesen Ort oder seine Menschen.*

*Ich bin in diesem Babylon unverändert geblieben, und Feigheit ist nie meine Sache gewesen.*

*Ich bin stets allgemein geachtet worden, sowohl von Amerikanern als auch von Italienern und sogar von Negern.*

*Noch nie hat mich irgendeiner davon überzeugen können, daß Weiß Schwarz ist, und wenn mir jemand nicht ins Auge sehen kann, dann deshalb, weil er weiß, daß ich ihn verachte.*

*Du mußt wissen, daß es hier viele junge Italiener gibt, vor allem aus Süditalien, die nicht arbeiten; sie machen sich stets einen guten Tag und sind im allgemeinen elegant gekleidet. Sie gehören zur Schwarzen Hand und leben von den Früchten ihrer Verbrechen.*

*Ich bin fast immer allein, weil die Italiener in Amerika im allgemeinen ungebildet sind. Ich verkehre nur mit ehrlichen und intelligenten Menschen. Ich besuche seit zwei Jahren Englischkurse und schaffe das im allgemeinen ziemlich gut. Ich verstehe fast alles, habe aber beim Antworten einige Schwierigkeiten. Ich vertraue nur auf mich, auf meinen Willen, meine Anständigkeit und meine Gesundheit. Ich hoffe, daß ich mich durchsetzen werde.*

*Liebe die Kinder, behandle Vater so liebevoll wie möglich, er hat so viel für uns gelitten. Er hat für unser Wohlergehen gearbeitet und tut dies immer noch. Übe Tugend, fliehe das Laster.*

*Denke daran, wenn Du Dich so verhältst, dann erfüllst Du Deine Pflichten als Schwester und Tochter. Viel Segen wird Dir zuteil werden, und ein ruhiges Gewissen, das für den Seelenfrieden unerläßlich ist, wird Dir jenen Trost und jene Süße bringen, die nur das Gute erreichen kann. Denke auch daran, daß Du durch ein solches Verhalten die Wünsche Deines Bruders erfüllst, der Dich von ganzem Herzen liebt.*

Von Meriden übersiedelte Vanzetti zurück nach New York. Freunde hatten ihn gedrängt, wieder seinen alten Beruf als Konditor und Pastetenbäcker auszuüben. Als ungelernter Arbeiter, so sagten sie ihm, könne er nie ordentlich verdienen. Und Vanzetti hatte tatsächlich Glück. Er fand schnell eine Stellung als Pastetenbäcker im Savarin-Restaurant am Broadway. Doch wiederum war es nur ein kurzes Glück. Nach acht Monaten wurde ihm ohne Angabe von Gründen gekündigt. Er wechselte danach in die Küche eines Hotels auf der 7th Avenue, doch auch dort wurde er nach fünf Monaten entlassen.

Schließlich durchschaute er den Mechanismus: Die Agenturen, die die Arbeitskräfte vermittelten, teilten ihre Provisionen mit den Küchenchefs. Und weil diese daran interessiert waren, auf solch gemeine Weise nebenher einige Dollars zu verdienen, halfen sie kräftig nach, daß immer wieder neue Arbeitskräfte eingestellt wurden.

New York blieb eine kurze, triste Episode. Diese Stadt brachte Vanzetti kein Glück. Fünf Monate erneute Arbeitslosigkeit, danach schuftete er beim Bau einer Eisenbahnlinie in Massachusetts. Eine Agentur hatte starke Männer gesucht, und ein Freund riet ihm, sich mit offenem Hemd vorzustellen. Eine behaarte Brust, so der Freund, gelte als Gütezeichen dafür, daß der Betreffende stark und widerstandsfähig sei. Also hatte sich Vanzetti, der stark behaart war, mit offenem Hemd vorgestellt – und den Arbeitsplatz bekommen.

Er arbeitete in einer Kolonne, zehn bis zwölf Stunden am Tag. Es war eine zusammengewürfelte Truppe, Männer, die anderswo gescheitert waren, die ihre Träume von Freiheit und menschenwürdigem Leben längst begraben hatten. Männer ohne Zukunft. Alle Nationalitäten waren vertreten, und Vanzetti konnte sich kaum die Namen seiner Kollegen merken. Das war auch nicht nötig. Alle hatten eine Nummer bekommen, und nicht nur darin glich die Arbeitskolonne einer Sträflingskompanie.

Vanzetti verrichtete stumm seine schwere Arbeit, doch er gab sich nicht auf. Sein Schicksal sollte nicht von geldgierigen Arbeitsvermittlern bestimmt werden. Er hatte noch immer den ungebrochenen Willen, in diesem Land auch als Einwanderer seinen Weg zu machen. Und der sollte nicht zwischen den Gleisen zu bauender Eisenbahnlinien enden. Ein freier Mann wollte er sein, akzeptiert und geachtet. War das zuviel?

1914, nachdem er seine Arbeitsstelle beim Eisenbahnbau

aufgegeben hatte, zog er nach Plymouth, wo er als Ladearbeiter in einer Tauwerk-Fabrik eine Stellung fand. Während dieser Zeit begann er nach der Arbeit zu lesen. Er erinnerte sich später: *Ah, wie viele Nächte saß ich über ein Buch gebeugt beim flackernden Gaslicht bis in die frühen Morgenstunden. Kaum hatte ich meinen Kopf auf das Kissen gelegt, da ertönte die Dampfpfeife, und ich mußte zur Arbeit in die Fabrik.*

Vanzetti las vor allem politische und sozialkritische Bücher: Marx, Gorki und Werke des italienischen Revolutionärs Mazzini. Seine Unterkunft lag in der Suosso-Gasse, einer der zahlreichen ungepflasterten Straßen in Nord-Plymouth, deren Gebäude nicht einmal Hausnummern hatten. Das Viertel bestand aus Baracken mit allerlei verwinkelten Anbauten. »Klein-Italien« hieß es im Volksmund, vor allem weil dort italienische Einwanderer lebten. Vanzetti wohnte bei der Familie Brini, die sich einen kleinen Holzbau mit zwei Wohnungen erspart hatte. Vincenzo Brini und dessen Frau Alfonsina lebten dort mit ihren drei Kindern. Eines davon, Lefevre Brini, erinnerte sich später an Bartolomeo Vanzetti:

*Ich erinnere mich daran, wie er mit einem großen Koffer zu unserem Haus kam – mit zwei Koffern, einem großen schwarzen und einem braunen. Wissen Sie, wir Kinder glaubten immer, in den Koffern müßte etwas zum Naschen drin sein. Wir gingen hinter ihm her, aber er stellte die Koffer nicht ab; er redete.*

*Ich erinnere mich daran noch ganz genau. Schließlich stellte er die Koffer hin, aber wir wagten nicht, sie zu berühren. Dann zeigte Mama ihm das Zimmer, und er nahm die Koffer und ging hinein. Als er zu uns kam, sah er sehr fremdartig aus, denn er trug einen Spitzbart. Und einen Schnurrbart. Und einen von den Stehkragen. Er sah so ganz anders aus als andere Leute, denn in unserer Nachbarschaft gab es nicht viele Leute mit Spitzbärten. Und so ist er uns irgendwie merkwürdig vorgekommen.*

*Wir dachten uns, wir werden schon sehen, wie man mit ihm auskommen kann, denn er schien nett zu sein. Er pflegte uns den Kopf zu tätscheln, und an Sonntagen half er meiner Mutter und meinem Vater mit dem Frühstück.*

Vanzetti war bei den drei Brini-Kindern beliebt. Er machte mit ihnen Spaziergänge, half ihnen bei den Hausaufgaben, ging mit ihnen in die Bibliothek und unterrichtete sie in Italienisch, da sie nur den Bologneser Dialekt sprachen. Dafür lehrten sie ihn Englisch, denn noch immer tat sich der Piemontese mit der Sprache seiner neuen Heimat schwer.

Vanzetti war ein häuslicher Mensch; der Anschluß an eine Familie tat ihm gut. Wenn er nicht in die Abendkurse ging, die der Club Amerigo Vespucci, der Treffpunkt der italienischen Kolonie, zu allerlei politischen Themen anbot, las er in seinen Büchern, spielte mit den Brini-Kindern oder diskutierte mit Vincenzo Brini über den Anarchismus. Eine eigene Familie zu gründen kam ihm nicht in den Sinn, auch an einer Heirat hatte er kein Interesse.

Vanzetti bestätigte dies in einem Brief an eine seiner Tanten, in dem er schrieb: *Der Gedanke einer Heirat ist mir nie in den Sinn gekommen. Ich habe nie eine Freundin gehabt, und wenn ich je verliebt war, dann war es jene Art von Liebe, die ich in meiner Brust verbergen mußte.*

Ein anderes Mal schrieb er, die Anarchie sei seine Geliebte, und der Anarchismus sei für ihn so schön wie eine Frau. Doch das waren nicht selten Anflüge einer revolutionären Romantik, beeinflußt von der Lektüre anarchistischer Klassiker. Vanzetti, der ursprünglich ein tiefgläubiger Katholik war, hatte in Amerika seine neue Religion gefunden, den Anarchismus: *In Amerika erfuhr ich all die Leiden, Enttäuschungen und Entbehrungen, die zwangsläufig das Los eines Menschen sind, der im Alter von zwanzig Jahren hier ankommt, nichts vom Leben weiß und etwas von einem Träumer an sich hat. Hier sah ich die ganze Grausamkeit des Lebens, all die Ungerechtigkeit und die Korruption, mit der sich die Menschheit auf tragische Weise herumschlägt.*

Vincenzo Brini war überzeugter Anarchist. In seinem Haus wurden viele Gesinnungsgenossen bewirtet, die in der Gegend wohnten. Häufig fanden dort Treffen und Diskussionen statt, und Vanzetti beteiligte sich eifrig daran. In den wenigen Stunden, die ihm zwischen Arbeit, Abendkursen und Schlaf übrigblieben, vertiefte er sich immer mehr in philosophische und politische Bücher. Malatesta, Kropotkin,

Darwin, Tolstoi, Zola – er las alles begierig, was ihm in die Hände gelangte.

Als es im Januar 1916 in der Tauwerk-Fabrik zum Streik kam, gehörte Vanzetti dem Komitee an, das die Streikkasse verwaltete. Zu dieser Zeit verdienten die Männer acht Dollar, die Frauen sechs Dollar pro Woche. Die Arbeiter verlangten mehr Lohn. Ihre Forderungen: zwölf Dollar für die Männer, acht Dollar für die Frauen. Betriebsversammlungen wurden abgehalten; häufig sprach Vanzetti zu seinen Kollegen und forderte sie zum Durchhalten auf. Nach zwei Wochen zerbröckelte die Solidarität unter den Arbeitern, der Streik brach zusammen. Die Arbeiter reagierten empört auf das Angebot der Werksleitung, einen allgemeinen Zuschlag von einem Dollar zu zahlen, aber schließlich willigten sie entmutigt ein. Keiner wollte seinen Arbeitsplatz verlieren. Vanzetti wurde nach Beendigung des Streiks als Anführer auf die schwarze Liste gesetzt, und das bedeutete: Kündigung. Damit war er für alle anderen Firmen der Region als »unruhestiftendes, revolutionäres und aufwieglerisches Element« gekennzeichnet.

In den folgenden Monaten wurde er wieder zum Tagelöhner, verrichtete ständig wechselnde Arbeiten. Er karrte Bausteine, schachtete Gruben aus, transportierte Speiseeis und schaufelte im Winter Schnee. Langsam begriff er, daß er in diesem Land mit seiner Gesinnung in ständigem Konflikt leben würde, daß sein Eigensinn und sein Kampfeswille für ein gerechteres Leben ihn zu erniedrigender Arbeit verdammten. Das Gelobte Land, in das er vor Jahren aus seiner beschaulichen Heimat aufgebrochen war, um ein angesehener Mann zu werden, entlarvte sich für ihn als Illusion. Zu dieser Zeit lernte er einen Mann näher kennen, der ebenfalls Mitglied der anarchistischen Bewegung war und mit dem er Freundschaft schloß. Mit dessen Schicksal sollte das seine sich unwiderruflich verknüpfen. Sein Name: Nicola Sacco.

Am 22. April 1891 wurde Nicola Sacco im süditalienischen Städtchen Torremaggiore als eines von 17 Kindern der Eheleute Sacco geboren. Die Familie zählte trotz ihrer vielen Kinder zu den wohlhabenden in Torremaggiore. Ihre Felder gehörten zu den größten, und sie besaß ein gutgehendes Oliven- und Weingeschäft.

Nicola verbrachte eine unbeschwerte Kindheit. Später, als er sich an diese Zeit erinnerte, stieg in ihm ein fast idyllisches Bild auf:

*Ungefähr 60 Schritte von unserem Weinberg entfernt hatten wir ein großes Stück Land mit verschiedenen Gemüsesorten, das meine Brüder und ich selbständig bebauten. Jeden Morgen, ehe die Sonne aufging, und jeden Abend, ehe es dunkel wurde, gab ich den Pflanzen und den Blumen einen Eimer Wasser und wässerte auch die kleinen Bäume, die wir dort gepflanzt hatten. Wenn ich frühmorgens mit meiner Arbeit dort fertig wurde, war es meist gerade der Augenblick des Sonnenaufgangs, ich sprang dann in das Wasserbecken und staunte, wie schön doch Sonnenstrahlen sein können.*

Mit 14 Jahren verließ Nicola die Schule und begann auf den Feldern und in den Weinbergen der Familie zu arbeiten. Der Vater war stolz auf seine Söhne, sie waren tüchtig und verläßlich. Nicolas Vater war ein für diese Zeit außergewöhnlicher Mann. Trotz seines Wohlstandes fühlte er sich den freiheitlichen Ideen der Republikaner verpflichtet. Er war Mitglied des Republikanischen Clubs, einer Vereinigung von Freidenkern und Sozialisten, die an ihren Clubabenden Pläne für den Aufbau einer gerechteren Welt schmiedeten. Auch Sabino, der ältere Bruder, zählte sich zu den Sozialisten. So kam der junge Nicola schon früh mit politischen Gedanken und Schriften in Berührung, für die er sich eifrig interessierte. Im Mittelpunkt seines Weltbildes stand die Freiheit des einzelnen – die Freiheit von Unterdrückung, Sklaverei und Ausbeutung.

»Ein Land wie Amerika«, sagte Sabino, »groß, frei und gerecht.« Sabino, Nicola und viele ihrer Freunde sprachen oft von dem Land jenseits des großen Ozeans. Wohl enthielten Briefe von Landsleuten ernüchternde Beschreibungen, wie hart das Leben dort sei. Dennoch sahen sie in Amerika das Land der Freiheit und großartiger Errungenschaften.

Als Sabino für drei Jahre zum Militärdienst einberufen

wurde, übernahm der jüngere Nicola seine Aufgaben und wurde zur wichtigsten Stütze seines Vaters.

Sabinos und Nicolas Schwärmerei für Amerika beunruhigte den Vater. Er dachte daran, wie künftig die Arbeit bewerkstelligt werden sollte. Er verstand zwar die Aufbruchstimmung der beiden Brüder, aber sie nährte auch seine Ängste. Schließlich hatten sie in Torremaggiore alles, was sie brauchten. Was also wollten seine Söhne in diesem unbekannten Land?

Als Sabino und Nicola Antwort von einem Freund des Vaters bekamen, der vor drei Jahren nach Milford im Staate Massachusetts ausgewandert war und an den die beiden einen Brief geschrieben hatten, verstärkten sich die Befürchtungen des Vaters. Sie sollten doch so rasch wie möglich kommen, hatte der Freund überschwenglich geantwortet, und Nicola brannte nun darauf, seine Heimat zu verlassen. *Ich war wild darauf zu kommen in dieses Land, weil ich gemocht freies Land, nennt man freies Land,* erklärte er später.

Sabino beendete im Frühjahr 1908 seinen Militärdienst, und im April schifften sich die beiden Sacco-Brüder auf einem Dampfer der White Star Line gen Amerika ein. Die ganze Familie begleitete die beiden nach Neapel und winkte mit bunten Tüchern, als das mächtige Schiff aus dem Hafen glitt.

Am 12. April 1908, zehn Tage vor Nicolas 17. Geburtstag, gingen Sabino und Nicola Sacco in Boston an Land. Sie hatten ihr Ziel erreicht: Amerika, das Land ihrer Träume. Noch in derselben Nacht fuhren sie weiter nach Milford, wo sie von der Familie des Freundes herzlich aufgenommen wurden. Die Unterbringung war karg, das Essen ärmlich: Sie schliefen in einer engen Dachkammer, abends gab es einen Teller Suppe. Sabino fand schon nach kurzer Zeit Arbeit in einer Gießerei. Für seinen jüngeren Bruder fühlte er sich verantwortlich: *Mein erster Gedanke war, meinen Bruder in die Schule zu schicken; er war zu jung, um arbeiten zu gehen. Er hat immer an dem Fabriktor auf mich gewartet.*

Doch bald gelang es auch Nicola, als Wasserträger bei Straßenarbeiten in der Nähe von Milford Arbeit zu finden. In der Kolonne arbeiteten noch mehrere Italiener. Unter ihnen fühlte er sich wohl. Die großen Maschinen, die den Teer auf die Straße gossen, ihr Stampfen und Schnaufen fesselten ihn. Als es Winter wurde, fand er in einem Eisenwerk als Schlakkenreiniger eine Anstellung. Es war eine harte Arbeit, doch Nicola war mittlerweile ein kräftiger Bursche. Er blieb dort ein ganzes Jahr.

Mittlerweile hatte Sabino genug von seinem amerikanischen Traum. Er kehrte nach Torremaggiore zurück und verwendete dort das in Amerika ersparte Geld zur Erweiterung des Geschäfts seines Vaters.

Sabino hatte Nicola vergeblich zu überreden versucht, mit ihm nach Italien zurückzukehren, aber Nicola war dazu nicht bereit. Er wollte sich qualifizieren, denn er hatte bemerkt, daß er als ungelernter Arbeiter nirgendwo eine gutdotierte Anstellung finden konnte. Als die Milford Shoe Company gegen eine Gebühr von fünfzig Dollar Einwanderern anbot, als Kantenschneider ausgebildet zu werden, meldete Nicola sich an. Der Kursus dauerte drei Monate. Für ihn bedeutete das: drei Monate ohne Verdienst.

Anschließend wurde Nicola Sacco von der Schuhfabrik eingestellt und verdiente nun zwischen sechzig und siebzig Dollar die Woche. Sacco, ein maskuliner junger Mann von kleiner Statur, las nicht viel. Zwar wurde er zu dieser Zeit Mitglied einer italienischen Anarchistengruppe, besuchte einen Englischkurs, der für alle ausländischen Arbeiter der Fabrik Pflicht war, und galt als wißbegierig, doch Lesen war nicht seine Sache. Seine Lektüre beschränkte sich auf die Tageszeitung und die obligatorischen Anarchisten-Flugschriften. Er war mehr ein Mann der Tat, einer, der lieber anpackte, statt sich still hinter Büchern zu verkriechen.

Sacco unterschied sich von seinen Kollegen vor allem dadurch, daß er nach Feierabend immer rasiert und im ordentlichen Anzug daherkam. Für einen, den man zu den Radikalen zählte – und so bezeichnete man damals sowohl Mitglieder der Gewerkschaften als auch Anarchisten, Sozialisten und Freidenker –, war das ungewöhnlich. Denn diese Menschen waren meist Arbeiter und Tagelöhner, die wenig verdienten, und wenn sie doch einmal Erspartes besaßen, gab es wichtigere Dinge als eine korrekte Kleidung. Sacco indes achtete stets auf ein gepflegtes Äußeres, ja, er war sogar ein wenig eitel. Dabei fehlte es ihm keineswegs an einem ausgeprägten Klassenbewußtsein. Er beteiligte sich an politischen Diskussionen in anarchistischen Zirkeln und nahm an allen Festen und Veranstaltungen der italienischen Kolonie teil.

Dort lernte er bei einem Tanzabend auch Rosina Zambelli kennen. Sie war ein paar Monate zuvor aus einer Klosterschule in Italien zu ihren Eltern nach Amerika zurückgekehrt. 1912 heiratete Sacco das Mädchen. Sie war 17, er war 21, und sie waren sehr verliebt ineinander. An seine Englischlehrerin Mrs. Jack schrieb er später einmal:

*Ich erinnere mich, Mrs. Jack, an unseren Liebestag vor Jahren, als ich den ersten schönen blauen Anzug gekauft habe für meine liebe Rosina, und diese liebe Erinnerung lebt immer noch in meinem Herzen ...*

*Am Morgen des 1. Mai 1912 zog ich meinen neuen blauen Anzug an und ging hinüber zu meiner lieben Rosina, und ich fragte ihren Vater, ob er es erlaubt, daß Rosina mit mir geht in die Stadt, um was einzukaufen, und er sagte ja. Also gingen wir beide am Nachmittag gegen ein Uhr in die Stadt, und wir gingen in einen großen Laden, und wir kauften einen braunen Hut, ein weißes Unterkleid, ein blaues Kostüm, ein Paar braune Schuhe, und nachdem sie ganz eingekleidet war, Mrs. Jack, ich wünschte, Sie könnten Rosina sehen, wie nett sie ausgesehen hat, während jetzt die Leiden von heute gemacht haben, daß sie aussieht wie eine alte Frau. Aber, Mrs. Jack, ich war nie darauf aus, ihr Diamanten zu kaufen und so Sachen, aber ich habe immer alles gekauft, was natürlich und nützlich sein kann.*

Ihr erstes Kind, ein Sohn, wurde im Mai 1913 geboren, und sie nannten ihn Dante. *Denn Dante war ein großer Mann in unserem Land*, erklärte Sacco dazu. Hätte er nicht geheiratet und wäre er nicht Vater geworden, dann wäre Nicola wahrscheinlich wie sein Bruder nach Italien zurückgekehrt. Zwar hatte er in der Milford-Schuhfabrik eine feste Anstellung gefunden, war unter Kollegen anerkannt und von Vorgesetzten wegen seiner guten Arbeit geschätzt, doch hatte er sich nie mit der neuen Heimat identifizieren können. Bald gab er auch den Versuch auf, sein Englisch zu verbessern. Nach der Arbeit bewegte sich sein Leben ausschließlich unter italienischen Landsleuten. 1913 trat er in den örtlichen Club der Anarchisten ein, der die vorsichtige Bezeichnung Circoli di Sociali trug. Dort half er mit, Versammlungen zu organisieren, verteilte politische Flugschriften und sammelte Geld in der italienischen Kolonie.

Fast in allen Industriestädten gab es solche Clubs und Zirkel, in denen sich die klassenbewußte Minderheit unter den eingewanderten Italienern traf. Es war weniger eine straffe Organisation, was die Gruppen zusammenhielt, als ein Gefühl kameradschaftlicher Zusammengehörigkeit, eine geistige Bruderschaft. Sie trafen sich, um sich gegenseitig zu unterstützen: bei Streiks, bei Veranstaltungen, vor allem in der Not. Viele der italienischen Einwanderer sympathisierten mit den Ideen der Anarchisten, spendeten kleine Geldbeträge oder kauften deren Zeitungen. Sie waren keine Mitglieder und nahmen nicht am politischen Leben teil, doch irgendwie fühlten sie sich den Männern und Frauen verpflichtet, die offen und mutig den Kampf gegen Ausbeutung und Verletzung der Menschenwürde auf ihre Fahnen geschrieben hatten. Sie lasen die *Cronaco Sovversia*, eine Zeitschrift, die von Luigi Galleani redigiert und herausgegeben wurde. Galleani war eine charismatische Figur, der führende Geist innerhalb der anarchistischen Zirkel. Er hielt Vorträge, sprach auf Streikversammlungen und schrieb Artikel. Nicola Sacco fühlte sich von den Ideen und Forderungen Galleanis angezogen. Er kannte die Zustände in den Fabriken, die Hungerlöhne der Tagelöhner, er hatte am eigenen Leibe erfahren und durchlebt, wovon Galleani sprach.

Nicola Sacco selbst trat niemals öffentlich hervor. Er gehörte zu den stillen, aktiven und aufrichtigen Genossen, die stets im Hintergrund blieben. So sehr er sich auch der anarchistischen Idee verschrieben hatte, galt sein Hauptinteresse doch immer seiner Frau Rosina, seinem Sohn Dante und seinem bescheidenen Heim.

Im Jahre 1916 wurden Sacco und andere Gesinnungsfreunde bei einer Versammlung festgenommen und mußten eine

Geldstrafe zahlen, weil sie keine amtliche Genehmigung vorweisen konnten. Solche Genehmigungen galten als Vorwand, unliebsame politische Aktivitäten zu kontrollieren. Und Veranstaltungen von Anarchisten wurden besonders mißtrauisch beobachtet. Für amerikanische Behörden und die Mehrzahl der Bürger waren Anarchisten ohnehin »gottverdammte Agitatoren«, die versuchten, Unruhe in die Arbeiterschaft hineinzutragen. Klassenkämpferische Parolen, Demonstrationen und Streiks lösten unter vielen Amerikanern bedrohliche Ängste aus, und alle, die für diese Dinge Sympathien hegten, wurden rasch registriert, verhaftet, verfolgt oder in ihre alte Heimat ausgewiesen.

Nicola Sacco und Bartolomeo Vanzetti: zwei Italiener, die in ein und demselben Jahr, 1908, nach Amerika gekommen und dort zu Anarchisten geworden waren. Seit einem halben Jahrhundert schon war der Anarchismus das Schreckgespenst aller »rechtschaffenen, freiheitliebenden« Amerikaner. Sie hatten diesen »gesetzlosen Gesellen« den Kampf angesagt. Sacco und Vanzetti eigneten sich als exemplarische Feindbilder. Ihr Schicksal wurde von Ereignissen vorherbestimmt, die Jahre zurücklagen.

*Drittes Kapitel*

# Jagd auf Rote und Radikale

Die Geschichte der amerikanischen Arbeiterbewegung verläuft parallel zur Geschichte der Einwanderung. Die Einwanderer lieferten das Heer der Arbeitskräfte für einen expandierenden Markt. Zur Steigerung der Produktion war das Fabriksystem eingeführt worden, in dem die Menschen oft stumpfsinnig eine immer gleiche Arbeit wiederholten. Überall dort, wo nicht mehr die Kenntnisse des einzelnen Facharbeiters notwendig waren, sondern nur noch mechanische Arbeitskraft, fanden ungelernte Einwanderer eine Anstellung. Die Unternehmer benötigten Menschen, so wie sie Kohle und Stahl benötigten.

Um 1800 gründeten Facharbeiter erste Gewerkschaften, um sich gegen Hilfsarbeiter und angelernte Arbeiter zu schützen, von denen sie glaubten, daß sie ihnen ihre Arbeitsplätze wegnähmen. Die ungelernten Arbeiter organisierten sich erst später, da die meisten froh waren, überhaupt Arbeit zu haben. Als die Gewerkschaften Lohnforderungen, Arbeitszeitverkürzung und bessere Arbeitsbedingungen forderten und zur Erreichung dieser Ziele auch Boykotts und Streiks organisierten, schlug ihnen eine Welle der Ablehnung entgegen. Die *New York Times,* freilich keine Arbeiterzeitung, bezeichnete seinerzeit Streiks als *völlig unamerikanisch* und bemerkte, daß *jene, die solche Mittel anwenden, keine wirkliche Vorstellung vom Wesen und der Bedeutung der amerikanischen Staatsbürgerschaft haben.*

Zwischen 1882 und 1886 führten Wirtschaftskrisen der Gewerkschaftsbewegung massenhaft neue Mitglieder zu. Zum ersten Mal in der Geschichte Nordamerikas wurden die

Labor Unions zu einem realen Machtfaktor. Die Unternehmer reagierten auf Streiks und Unruhen mit dem verstärkten Einsatz ihrer Privatarmeen – den »Pinkertons«. Die Pinkertons waren eine von Allan Pinkerton gegründete Organisation, die vor allem wegen ihrer Aktivitäten gegen die Gewerkschaften und die Arbeiterbewegung berüchtigt war. In der Regel wurden die Pinkertons als Streikbrecher gegen die Arbeiter eingesetzt.

Dennoch entstanden in fast allen großen Industriestädten Amerikas Gewerkschaftsgruppen. In dieser Zeit war der Versuch eines Arbeiters, mit seinem Arbeitgeber zu verhandeln, dem eines Sandkorns vergleichbar, einen Wall zu errichten. Wer allein protestierte, wurde entlassen und auf die schwarze Liste gesetzt. Facharbeiter und ungelernte Arbeiter mußten sich innerhalb der Gewerkschaft zusammenschließen, wenn sie das bewährte System der Arbeitgeber unterminieren wollten, ständig Gruppen von Einwanderern als Streikbrecher und Billig-Arbeitskräfte einzustellen. Einwanderer waren so arm, daß sie keine Fragen stellten, keine Forderungen erhoben. Und wenn eine Gruppe von Einwanderern zu murren anfing, wartete stets eine noch hungrigere Gruppe vor den Fabriktoren darauf, deren Plätze einzunehmen.

Die Arbeiterschaft konnte den Methoden der Unternehmer so lange nicht entgegentreten, wie sie sich nicht gemeinsam organisierte. Nur so konnten für alle – gelernte und ungelernte Arbeiter – bessere Arbeits- und Lohnbedingungen erreicht werden. Über die Löhne der einheimischen Arbeiter schrieb der *New York Herold* 1878: *Der amerikanische Arbeiter muß sich damit abfinden, in Zukunft nicht besser dazustehen als der europäische Einwanderer. Er sollte damit zufrieden sein, für geringeren Lohn Arbeit zu finden, und sich mit dem Posten begnügen, den Gott ihm im Leben zugewiesen hat.*

Hatte das jährliche Durchschnittseinkommen 1870 in Amerika noch 400 Dollar betragen, so war es 1880 mit 300 Dollar weit unter das mit 720 Dollar veranschlagte Existenzminimum pro Familie gefallen – und Frauen- und Kinderarbeit von zehn bis 14 Stunden waren an der Tagesordnung. Aber es war nicht mehr die Wirtschaftskrise, die auf die

Löhne drückte; vielmehr trug der ständige Zustrom ausländischer Arbeitskräfte dazu bei, das Lohnniveau künstlich niedrig zu halten. Der amerikanische Historiker Philip S. Foner schrieb dazu in seinem Standardwerk *Geschichte der Arbeiterbewegung in den Vereinigten Staaten:*

*Der gewöhnliche Europäer wankte mit einem schweren Sack auf den Schultern über den Landungssteg, das drückende und unaufschiebbare Problem vor Augen, seinen Lebensunterhalt in einem fremden Land verdienen zu müssen. In der Regel wurde der Einwanderer von Vermittlungsbehörden übernommen und an Eisenbahngesellschaften, Fabriken, Minen und Holzarbeitercamps vermietet. Diese Vermittlungsbüros verschickten Rundschreiben, in denen sie den Unternehmern gleich ganze Kontingente als Hilfsarbeiter anboten und betonten, daß die Arbeiten zu einem sehr geringen Lohn, weit unter dem üblichen, ausgeführt werden könnten. So erbot sich z. B. das New York City Labor Bureau, Arbeiter in jeder gewünschten Menge zu 50 bis 60 Cents pro Tag liefern zu können, welche ohne Forderung auf Lohnerhöhung bis zu fünf Jahren an ihrem Arbeitsplatz bleiben würden.*

1881 wurden dem amerikanischen Markt allein aus Deutschland über 210 000 neue Arbeitskräfte zugeführt – und jedes Jahr kamen fast ebenso viele hinzu. Rund 400 000 Einwanderer strömten jährlich aus dem übrigen Europa in die Vereinigten Staaten. Sie kamen aus Irland, Skandinavien, Polen, Rußland, Böhmen, Österreich-Ungarn und Italien. Dazu schrieb Foner: *Allzu häufig wurden die Einwanderer aller Nationalitäten bei ihrem ersten Eintritt in die amerikanische Industrie zu Streikbrechern. Angezogen von den glühenden Versprechungen ihrer Agenten in Europa, total unwissend gegenüber den Gebräuchen der Neuen Welt, wurden sie unabsichtlich zum Werkzeug der Kapitalisten in ihrer Kampagne, die Löhne zu beschneiden und die Gewerkschaften zu zerschlagen.*

Die Unternehmer lösten die Nationalitätenfrage auf ihre Art und Weise, indem sie versuchten, Kapital aus ihr zu schlagen.

Erst als Facharbeiter und eingewanderte ungelernte Arbeiter endlich gemeinsam handelten, wurde das Verhältnis von

Kapital und Arbeit grundlegend verändert. Die Industriellen beschuldigten ausländische Agitatoren, Sozialisten und »sonstige unpatriotische und gottlose Gesellen«, mit ihren Forderungen das Land in eine Revolution stürzen zu wollen. Dabei ging es ihnen nur um ihre Pfründe, ihren Profit. Sie nutzten ihren erheblichen Einfluß auf Presse, Politiker und Gerichte, um die Tätigkeit der Gewerkschaften zu behindern und zu kriminalisieren.

Immer wieder wurden Streiks durch Gerichtsbeschlüsse verboten, Streikende wegen Aufruhr und Verschwörung vor Gericht gestellt. Oft wurde die Miliz, ja sogar die Armee eingesetzt, um Streiks mit Waffengewalt zu beenden. So beim großen Eisenbahnerstreik, der ausbrach, nachdem die Eisenbahngesellschaft von Pennsylvania auf dem Höhepunkt der Wirtschaftskrise, die 1873 begonnen und wiederholt zu Lohnabstrichen geführt hatte, für den 1. Juni 1877 erneut eine zehnprozentige Lohnkürzung ankündigte. Andere Gesellschaften im Osten zogen mit Lohnkürzungen nach, setzten Gewerkschaftsmitglieder auf schwarze Listen und entließen verstärkt Lokomotivführer, Heizer und Schaffner. Der Streik begann am 16. Juli auf der Bahnlinie Baltimore/Ohio bei Camden Junction in Maryland und breitete sich in den folgenden Tagen die Gleise entlang bis nach Martinsburg in West-Virginia aus. Den Miliztruppen gelang es nicht, der Bewegung Herr zu werden, der Streik konnte erst mit Hilfe von Bundestruppen unterdrückt werden. Aber in der Zwischenzeit hatte die Bewegung auf Cumberland und Maryland im Osten und auf Kentucky und Ohio im Westen übergegriffen. Sie sprang auf andere Bahnlinien über, und es kam in Philadelphia, Harrisburg, Scranton, Reading, Columbus, Cincinnati, Chicago, St. Louis und anderen Orten zu erbitterten Kämpfen zwischen streikenden Arbeitern, Polizei und Miliz. Die Streiks wurden von der Polizei, von Freiwilligenverbänden, Miliz- und Bundestruppen zerschlagen, und am 2. August war der normale Eisenbahnverkehr wiederhergestellt. Dieser Streik war der größte des 19. Jahrhunderts. Die Bewegung erfaßte nicht nur die Eisenbahnarbeiter, sondern ebenso Bergleute, Weber und Arbeitslose. Hunderttausende beteiligten sich daran.

Das brutale Vorgehen gegen die Streikenden führte dazu, daß sich die Gewerkschaftsbewegung nun ihrerseits radikalisierte. Die 1833 gegründete Central Labour Union, eine Gewerkschaft, in der sich vor allem Arbeiter mit anarchistischer Gesinnung zusammengeschlossen hatten, drohte öffentlich damit, ebenfalls Gewalt als Mittel des politischen Kampfs anzuwenden. Im Oktober 1885 nahmen ihre Delegierten auf Antrag des deutschstämmigen August Spies folgende Resolution an: *Wir rufen die Lohnabhängigen auf, sich zu bewaffnen, um sich gegen ihre Ausbeuter zur Wehr zu setzen. Nur ein Argument ist wirksam – Gewalt!* Und am 18. März 1886 veröffentlichte die *Arbeiterzeitung* einen Beitrag, in dem es hieß: *Wenn wir uns nicht bald zu einer blutigen Revolution aufraffen, hinterlassen wir unseren Kindern nichts außer Armut und Sklaverei. Deshalb: Seid bereit!*

Solche Aufforderungen waren ganz nach dem Geschmack jener, die in Gewerkschaften ohnehin nur organisierte Gruppen ausländischer Radikaler sahen, die friedfertige Arbeiter aufhetzten, um ihre revolutionären Utopien zu verwirklichen. Tatsächlich jedoch wollte die Mehrheit der Arbeiter zwar Lohnerhöhungen oder kürzere Arbeitszeiten, aber keine Revolution.

Am 1. Mai 1886 traten in Chicago, dem Zentrum der amerikanischen Gewerkschaftsbewegung, fast einhunderttausend Arbeiter in den Streik und demonstrierten für den Achtstundentag. Trotz der großen Menge kam es zu keinerlei Gewalttätigkeiten oder Tumulten. Ein Teil der Presse und einige Politiker unterstützten sogar öffentlich die Forderungen der Arbeiter. Das konnte dem Unternehmertum nicht recht sein. Wohin soll es führen, so ängstigten sie sich, wenn man dem Mob der Straße erst einmal nachgibt? Immer neue, weitergehende Forderungen würden auftauchen. Ein Faß ohne Boden.

Zwei Tage danach kam es zu weiteren Demonstrationen. Streikende Arbeiter, die aus der Landmaschinenfabrik McCormick ausgesperrt worden waren, attackierten Streikbrecher und schlugen Fabrikfenster ein. Die Unternehmer riefen die Polizei. Über zweihundert Polizisten prügelten danach auf die Arbeiter ein. Ein Streikender wurde getötet, mehrere wurden durch Schüsse verletzt. Da war sie wieder, diese Wut, diese Ohnmacht, dieses Ausgeliefertsein. Viele Arbeiter, die verprügelt worden waren, dachten an die Worte ihrer radikalen Kollegen: »Wer Gewalt sät, wird Gewalt ernten.«

Am nächsten Tag fand auf dem Haymarket Square eine Protestversammlung statt. Da es zu regnen anfing, war die Menge schon im Begriff auseinanderzugehen. Als der letzte Redner gesagt hatte: »Und zum Abschluß...«, erschien eine Hundertschaft Polizisten. Ein Polizeihauptmann forderte die Demonstranten über Lautsprecher auf, den Platz zu räumen und die Versammlung aufzulösen. Doch die Menge, vom Regen völlig durchnäßt und bis zum Auftreten der Polizei friedlich, fühlte sich provoziert und in ihrem Recht eingeschränkt, das Vorgehen der Polizei bei McCormick öffentlich zu kritisieren.

Eine Dynamitbombe wurde durch die Luft geschleudert und detonierte vor der ersten Gruppe von Polizisten. Die Polizei eröffnete daraufhin sofort das Feuer. Panik und Chaos brachen aus, schreckliche Szenen spielten sich ab. Am Ende blieb ein getöteter Polizist zurück, sechs weitere erlagen in den Tagen danach ihren Verletzungen. Ungezählt blieben die erschossenen Demonstranten. Es war das erste Mal, daß bei einer Protestversammlung eine Bombe geworfen worden war. Eine Welle der Hysterie erfaßte Chicago. Von wem und von welcher Seite die Bombe geworfen wurde, ist niemals ermittelt worden. Die *New York Times* erklärte die Radikalen von Chicago zu den Schuldigen und gab der Hoffnung Ausdruck, daß sie *den verdienten Tod erleiden sollten.* Für Polizei, Staatsanwälte und öffentliche Meinung stand fest: Das war das Teufelswerk von Anarchisten. 31 Männer wurden verhaftet, acht schließlich vor Gericht gestellt. Sechs von ihnen waren deutsche Einwanderer. Während Georg Engel, Adolph Fischer, Louis Lingg, Albert R. Parsons und jener August Spies, der einige Monate zuvor in seiner Resolution zur Gewalt aufgerufen hatte, zum Tod durch den Strang verurteilt wurden, erhielten die drei anderen hohe Gefängnisstrafen. Keiner war angeklagt worden, die Bombe geworfen zu haben. Sie waren vielmehr wegen Mittäterschaft und wegen Verabredung zum Mord vor Gericht gestellt worden.

Die Haymarket-Affäre erregte großes Aufsehen über die Grenzen Chicagos hinaus. Die Betroffenen waren wegen ihrer Ideen und nicht wegen des Attentats bestraft worden. Einer der zum Tode Verurteilten beging in seiner Zelle Selbstmord, die anderen vier Männer wurden am 11. November 1887 gehängt. Sie waren Opfer eines Justizmordes.

Die Bombe von Haymarket verzerrte das sowieso schon negative Bild der Einwanderer zu einem monströsen Greuelgemälde. Die Tatsache, daß fünf der Verurteilten in Deutschland geboren waren, führte dazu, daß sich in den amerikanischen Köpfen das Bild von Einwanderern als Bombenlegern einprägte und das liebgewonnene Klischee bestätigte, Gewerkschaftsagitation sei das Werk radikaler Ausländer. Die Furcht vor Ausländern nahm hysterische Formen an. Für einen Amerikaner waren Ausländer gleichbedeutend mit Roten und Radikalen – und galten als leibhaftige Teufel auf Erden.

Als 1903 das Einwanderungsgesetz in Kraft trat, wurden Einwanderer zum ersten Mal in der Geschichte Amerikas wegen ihrer Ideen vom Staat ausgeschlossen. Das Gesetz bestimmte den Ausschluß von *Anarchisten oder Personen, die den gewaltsamen Sturz der Regierung der Vereinigten Staaten oder aller Regierungen oder aller Formen der Gesetzlichkeit oder die Ermordung öffentlicher Amtsträger für richtig halten oder befürworten.* Zwei Jahre zuvor, im September 1901, war Präsident William McKinley bei einem Attentat erschossen worde. Leon Czolgosz, der Attentäter, war zwar in Amerika geboren, aber seine Eltern stammten aus Polen. Zudem behauptete er, Anarchist zu sein, obwohl er keinerlei Verbindungen zu anarchistischen Gruppen hatte und nirgendwo organisiert war. Nach der Ermordung McKinleys wurde das Bild vom ausländischen Radikalen, der zur Durchsetzung seiner abstrusen Ziele sogar vor einem Mord nicht zurückschreckte, in besonders schrillen Farben kolportiert.

Und das tat seine Wirkung. In Boston wurde auf private Initiative eine Imigration Restriction League zu dem Zweck gegründet, Einwanderer wegen ihrer Rasse oder nationalen

Herkunft von der Stadt fernzuhalten, besonders Einwanderer, die sich zu radikalen politischen Ideen bekannten. Presse und Politiker schürten diese Pogromstimmung. Einwanderer konnten nicht nur wegen ihrer Ansichten abgelehnt werden, sondern auch wegen ihrer Verbindungen. Das Gesetz bestimmte den Ausschluß eines jeden, *der einer Organisation angehört oder mit einer Organisation verbunden ist, die solche falschen Ansichten hegt und verbreitet.* Wer dennoch durch das Netz der Verfolgung schlüpfte, der konnte noch innerhalb von drei Jahren nach seiner Ankunft deportiert werden.

Das Gesetz war das Werk weltfremder, ideologisch-engstirniger Politiker und Juristen, denn es war nicht nur außerstande, die Kämpfe zwischen Kapitalisten und Arbeitern zu beenden nach dem Motto: »Gibt es keine ausländischen Radikalen mehr, verlieren auch die Gewerkschaften an Einfluß«, sondern es negierte auch die Tatsache, daß Menschen nicht als Radikale geboren werden. Weder Sacco noch Vanzetti waren zu dem Zeitpunkt, als sie ihre italienische Heimat verließen, Anarchisten. Sie waren Freidenker, glaubten an die Gerechtigkeit und die Würde des Menschen; erst die Erfahrungen in Amerika hatten sie radikalisiert.

Als 1914 in Europa der Erste Weltkrieg ausbrach, flaute die Hysterie gegen Ausländer und Radikale in Amerika etwas ab. Zwar wurde das Einwanderungsgesetz noch immer rigide angewandt, und die Unternehmen waren noch immer wegen der »ausländischen Agitatoren« besorgt, aber die Kampagnen gegen die Einwanderer bestimmten nicht mehr deren Bild in der Öffentlichkeit.

Amerika hatte jetzt andere Probleme: Der Ausbruch des Krieges in Europa stiftete Verwirrung und spaltete das Land in zwei Lager. Die einen meinten, daß der Krieg in Übersee die Amerikaner nichts angehe. *Es wäre eine Dummheit, wenn wir ohne einen ersichtlichen Zweck in den Abgrund springen wollten,* schrieb Ex-Präsident Theodore Roosevelt. Präsident Wilson indes, der lange Zeit für Neutralität eingetreten war, forderte nach heftigen Debatten über die Kriegspolitik schließlich den Kongreß auf, Deutschland, Österreich-Ungarn, Bulgarien und der Türkei den Krieg zu erklären. Als

Grund gab er an: *Die Welt muß für eine Demokratie gesichert werden.* Eine edle Auffassung, die jedoch mit dem damals stattfindenden Krieg nichts zu tun hatte.

*Es ist eine schreckliche Sache, dieses große, friedliche Volk in den Krieg zu führen,* bekannte der Präsident. Trotzdem plädierte er für den Krieg: *Aber das Recht ist kostbarer als der Friede, und wir werden für die Dinge kämpfen, die wir stets in unserem Herzen getragen haben – für Demokratie, für das Recht derer, die sich einer Autorität unterstellen, in ihrer eigenen Regierung vertreten zu sein, für die Rechte und Freiheiten kleiner Nationen, für eine allgemeine Rechtsordnung durch ein Zusammenwirken der freien Völker, das geeignet ist, allen Nationen Frieden und Sicherheit und der Welt selber endlich die Freiheit zu bringen. Für eine solche Aufgabe können wir unser Leben und unser Vermögen hingeben.*

Hinter diesem Nebel an Rhetorik wurde kaum deutlich, warum er überhaupt für den Krieg eintrat. Vielleicht glaubte Wilson, mit der Unterstützung Englands die abendländische Zivilisation zu retten, wenn er davon sprach, daß *England unseren Kampf kämpft.*

Gegen eine amerikanische Kriegsbeteiligung waren vor allem Gewerkschaften, Einwanderer-Organisationen, Pazifisten, Progressive und Radikale. Die Anarchisten um Sacco und Vanzetti vertraten die Ansicht, daß der Weltkrieg die Folge des Konkurrenzkampfes der Kapitalisten bei der Aufteilung der Weltmärkte sei. Sie versuchten auf Versammlungen und Demonstrationen ihren Anhängern klarzumachen, daß es in diesem Krieg nicht um ihre Interessen ging, sondern um die der Unternehmer und besitzenden Klasse. In einem Flugblatt hieß es: *Die Arbeiter haben kein Vaterland, für das sie kämpfen könnten. Es gehört den Kapitalisten und Plutokraten. Mögen sie sich selber um seine Verteidigung sorgen, und wenn sie Kriege erklären, wie sie und nur sie allein es tun, dann sollen sie auch selber hinausgehen und einander auf den Schlachtfeldern umbringen.*

In Washington wurde eine offizielle Propagandamaschine organisiert, der es nur zu gut gelang, Kriegshysterie und Haß zu entfachen. Wer gegen eine Kriegsbeteiligung war, galt als Radikaler, Anarchist und Volksverräter. Pogrome gegen

»Spione« und »Drückeberger« tobten im ganzen Land. Das Justizministerium verwandelte sich über Nacht in eine Spionageagentur mit Tausenden von Detektiven, die eifrig nach Unruhestiftern und »Agitatoren« suchten. Spezialtruppen der Regierung übernahmen es, Kriegsdienstpflichtige aufzuspüren, Antikriegsversammlungen zu sprengen sowie Ausländer, Gewerkschafter, Pazifisten und Radikale zu verfolgen und einzuschüchtern.

Um das amerikanische Volk für seinen Kreuzzug zu gewinnen, schuf Präsident Wilson eine Organisation für Gehirnwäsche, den »Ausschuß für öffentliche Information« (Committee on Public Information). Zweck des Ausschusses war nach den Worten seines Vorsitzenden, des Journalisten George Creel, die »Herzen und Hirne« der Amerikaner für den Krieg zu gewinnen.

Creel und seine Mitarbeiter überschwemmten das Land mit Kriegspropaganda. In Kinos und Zeitungen, auf Litfaßsäulen und im Radio, in Clubs und Schulklassen wurde dem amerikanischen Volk versichert, dies sei der beste und gerechteste aller Kriege.

Da es unter der Bevölkerung dennoch große Gruppen gab, die sich von dieser allgegenwärtigen Kriegspropaganda nicht blenden ließen, verschärfte die Regierung bestehende Gesetze, die es ermöglichten, gegen unloyale Bürger vorzugehen. So das Spionagegesetz von 1917. Obwohl es sich eigentlich auf Spionage, den Schutz militärischer Geheimnisse und Subversion gegen das Militär bezog, wurde es um ein außergewöhnliches Vergehen erweitert: *Wer zu einem Zeitpunkt, in dem die Vereinigten Staaten sich im Kriegszustand befinden, bewußt falsche Berichte oder falsche Aussagen macht oder weitergibt mit der Absicht, die Operationen oder den Erfolg der Land- oder Seestreitkräfte der Vereinigten Staaten zu stören oder ihren Feinden zu nützen ..., wird mit einer Geldbuße bis zu zehntausend Dollar oder mit Gefängnis bis zu zwanzig Jahren oder beidem bestraft.*

Kritik am Krieg und der Kriegspolitik der Regierung wurde damit als schwerstes Verbrechen definiert. Doch den Scharfmachern reichte selbst dieses absurde Gesetz nicht. Nur wenige Monate nach der Verschärfung des Spionagegesetzes kam Generalstaatsanwalt Gregory zu dem Schluß, daß das Gesetz zwar gegen organisierte Propaganda wirksam sei, aber spontane und beiläufige Äußerungen gegen den Krieg nicht erfasse. Er schlug dem Kongreß ein weiteres Gesetz vor: das Aufruhrgesetz (Sedition Act). Dieses 1918 in Kraft getretene Sammelsurium strafwürdiger Vergehen erfaßte alle Amerikaner, die sich *absichtlich in Wort, Druck, Schrift oder Publikation einer illoyalen, herabsetzenden, anstößigen oder beleidigenden Sprache bedienen in bezug auf die Regierungsform der Vereinigten Staaten, die Land- oder Seestreitkräfte der Vereinigten Staaten, die Flagge der Vereinigten Staaten oder die Uniform des Heeres oder der Marine der Vereinigten Staaten, oder einer Sprache, die darauf abzielt, die Regierungsform der Vereinigten Staaten (die Verfassung, die Streitkräfte, die Flagge, die Uniform) der Verachtung, dem Spott, der Lächerlichkeit oder dem Verruf auszusetzen.*

Ein Amerikaner, der einen Soldatenwitz erzählte, mußte jahrelange Gefängnisstrafen befürchten. Das Aufruhrgesetz machte auch die *Befürwortung jeglicher Einschränkung der Produktion von Sachen, die für die Kriegsführung wesentlich sind,* zu einem strafbaren Delikt. Mit dieser Bestimmung konnten somit alle Streikbrecher verhaftet und vor Gericht gestellt werden. Während die Kriegspropaganda glauben machen wollte, das Ziel des Krieges sei allein die Niederwerfung der Deutschen, diente er auch als willkommener Vorwand zum Angriff auf die Gewerkschaftsbewegung und die gesamte Opposition im eigenen Land.

Damit war vor allem die politische Linke betroffen – Sozialisten, Kommunisten und Anarchisten. Die Farbe Rot galt als Symbol des Widerstands, also mußte auch noch ein Gesetz gegen das »Zur-Schau-Stellen der roten Fahne« verabschiedet werden. Ein Auszug aus diesem absurden Gesetz: *Es ist verboten, die rote Fahne als Symbol für das Streben nach gewaltsamem Sturz der Regierung der Vereinigten Staaten oder als Symbol einer politischen, sozialen und ökonomischen Theorie bei öffentlichen Veranstaltungen, Paraden oder ähnlichen Anlässen zur Schau zu stellen. Wer diesem Gesetz zuwiderhandelt, wird mit einer Freiheitsstrafe bis zu einem halben Jahr oder mit einer Buße bis zu fünfhundert Dollar oder mit beidem bestraft.*

Amerika glich zu dieser Zeit einer Diktatur. Die meisten Prozesse nach dem Spionage- und dem Aufruhrgesetz waren Gelegenheitsfälle. Betroffen waren Menschen, die zufällig dabei ertappt wurden, wie sie zur falschen Zeit etwas »Falsches« sagten. Es konnte jeden treffen, zu jeder Zeit. Darin lag die eigentliche Logik dieser Gesetze. Der Krieg bot der Regierung die Möglichkeit einer umfassenden innenpolitischen Säuberung. Nicht nur »Rote und Radikale« sollten getroffen werden, sondern auch alle *wobblies*, die unliebsamen Einwanderer. Ausländer wie Sacco und Vanzetti, die legal eingewandert waren, an Regierung und Gesetz glaubten und dieses Land für ein freies Land hielten, konnten jederzeit deportiert werden.

Einen Monat nach der Kriegserklärung von 1917 hatte Präsident Wilson ein »Gesetz zur selektiven Einberufung zum Militärdienst« (Selective Military Conscription Bill) unterzeichnet. Nach diesem Gesetz hatte sich jeder männliche Einwohner der USA, sofern er sich im Alter zwischen dem 21. und dem 31. Lebensjahr befand, bis zum 5. Juni 1917 bei einer Musterungskommission zu melden. Obwohl sich auch Ausländer registrieren lassen mußten, sollten sie nicht einberufen werden, sofern ihr Einbürgerungsverfahren noch nicht begonnen hatte.

Sacco und Vanzetti, die kurz zuvor in einer anarchistischen Versammlung einander erstmals begegnet waren und sich angefreundet hatten, schlossen sich trotz dieser Einschränkung einer Gruppe italienischer Gesinnungsgenossen an, die Ende Mai nach Mexiko flohen. Sie trauten dem Gesetz nicht. Warum sollte man sie nicht auch einberufen, wenn man darauf beharrte, daß sie sich registrieren ließen? Vanzetti thematisierte dies in einem Brief, den er am 26. Juli 1917 aus dem mexikanischen Städtchen Monterey an seine Familie in Italien schickte: *Ich beabsichtige, in die Vereinigten Staaten zurückzukehren, sobald ich sehen kann, wie das Einberufungssystem ... funktioniert. Hier bin ich wenigstens davor sicher ... Außerdem scheint mir, daß die Drohung mit Einberufung und Deportation in den Vereinigten Staaten bloß ein Bluff ist... wenn ja, um so besser für mich.*

Das Leben im Exil war hart. Die Gruppe hatte sich zu einer Kommune zusammengefunden und lebte auf engstem Raum in primitiven Hütten. Nur wenige fanden Arbeit in diesem heruntergekommenen Ort. Sacco hatte Glück, er verdiente ein paar Pesos in einer Bäckerei. Manchmal brachte er abends einen ganzen Sack voll trockener Brote mit nach Hause, auf die sich die Kameraden hungrig stürzten. Da keiner aus der Gruppe die Sprache des Landes verstand, lebten die Männer sehr isoliert.

Aus den USA erreichten sie Briefe, in denen berichtet wurde, daß sich die Löhne in letzter Zeit durch die Kriegsproduktion verbessert hätten. Auch bräuchten die Männer keine Angst vor einer Einberufung in die Armee zu haben, da sich die Militärbehörden bislang an die Gesetze gehalten und keine Ausländer eingezogen hätten. Nach und nach kehrten die Männer in die Vereinigten Staaten zurück. Zum einen, weil sie erkannten, daß sie tatsächlich weder einberufen noch deportiert werden sollten; zum anderen, weil sie das Leben in der mexikanischen Fremde unerträglich fanden. Sacco, der sehr unter der Trennung von seiner Frau und seinem Kind litt, war Ende 1917 bereits wieder in Massachusetts. Er fand rasch einen Arbeitsplatz, wobei sich seine damalige Entscheidung, einen Kurs als Zurichter zu absolvieren, nachträglich auszahlte.

Die Schuhfabrik Three-K in South Stougthon gehörte jenem Michael Kelly, in dessen Berufsschule in Milford sich Sacco seinerzeit zum Zurichter hatte ausbilden lassen. Zuerst wollte ihn Kelly nicht nehmen, doch dann erinnerte er sich an den geschickten und zuverlässigen jungen Italiener, der ihm schon damals im Kurs aufgefallen war. Sacco bekam den Arbeitsplatz.

Vanzetti, der etwa um dieselbe Zeit in die USA zurückgekehrt war, zog zunächst unter falschem Namen durch das Land. Da das Gesetz eine einjährige Gefängnisstrafe für diejenigen vorsah, die sich nicht für die Musterung hatten registrieren lassen, benutzte er vorsichtshalber eine Zeitlang einen falschen Namen. Über ein Jahr lang lebte er als Tramp.

Am 26. September 1918 schrieb er aus Youngstown an seine Familie in Italien: *Ich habe Arbeit und bin bei ausgezeichneter Gesundheit. Ich bin ruhig und habe mich bisher nicht in Gefahr begeben. Bitte, macht Euch um mich keine Sorgen. Ich könnte Euch eine Menge über Amerika erzählen, aber ... es scheint, man darf nicht mehr die Wahrheit sagen, also werde ich still sein.*

Nach Aufenthalten im Staat Ohio zog er weiter nach Pennsylvania. Erst am 1. September 1919 schrieb Vanzetti wieder einen Brief an seinen Vater. Der Absender trug diesmal seinen richtigen Namen.

*Ich bin nach Plymouth zurückgekehrt,* schrieb er, *habe wieder meinen richtigen Namen angenommen und schreibe aus dem Haus der Brinis, obwohl ich leider nicht mehr bei ihnen wohne. Sie können mich nicht mehr unterbringen, erstens, weil die Kinder größer werden und mehr Platz brauchen, und zweitens, weil Alfonsina arbeiten gehen muß, um ihrer Familie auszuhelfen. So viel zum Fortschritt der Arbeiter!*

Von einem Landsmann, der in seine italienische Heimat zurückgekehrt war, hatte Vanzetti einen Stoßkarren, eine Waage und Messer gekauft, um fortan seinen Lebensunterhalt als Fischhändler zu verdienen. In den Straßen von Plymouth war er bald ein bekannter Mann. *»Bart the Beard«*, Bart(olomeo) mit dem Bart, riefen ihn die Leute, wenn er mit seinem Karren voller Fische unterwegs war. Vanzetti hatte trotz seines Geschäfts immer Zeit für ein Schwätzchen, und die Kunden – meist italienische Landsleute – liebten das. Daß er ausgefallene Bücher las und für anarchistische Ideen eintrat, wußten die meisten. Aber was war dabei? Standen die Anarchisten nicht auf der Seite der Armen und Schwachen? Und reich war in dieser Gegend niemand. Also verstanden sie Vanzetti, den Fischhändler.

Vanzetti hatte sich von der Verfolgungswelle der Regierung auch nach seiner Rückkehr aus Mexiko nicht einschüchtern lassen. Nach wie vor war er ein entschiedener Gegner des Krieges, beteiligte sich an geheimen Veranstaltungen und politischen Diskussionen. Wenn er nach Boston fuhr, um dort im Hafen seine Fische zu kaufen, besuchte er Aldino

Felicani, einen Freund von ihm, der als Drucker bei der italienischen Tageszeitung *La Notizia* arbeitete. Oft fuhr er auch mit der Fähre hinüber nach Ost-Boston, um sich dort mit anarchistischen Gesinnungsfreunden zu treffen. Sie alle waren sich einig: Wenn der Krieg im fernen Europa zu Ende ginge, dann würde er im Inland fortgesetzt. Auch hier. Auch in Boston. Nur der Gegner würde sich ändern. Die Feinde, so sagten sie, »sind dann nicht mehr die Deutschen, sondern wir«. Und sie sollten recht behalten.

Am 11. November 1918 endete der Erste Weltkrieg mit einem Sieg über die Deutschen. Doch was hatte Amerika mit diesem Krieg schon gewonnen? Die Kaufkraft des Dollars war seit 1913 um über sechzig Prozent gesunken, die Preise für Lebensmittel waren weit über hundert Prozent gestiegen. Das wirtschaftliche Tief begann, als die Kriegsindustrie die Produktion einstellte. Neun Millionen Arbeiter und vier Millionen heimgekehrte Soldaten drängten auf den Arbeitsmarkt. Die Arbeitslosigkeit stieg, die Preise stiegen ebenfalls. Depression und Inflation grassierten – und die Angst, »Rote und Radikale« könnten von dieser Stimmung profitieren. Die Unsicherheit der wirtschaftlichen und politischen Lage führte einmal mehr in der amerikanischen Geschichte dazu, in Kreisen der Andersdenkenden nach Sündenböcken zu suchen und an ihnen Mißmut, Enttäuschung und Aggression abzureagieren.

In allen größeren Städten Amerikas entstanden nationalistische Vereinigungen, in denen sich konservative Bürger unter dem Sternenbanner schworen, für »Ruhe und Ordnung« zu kämpfen und das Land nicht revolutionierenden Agitatoren und Volksverhetzern zu überlassen. Sie organisierten sich in der »Liga für nationale Sicherheit«, der »Nationalen Bürgervereinigung« oder der »Verteidigungsliga«.

Die Angst vor Roten und Radikalen entwickelte sich nach einem festen Schema von Aktion und Reaktion. Fanden irgendwo im Land Streiks, Demonstrationen oder gar Attentate statt, gaben die Vereinigungen den »Bolschewisten« die Schuld. Seit der russischen Revolution wurden alle Radikalen unter dem Sammelbegriff »Bolschewisten« erfaßt, ganz gleich, wofür sie eintraten.

Als es 1919 zu mehr als dreitausend Streiks kam, an denen über vier Millionen Arbeiter beteiligt waren, bezeichnete die Industriellenvereinigung den gesamten Gewerkschaftsgedanken als »Bolschewismus« und als »das größte Verbrechen der Welt«. Doch die Arbeiterschaft ließ sich weder durch solche Verzerrungen einschüchtern noch durch verlogene Appelle an ihren Patriotismus zum Schweigen bringen. Im Februar 1919, als sich in Seattle mehr als sechzigtausend Arbeiter an einem Generalstreik zur Unterstützung der Lohnforderungen der Werftarbeiter beteiligten, sahen konservative Politiker und Presseleute darin bereits den Untergang der amerikanischen Nation. Sie, die kaum den Gedanken einer einzigen streikenden Gewerkschaft verkrafteten, erfaßte bei der Tatsache einer streikenden Einheitsfront die Panik.

Zu dieser Zeit hatte die russische Revolution mit einem Generalstreik in Petrograd begonnen, und viele Amerikaner sahen bereits ähnliche Ereignisse über ihr Land hereinbrechen. Die Presse berichtete über die Vorkommnisse in Seattle mit schreienden Schlagzeilen: »Rote lenken Streik in Seattle – um die Revolution zu proben!« In den Berichten wurden die streikenden Arbeiter allesamt als »Bolschewisten« beschimpft, die nur ein Ziel verfolgten: die Machtübernahme in Amerika. Politiker machten den Vorschlag, alle Streikführer nach Rußland zu deportieren. Der Bürgermeister von Seattle ließ Bundestruppen kommen, die gewalttätig gegen die Streikenden vorgingen. Am fünften Tag brachen die Gewerkschaften den Streik ab. Sie wollten weitere Gewalttätigkeiten und Blußvergießen verhindern.

Am 28. April 1919 erhielt der Bürgermeister von Seattle, Ole Hanson, ein Sprengstoffpaket. Da Hanson verreist war, blieb das Paket ungeöffnet. Sein Sekretär bemerkte, daß eine säureähnliche Flüssigkeit aus dem Paket floß, und rief die Polizei. So entging der Bürgermeister dem Attentat, denn im Paket befand sich eine selbstgebastelte Bombe, die entschärft werden konnte. Einen Tag später wurde ein weiteres Paket im Hause eines ehemaligen Senators von Georgia abgegeben. Als eine Hausangestellte es öffnete, wurden ihr durch die Wucht der Bombe beide Hände abgerissen. Alle Zeitungen berichteten über die beiden Sprengstoffpakete.

Ein New Yorker Postbeamter, der davon las, erinnerte sich, daß er 16 ähnliche Pakete wegen zu geringer Frankierung zur Seite gelegt und von der Beförderung ausgeschlossen hatte. Er verständigte die Polizei. Alle 16 Pakete wurden überprüft; sie enthielten selbstgebastelte Sprengsätze. Unbekannte hatten versucht, mit den Postsendungen prominente Amerikaner in die Luft zu sprengen, darunter den Richter am Obersten Gerichtshof Holmes sowie Generalstaatsanwalt A. Mitchell Palmer. Als Absender trugen die Pakete die Adresse eines großen New Yorker Kaufhauses; außerdem war die Aufschrift »Neuheit – ein Muster« auf die Pakete geklebt worden. Bei Nachforschungen in allen Postämtern des Landes tauchten weitere 18 Pakete auf, die unter anderem an den Leiter der Fremdenpolizei, an den Vorsitzenden des Untersuchungsausschusses über bolschewistische Umtriebe, an den Postminister, den Justizminister und an zwei Großunternehmer adressiert waren.

Presse und Öffentlichkeit schäumten vor Wut. Die meisten Zeitungen sprachen die Bomben eindeutig den Radikalen zu und nannten sie »menschlichen Abschaum«. Die *New York Times* meinte, daß *Bolschewisten, Anarchisten und Gewerkschaftsmitglieder* dafür verantwortlich seien. Eine andere Zeitung schrieb: *Wenn jetzt nicht endlich gegen den Radikalismus etwas unternommen wird, können wir gleich Lenin und Trotzki einladen, bei uns die Geschäfte zu übernehmen.*

Obwohl Gewerkschaften wie Anarchistengruppen jede Mitverantwortung bestritten, galten sie in den Augen der meisten Amerikaner als die Täter. Die Forderung, nun endlich rigoroser gegen Radikale vorzugehen, wurde unüberhörbar. Eine Kirchenzeitung forderte ihre christlichen Leser zur Selbstjustiz auf: *Jeder Mensch, der Gott und dieses Land liebt, sollte sich mit einer Axt bewaffnen und damit auf das Übel des Anarchismus einschlagen, wo immer es sich zeigt.* Kritische Stimmen, die darauf hinwiesen, daß zwischen Gewalttätern und Gesinnungsanarchisten unterschieden werden müsse, gingen in der allgemeinen Pogromstimmung unter.

Bundestruppen des FBI und örtliche Polizeieinheiten suchten in ganz Amerika fieberhaft nach den Bombenlegern. Die Polizei ging davon aus, daß es sich um einen oder mehrere Ausländer handelte, da die geringe Frankierung auf den Sprengstoffpaketen als Indiz dafür gewertet wurde, daß die Absender nicht mit dem Postsystem vertraut gewesen seien.

Ständig hieß es in der Presse, Verhaftungen stünden unmittelbar bevor, doch erfolgten keine. Statt dessen explodierten in der Nacht zum 2. Juni 1919 in acht Städten weitere Bomben. Sowohl öffentliche als auch private Gebäude wurden zerstört, zwei Menschen fanden den Tod. Der aufsehenerregendste dieser Anschläge erfolgte auf das Haus des Justizministers Palmer in Washington. Gerade als er und seine Familie zu Bett gegangen waren, explodierte eine Bombe vor dem Haus, verwüstete die Fassade und drückte in den Häusern der Nachbarschaft die Fenster ein. Wie durch ein Wunder blieben Palmer und seine Familie unverletzt. Die Polizei sprach sofort von Anarchisten als den Attentätern und begründete ihren Verdacht mit einem Flugblatt, das man in der Nähe des Palmer-Hauses fand. Darauf hieß es: *Es wird weiter Blut fließen. Wir werden nicht nachgeben. Wir werden morden. Wir werden töten ... Wir werden zerstören ... Wir sind bereit, alles zu tun, um die Klasse der Kapitalisten zu unterdrücken. Die anarchistischen Kämpfer.*

Justizminister Palmer war ein Quäker aus Pennsylvania, lange Zeit Kongreßabgeordneter und hatte das Amt des Kriegsministers abgelehnt, weil er nicht glaubte, daß »ein Mann des Friedens« für eine solche Aufgabe geeignet sei. Statt dessen ernannte ihn Präsident Wilson 1919 zum Justizminister. Viele hatten mit seiner Berufung die Hoffnung verknüpft, die Justizorgane würden unter Palmer liberaler vorgehen als unter seinem Vorgänger Thomas Gregory. Doch hatten die Attentate seine Einstellung geändert. Überdies haßte er als Quäker die Radikalen, von denen die meisten Atheisten waren und jegliche göttliche Existenz leugneten.

Nach dem Bombenanschlag auf sein Haus im Juni 1919 forderte Palmer vom Kongreß fünfhunderttausend Dollar zur Errichtung der General Intelligence Division, einer allgemeinen Ermittlungsabteilung gegen Radikale. Nachdem der

Kongreß unter dem Druck der öffentlichen Stimmung die Summe im Schnellverfahren bewilligt hatte, übernahm J. Edgar Hoover die Leitung der neuen Abteilung. Daß er der richtige Mann für diese Verfolgungsarbeit war, zeigte sich in seinen Kommentaren, so in diesem: *Die Zivilisation sieht sich der furchtbarsten Bedrohung gegenüber, seit barbarische Horden Westeuropa überrannten und das finstere Mittelalter einleiteten.*

Hoover und seine Ermittlungs- und Verfolgungsbeamten sahen sich als Retter der Zivilisation. Zur Abwehr der radikalen Gefahr wurden alle Methoden gebilligt, war jedes Mittel erlaubt. Eine landesweite Hexenjagd begann. Recht und Gesetz gerieten unter dem Vorwand, die Verfassung vor Staatsfeinden zu schützen, zur Makulatur.

Am 7. November 1919, dem zweiten Jahrestag der russischen Oktoberrevolution, begannen die Palmer-Razzien. An der »Razzia gegen Rote« beteiligten sich Regierungsagenten, Polizisten, Sonderbeauftragte und extra für diesen Zweck angeworbene Privatdetektive. In allen Städten Amerikas schwärmten die Fahnder aus, verwüsteten Büros und Versammlungsräume, beschlagnahmten Mitgliederkarteien und nahmen Tausende von Bürgern fest. Justizminister Palmer hatte seine Menschenjäger zuvor ausdrücklich angewiesen, ohne Rücksicht vorzugehen: *Jeder, der auch nur im entferntesten mit dieser [radikalen] Bewegung in Zusammenhang steht, ist ein potentieller Mörder oder Dieb. Die üblichen Rechtsnormen brauchen ihm gegenüber keine Anwendung zu finden.*

Unter den Tausenden von »Bolschewisten«, die auf diese Weise in die Hände der Justiz fielen, waren Männer und Frauen, die sich zufällig gerade in den Räumen politischer Organisationen aufhielten und englische Sprachkurse für Ausländer oder andere völlig unpolitische Kurse oder Vorträge besuchten. Die Überfallkommandos demolierten die Büroräume, zerstörten Archive, zerbrachen Schränke und mißhandelten Besucher. Nur wer sich als amerikanischer Staatsbürger ausweisen konnte, kam unbeschadet davon. Für die Zeitungen waren alle Verhafteten »gefährliche Elemente« und »Anarchisten«. Ein »Roter Sonderzug« brachte einen

Teil der Verhafteten zur Deportation nach New York. Kurz vor Weihnachten wurde der Dampfer Budford mit 249 Russen nach Rußland abgeschoben. Viele von ihnen mußten Frauen und Kinder in Amerika zurücklassen.

Die November-Aktion war jedoch nur ein Vorspiel für weitaus umfassendere Razzien, die am 2. Januar 1920 gleichzeitig in 33 amerikanischen Städten stattfanden. Zuvor, am 27. November, hatte der stellvertretende Leiter des Bureau of Investigation der Bundeskriminalpolizei des Landes, Frank Burke, ein Rundschreiben an alle Distriktchefs geschickt, in dem es hieß: *Das vorläufige für die Verhaftung der Kommunisten festgesetzte Datum ist Freitag, 2. Januar 1920, abends.* Das Rundschreiben gab Anweisungen und Empfehlungen für Ermittler und Fahnder. Wer fragte da noch nach Menschenwürde, Recht und Gesetz? Es wurde zur nationalen Aufgabe stilisiert, den Radikalismus auszurotten. Und Kommunisten galten ebenso wie Anarchisten als besondere Staatsfeinde; sie waren gut organisiert, hatten ein klares revolutionäres Programm, und schließlich beriefen sie sich auf die russische Revolution. Sie zu zerschlagen war in den Augen der Politiker höchstes Gebot. Alle Mittel waren dafür recht. Das Rundschreiben enthielt folgende Instruktionen:

*Die Begründung für die Deportation wird sich in diesen Fällen ausschließlich auf die Mitgliedschaft bei der COMMUNIST PARTY of America oder der COMMUNIST LABOR PARTY stützen.*

*Wenn möglich, sollten Sie durch Ihre Geheiminformanten dafür sorgen, daß an dem vorgesehenen Abend Versammlungen der COMMUNIST PARTY und der COMMUNIST LABOR PARTY abgehalten werden ... Dies würde selbstverständlich die Durchführung der Verhaftungen erleichtern.*

*Es ist nicht die Absicht oder der Wunsch dieser Amtsstelle, daß amerikanische Bürger, die diesen beiden Organisationen angehören, zu diesem Zeitpunkt verhaftet werden. Sollten aber irrtümlich amerikanische Bürger in Gewahrsam genommen werden, die Mitglieder der COMMUNIST PARTY of America oder der COMMUNIST LABOR PARTY sind, dann sollen diese Fälle sofort den örtlichen Behörden übergeben werden.*

*Besonderes Augenmerk soll auf die Festnahme sämtlicher Funktionäre beider Parteien gelenkt werden, sofern es Ausländer sind; die Wohnungen dieser Funktionäre sollen in allen Fällen nach Schriften, Mitgliedskarten, Akten und Korrespondenzen durchsucht werden. Die Versammlungsräume sollen gründlich durchsucht werden ... Alle Schriften, Bücher, Papiere und alles, was an der Wand hängt, soll beschlagnahmt werden; Decken und Trennwände sollen nach Verstecken abgeklopft werden.*

*Ich habe oben erwähnt, daß die Versammlungsräume und Wohnungen der Mitglieder gründlich durchsucht werden sollen. Ich überlasse es ausschließlich Ihrem Ermessen, welche Methoden Sie anwenden wollen, um Zugang zu diesen Räumen zu gewinnen.*

*Am Abend der Verhaftung wird unser Büro die ganze Nacht geöffnet sein, und ich wünsche, daß Sie Mr. [J. Edgar] Hoover von jedem wichtigen Sachverhalt, der sich im Zuge der Verhaftungen ergibt, fernmündlich informieren.*

*Ich wünsche, daß Sie am Morgen nach den Verhaftungen unserem Büro per Sonderkurier und mit dem Vermerk »Zu Händen von Mr. Hoover« eine vollständige Liste der festgenommenen Personen, mit Angabe ihrer Adressen und der Organisation, der sie angehören, sowie mit der Feststellung, ob sie bereits auf der ursprünglichen Liste der Haftbefehle gestanden haben oder nicht, zukommen lassen. Wenn Personen festgenommen wurden, für die keine Haftbefehle vorhanden waren, sollen Sie sofort von den örtlichen Einwanderungsbehörden Haftbefehle für all diese Fälle anfordern und sich gleichzeitig mit unserem Büro in Verbindung setzen.*

Mehr als sechstausend Haftbefehle waren ausgestellt worden. Tausende von Ausländern wurden mit oder ohne Haftbefehl aufgegriffen und verhaftet, etwa dreitausend Personen festgehalten. Am Ende aber konnten nur 466 tatsächlich des Landes verwiesen werden.

Die Palmer-Razzien bedeuteten den Höhepunkt der Massenaktionen gegen Einwanderer in Amerika. Erstmals war die Meinung der Bevölkerung über das Vorgehen von Justiz und Polizei gespalten. Viele Amerikaner waren bei den Razzien ebenfalls in Angst und Schrecken versetzt worden, mußten Verhöre über sich ergehen lassen, Stunden auf Polizeistationen verbringen, sich gegen absurde Verdächtigungen wehren.

Als der Senat eine Woche nach den landesweiten Razzien ein weiteres Gesetz gegen »Aufruhr in Friedenszeiten« verabschiedete, verweigerte das Repräsentantenhaus dazu seine Zustimmung. Abgeordnete und Bürger erkannten, daß es der Regierung das Recht geben würde, ihnen das anzutun, was den Ausländern angetan worden war.

Zur Ablehnung hatte vor allem eine Untersuchung beigetragen, welche die American Civil Libertys Union (Verband für Bürgerrechte) und eine andere Bürgerrechtsbewegung, die National Popular Government League, durchgeführt hatten. Ihr Bericht, der zahlreiche Übergriffe bei den Palmer-Razzien auflistete, war von zwölf berühmten Rechtsanwälten und Rechtsgelehrten unterzeichnet. Darin hieß es:

*Wir können nicht länger vor Ereignissen die Augen verschließen, die in der Geschichte unseres Landes ohne Beispiel sind. Von verantwortungsbewußten Bürgern sind Informationen an uns gelangt, daß es zur Verletzung von persönlichen Rechten gekommen ist, die an die schlimmsten Praktiken der Tyrannei erinnern.*

*Mehr als sechs Monate sehen wir, die Unterzeichner, Anwälte, die geschworen haben, die Gesetze und die Verfassung der USA zu achten und aufrecht zu halten, in wachsender Bestürzung mit an, wie das Justizministerium die Verfassung verletzt und die Gesetze dieses Landes bricht.*

*Und weiter: Unter dem Deckmantel einer Kampagne zur Unterdrückung der radikalen Umtriebe hat die Abteilung des Generalstaatsanwaltes, vertreten durch ihre lokalen Repräsentanten, in allen Teilen des Landes und auf spezielle Anordnung von Washington aus eine Reihe fortgesetzter Gesetzesübertretungen begangen.*

*Massenverhaftungen sowohl von Ausländern wie amerikanischen Bürgern wurden ohne jeden Haftbefehl und ohne*

*Beachtung der gesetzlichen Formalitäten unternommen; Männer und Frauen wurden »incommunicado« eingekerkert, das heißt, es wurde ihnen nicht gestattet, Verbindung mit Freunden oder Rechtsanwälten, weder persönlich noch schriftlich, aufzunehmen. Ihre Wohnungen wurden ohne Hausdurchsuchungsbefehl überfallen, ihr Eigentum beschlagnahmt und fortgeschleppt. Anderes Eigentum wurde mutwillig zerstört. Männer und Frauen aus der Arbeiterklasse, die im Verdacht radikaler Anschauungen standen, wurden beschimpft und mißhandelt. Die Polizei sandte ihre Agenten zu Spitzelei- und Provokationszwecken in radikale Arbeiterorganisationen. Diese Spitzel erhielten ihre Richtlinien von der Regierung in Washington. Sie hatten den Auftrag, Versammlungen an bestimmten Tagen zu dem ausgesprochenen Zweck zu arrangieren, um eine Gelegenheit zu Überfällen und Massenverhaftungen zu schaffen. Zur Unterstützung dieser illegalen Handlungen und zur Schaffung einer dieses Treiben begünstigenden Stimmung konstituierte sich das Justizministerium als Propagandabüro, das Zeitungen und Zeitschriften Material zur Verfügung stellte, das geeignet war, die öffentliche Meinung gegen alle Radikalen aufzustacheln; alles dies wurde von der Regierung bezahlt und lag außerhalb des Pflichtenkreises des Generalstaatsanwaltes.*

In der Öffentlichkeit fand dieser Bericht große Beachtung. Die Menschen hörten zwar nicht auf, sich vor der angeblichen roten Gefahr zu fürchten, doch sie hörten auf, der Regierung alles zu glauben. Justizminister Palmer und die Beamten des FBI waren indes bemüht, den angerichteten Flurschaden wieder öffentlich wirksam gutzumachen. Dazu brauchten sie Fahndungserfolge im Falle der Bomben-Attentäter. Die Detektive des Justizministeriums konzentrierten ihre Untersuchungen zunächst auf die Herkunft des Flugblattes, das man nach dem Bombenanschlag auf das Haus Palmers gefunden hatte. Ein Italiener, der den Namen Ravarini trug, leistete hierbei Hilfe. Seit langem hatte er sich in das Vertrauen anarchistischer Gruppen von New York, New Jersey und New England geschlichen. Seine Aufgabe bestand darin, Druckereien ausfindig zu machen, in denen radikale

Flugblätter und agitatorische Schriften hergestellt wurden. Darum legte er es besonders darauf an, nichtsahnende Männer zur Herausgabe neuer Zeitungen und Flugblätter zu animieren. Er besorgte dafür Gelder und rühmte sich, ein »Anhänger der direkten Aktion« zu sein, der sich anbot, »dem Kapitalistensystem Schläge zu versetzen«.

Ravarini traf auch einmal mit Sacco und Vanzetti zusammen. Er schlug vor, eine neue anarchistische Zeitung herauszubringen, wofür Vanzetti als Redakteur die Verantwortung übernehmen sollte. Nachdem Ravarini von verschiedenen Anarchistenmitgliedern als Agent provocateur entlarvt worden war, verschwand er sofort im Schutz der Polizeibehörden. Zuvor jedoch hatte er seinen Auftraggebern noch den Namen eines gewissen Robert Elia genannt, dem gegenüber er zuvor als Freund aufgetreten war. Elia war Angestellter der Druckerei Canzani, die ständig anarchistische Schriften druckte, darunter auch Flugblätter. Und dort, so hatte Ravarini die Polizeibehörde informiert, sollte auch jenes Flugblatt gedruckt worden sein, das die Palmer-Attentäter hinterlassen hatten.

In der Nacht zum 25. Februar 1920 verhafteten FBI-Mitarbeiter Elia in seiner Wohnung. Bei einer anschließenden Durchsuchung der Druckerei fanden die Beamten rotes Papier, das dem Flugblatt vor Palmers Haus ähnelte. Die FBI-Agenten waren sich sicher, den Verfassern des Flugblattes auf der Spur zu sein. Sicherheitshalber nahmen sie auch den Schriftsetzer der Druckerei fest. Sein Name: Andrea Salsedo. Man brachte beide in das Büro des Justizministeriums in der Park Row 21. Dort wurden sie stundenlang getrennt verhört. Elia und Salsedo behaupteten, von dem Flugblatt nichts zu wissen.

Für die anarchistischen Gruppen in New York war die Festnahme der beiden Gesinnungsgenossen mehr als beunruhigend. Die beiden wurden ohne jeglichen Kontakt zur Außenwelt gefangengehalten, und es wurde befürchtet, daß man sie foltern würde, um von ihnen Bekenntnisse zu erzwingen.

Am Sonntag, den 25. April 1920 trafen sich Anarchisten aus Ost-Boston in ihrem Versammlungsraum, um darüber zu diskutieren, was man für die beiden New Yorker Genossen tun könne. Auch Sacco und Vanzetti nahmen an dieser Beratung teil.

Vanzetti übernahm den Auftrag, nach New York zu fahren, um dort bei Freunden herauszufinden, wie es um die beiden Verhafteten stand. Dort traf er sich mit dem Vorsitzenden eines Komitees zur Verteidigung der Razzia-Opfer, Luigi Quinitilano. Dieser warnte Vanzetti, es werde bald weitere Razzien geben. Über Elia und Salsedo hatte er keinerlei neue Informationen.

Beim nächsten Treffen im Italien Naturalization Club erzählte Vanzetti seinen Bostoner Genossen von den bevorstehenden neuen Razzien. Die Gruppe beschloß daraufhin, alle anarchistische Literatur vorerst verschwinden zu lassen, um den Fahndern keine Vorwände für eine Verhaftung zu liefern.

Als die Anarchisten am Sonntag, den 2. Mai 1920 zu einem weiteren Treffen zusammenkamen, um die Organisation für das Verschwinden des Belastungsmaterials zu besprechen, war Andrea Salsedo bereits tot. Man fand seinen Körper, völlig zerschmettert und entstellt, 14 Stockwerke unter den Fenstern des Zimmers, in dem die Verhöre stattfanden, auf dem Straßenpflaster.

Erste Radiomeldungen zitierten einen Justizsprecher, der behauptete, die beiden Italiener hätten sich zur Teilnahme an den Bombenattentaten bekannt und auch Freunde in Verdacht gebracht. »Salsedo und Elia haben in Verbindung mit der Bombenverschwörung vom 2. Juni 1919 sehr wichtige Informationen gegeben«, meldete der Sprecher und erklärte, »aus Angst vor Rache« hätten die beiden darum gebeten, in Haft bleiben zu dürfen.

Keiner der Männer in Boston glaubte an das, was über das Radio verbreitet wurde. Sie waren sich einig: Das war kein Selbstmord, das war Mord.

Die einzige Person, die Klarheit hätte schaffen können, wurde von den Justizbehörden am Reden gehindert. Robert Elia, der Zellengenosse Salsedos, war in aller Eile nach Ellis Island gebracht und auf dem schnellsten Wege deportiert worden. Trotz aller öffentlichen Verlautbarungen hatten die »Bekenntnisse« und »preisgegebenen Informationen« nicht dazu ausgereicht, Elia nach dem Gesetz gegen »kriminelle

Anarchie« unter Anklage zu stellen. Warum also sollte dann Salsedo Selbstmord verübt haben?

Die Beseitigung der anarchistischen Schriften war nun noch dringender geworden, denn keiner der Männer wollte in die Hände der Justiz geraten und Salsedos Schicksal erleiden. Der Genosse Boda, der ein Auto besaß, sollte eine Rundfahrt machen und alle Bücher, Broschüren und Flugblätter an den verschiedenen Stellen einsammeln, um sie anschließend an einem sicheren Ort zu verstecken. Die anderen sollten ihm bei dieser Aktion helfen, auch Sacco und Vanzetti.

Nach dem Treffen, auf dem dies besprochen wurde, erzählte Sacco Vanzetti davon, daß er nach Italien zurückkehren wolle. Vielleicht, so Sacco hoffnungsvoll, bekäme er noch im Mai Schiffskarten für die Überfahrt. Dann könne er sich nicht an den weiteren Aktionen beteiligen.

Bereits im März hatte Sacco einen Brief von seinem Bruder Sabino erhalten, der ihn vom Tod ihrer Mutter benachrichtigte. Das traf ihn tief, vor allem die Tatsache, daß er nicht zu Hause gewesen war, als sie starb. Doch Sabinos Brief war zu einem Zeitpunkt gekommen, als Sacco ohnehin mit dem Gedanken spielte, Amerika zu verlassen. Er hatte genug von diesem Land. Hier konnte man zwar relativ viel Geld verdienen, doch die Freiheit, die er gesucht hatte, gab es nicht. Seine politischen Ansichten machten ihn vogelfrei. Ihm war in den zurückliegenden Monaten bewußt geworden, daß er in diesem Land keine Chancen hatte. Mit der freiwilligen Rückkehr in seine Heimat wollte er Schlimmerem zuvorkommen. Sacco dachte dabei vor allem an seine Frau und seinen Sohn.

Gleich nachdem er den Brief vom Bruder empfangen hatte, kümmerte sich Sacco um die notwendigen Ausreiseformalitäten. Auf dem italienischen Konsulat in Boston erkundigte er sich, wie er einen Reisepaß bekommen könne. Man sagte ihm, er benötige dafür zwei Familienfotos. Am Nachmittag des 15. April 1920 brachte Sacco die Fotografien in das italienische Konsulat. Es war an jenem Tag, als in South Braintree bewaffnete Banditen die Lohnboten der Slater & Morrill Shoe Company überfielen und dabei den Zahlmeister und den Wächter töteten. Da Saccos Fotografien für die Pässe viel zu groß und daher ungeeignet waren, ließ er Ende April andere anfertigen und brachte diese dann ins Konsulat.

Am Montag, den 3. Mai ging Sacco in die Schuhfabrik Three-K, um sein Werkzeug und seine Arbeitskleidung abzuholen und um sich von George Kelley, dem Leiter der Firma, sowie seinen Arbeitskollegen zu verabschieden. Alle bedauerten seinen Weggang, wünschten ihm und seiner Familie eine gute Heimreise und viel Glück für die Zukunft.

Vanzetti war an diesem Montagmorgen nach Boston gefahren. Im Hafen wollte er frische Fische einkaufen, doch da die Preise zu hoch waren, verzichtete er darauf. Zum Lunch traf er sich mit italienischen Freunden in einem Restaurant nahe dem Haymarket Square. Beim Essen diskutierten die Männer erneut den Tod Salsedos. »Wer wird der nächste sein?« fragten sie nachdenklich.

Am Mittwoch besuchte Vanzetti die Familie Sacco. Rosina, Saccos Frau, hatte bereits zu packen begonnen. Beim Essen in der Küche sagte Sacco, er sei froh, daß das Kind, das Rosina erwarte, nun in der italienischen Heimat zur Welt kommen werde. Alle drei stießen auf das bevorstehende Ereignis an. »Es wird eine stolze Italienerin!« rief Sacco aus.

Gegen fünf Uhr nachmittags kamen die beiden Freunde Orciani und Boda vorbei. Boda erzählte, der Defekt an seinem Wagen sei nun behoben, und endlich stünde das Auto dafür zur Verfügung, die Schriften in Sicherheit zu bringen. Alle vier tranken in der Küche Wein. »Sacco, du wirst uns fehlen, gerade jetzt«, sagte Boda. Sacco nickte stumm.

Am 5. Mai gegen sieben Uhr abends brachen die Männer auf. Sacco und Vanzetti nahmen die Straßenbahn nach Brockton, wo sie in eine andere Straßenbahn nach Bridgewater umsteigen mußten. Orciani und Boda fuhren mit dem Motorrad davon. Sie alle wollten sich bei Simon Johnsons Garage treffen, um Bodas Overland abzuholen, mit dem sie noch am Abend beginnen wollten, die belastenden Schriften einzusammeln.

In der Straßenbahn entwarf Vanzetti einen Flugblatt-Text für eine Versammlung, die am 9. Mai stattfinden sollte. Er las ihn Sacco vor, der einige Kürzungen mit dem Hinweis vorschlug, dadurch würden die Satzkosten geringer. Danach gab Vanzetti den fertigen Textentwurf Sacco, der ihn in seine Tasche steckte, um ihn am nächsten Tag zu einer Druckerei zu bringen.

Nachdem sie am Elm Square in West Bridgewater ausgestiegen waren, gingen sie zu Fuß zu Johnsons Garage. Orciani und Boda waren bereits dort. An einen Gartenzaun gelehnt, verfolgten sie, wie Boda nach seinem Auto fragte. Doch irgend etwas stimmte nicht. Warum eilte die Frau des Garagenbesitzers gerade jetzt ins Nachbarhaus zum Telefonieren? Boda und Orciani gaben Zeichen, sicherheitshalber zu verschwinden. In den letzten Tagen hatte der örtliche Polizeichef Boda vernommen und ihn verdächtigt, Mitwisser einiger Raubüberfälle in dieser Gegend gewesen zu sein. Vielleicht sollte hier eine Falle zuschnappen?

*Viertes Kapitel*

# Die Falle schnappt zu

»Stellt euch hierher mit dem Gesicht zur Wand!« befahl eine Stimme in barschem Ton. Die beiden Männer, die wenige Minuten zuvor in der Straßenbahn verhaftet und auf die Polizeistation nach Brockton gebracht worden waren, stützten sich mit ihren Handflächen an die grau lackierte Wand gegenüber der Fensterseite. Während ein Polizist hinter dem Rücken der Männer lässig auf und ab ging, verfolgten seine Kollegen die Szene aus sicherem Abstand. Ein zweiter Polizist ging nach vorn und schob die Beine der beiden Männer mit seinen Stiefeln auseinander. Dann tastete er zuerst den Mann mit dem Schnurrbart sorgfältig ab.

»Was haben wir denn da?« rief er in gespielt väterlichem Ton, als er unter der Jacke einen geladenen Harrington & Richardson-Revolver vom Kaliber 38 hervorzog. Nachdem er alle Taschen durchsucht hatte, lagen ein Taschenmesser, zwanzig Dollar, einige Patronen und verschiedene anarchistische Flugschriften auf seinem Bürotisch.

Auch bei dem Mann mit den weichen Gesichtszügen wurde der Polizist schnell fündig. Im Hosenbund war eine geladene automatische Colt-Pistole vom Kaliber 32 versteckt, in den Hosentaschen fanden sich 23 Schuß Munition, allesamt Kaliber 32, jedoch von verschiedenen Herstellern. Ein Text, abgefaßt in italienischer Sprache, wurde in der Jackentasche gefunden.

Mittlerweile war Polizeichef Stewart vom Bridgewater-Revier auf der Wache eingetroffen, mit ihm die beiden Polizisten Frank Le Baron und Warren Laughton, außerdem der Garagenbesitzer Simon Johnson.

»Sind das die beiden Männer, die am Zaun standen, als Boda sein Auto abholen wollte?« fragte Stewart.

Johnson nickte kurz. »Ja, das sind sie. Ich erkenne sie wieder.«

Stewart war zufrieden. Er wußte, seine Falle war zugeschnappt. Es war sein Erfolg. Er wandte sich an den Mann mit dem Schnurrbart und informierte ihn, daß er auf belastende Fragen nicht zu antworten brauche. »Aber alles, was Sie hier sagen, kann einmal gegen Sie verwendet werden«, erklärte er dann bedeutungsvoll. Doch der kräftige Mann, der mittlerweile auf einem Stuhl Platz genommen hatte, war bereit, auf alle Fragen zu antworten.

Bartolomeo Vanzetti sei sein Name, 32 Jahre alt, Italiener, wohnhaft in Plymouth, Cherry Street 35, von Beruf selbständiger Fischhändler.

»Sind Sie Anarchist?«, fragte Stewart unvermittelt.

»Nein, ich weiß nicht, was Sie darunter verstehen. Ich bin ein wenig anders ...« antwortete Vanzetti zögernd.

»Schätzen Sie unsere Regierung?« wollte Stewart nach einer kurzen Pause wissen.

Vanzetti merkte, daß er vorsichtig sein mußte. »Nun«, sagte er langsam, »ich möchte, daß manches anders ist ...«

»Glauben Sie an eine Änderung der Regierung nötigenfalls durch Gewalt?« hakte Stewart nach und setzte sich dabei auf die Ecke des Schreibtisches. Er blickte überlegen in die Gesichter der umstehenden Beamten; dann wandte er sich, ohne eine Antwort abzuwarten, erneut an Vanzetti: »Haben Sie Schriften oder Zeitungen von anarchistischen Gruppen abonniert?«

»Manchmal lese ich sie«, antwortete Vanzetti.

Stewart fragte, warum er eine Waffe trage.

Nun, er habe ein Geschäft und sei häufig in Boston, um im Hafen Fische zu kaufen, sagte Vanzetti; da brauche er die Waffe zum Schutz, denn schließlich habe er dann erhebliche Geldsummen bei sich. Nein, einen Waffenschein besitze er nicht. Doch darum wolle er sich demnächst kümmern.

Stewart, der zuvor den zweiten Mann in ein Nebenzimmer hatte bringen lassen, befahl einem Polizisten, diesen hereinzuholen und Vanzetti nach nebenan zu schaffen.

»Wie heißen Sie?« fragte der Polizeichef, während er dem etwas untersetzten Mann einen Stuhl anbot.

»Nicola Sacco«, antwortete der Festgenommene mit ruhiger Stimme.

Stewart wiederholte sein Verhör, ein Polizist protokollierte die Aussagen.

Sacco gab an, er sei verheiratet, habe einen kleinen Sohn, wohne in South Stoughton und lebe nun schon seit elf Jahren in Amerika. In den letzten drei Jahren habe er in der Schuhfabrik Three-K gearbeitet. In West Bridgewater sei er niemals gewesen. Auch kenne er keine Italiener mit den Namen Boda oder Coacci. Nein, ein Kommunist oder Anarchist sei er auch nicht. Ohnehin wolle er mit seiner Familie noch in diesem Monat in seine italienische Heimat zurückkehren.

Und warum, fragte Stewart, trage er eine Waffe bei sich?

Nun, es gebe eine Menge böser Leute, die Aggressionen gegen Ausländer hätten, und davor wolle er sich schützen, antwortete Sacco. Die Waffe habe er vor langer Zeit in Boston gekauft, und heute habe er sie eher zufällig bei sich, da er mit Freunden vorgehabt habe, im Wald auf Scheiben zu schießen.

Stewart ließ Sacco reden, doch er glaubte ihm kein Wort.

»Wo wollten Sie denn hingehen?« fragte er, und Sacco berichtete, sie seien nach West Bridgewater gekommen, um einen Freund mit dem Spitznamen Poppi zu besuchen; den richtigen Namen wisse er nicht. Doch es sei schon sehr spät gewesen, also hätten sie es sich anders überlegt.

Stewart wußte, daß auch dies nicht die Wahrheit war. Diese beiden Italiener waren für ihn Anarchisten, Bolschewisten, Aufwiegler und hatten mit den Raubüberfällen zu tun. Es war nur eine Frage der Zeit, daß sie sich in Widersprüche verstricken, daß Zeugen sie als die Banditen und Mörder identifizieren würden. Es gab zwei Taten, und hier im Büro saßen zwei der Täter. Das Netz war gelegt, und er wollte alles tun, dafür zu sorgen, daß sie sich daraus nicht befreiten.

Nach dem Verhör wurden Sacco und Vanzetti in nebeneinanderliegende Zellen gesperrt. Als sie nach Decken verlangten, bekamen sie zur Antwort: »Euch wird schon noch warm werden, wenn wir euch an die Wand stellen und als Zielscheibe benutzen.« Einer der wachhabenden Polizisten zeigte

Vanzetti eine Patrone, steckte sie in seinen Revolver, spannte und richtete die Waffe zwischen zwei Gitterstäben auf ihn. »Abknallen müßte man euch Pack!« sagte er in verächtlichem Tonfall und spuckte auf den Boden. Vanzetti sah den Polizisten ruhig an und rührte sich nicht.

Er hatte Angst. Unter dem schwachen Schein der Deckenlampe auf der hölzernen Pritsche sitzend, fiel ihm Salsedo ein. Auch ihn hatten sie verhaftet und eingesperrt. Dann war er aus dem Fenster des Justizgebäudes in den Tod gestürzt. Nein, er war hinabgestürzt worden. Es war Mord gewesen. Salsedos Schicksal ging ihm nicht aus dem Kopf. Was wollte eigentlich dieser Polizeichef von ihm? Warum waren sie verhaftet worden?

Anders als Vanzetti, der nie zuvor hinter Gittern gewesen war, hatte Sacco schon einmal, nach einer von der Polizei aufgelösten Demonstration, kurze Zeit im Gefängnis verbracht. Doch damals war er mit anderen Gesinnungsgenossen in einer großen Zelle inhaftiert gewesen, man hatte sich unterhalten, sich gegenseitig Mut machen können. Hier, in den düsteren Zellen der Polizeistation von Brockton, war er allein. Noch wußte draußen niemand von seiner Verhaftung, nicht einmal seine Frau.

Auch Sacco grübelte darüber nach, aus welchem Grund sie eigentlich in diesen gottverdammten Käfigen saßen. Gut, sie waren Anarchisten und hatten unerlaubt Waffen bei sich getragen. Doch das konnte die Polizei vor der Festnahme nicht wissen. Es mußte also einen Hinweis gegeben haben, einen Verdacht, einen Verrat. Man wollte ihnen, das spürte Sacco, etwas in die Schuhe schieben. Aber was? Vielleicht hatten die Behörden ihre anarchistischen Aktivitäten auf Versammlungen verfolgt, und man wollte sie deportieren? Das wäre nicht das Schlimmste, dachte er, schließlich wollte er mit seiner Familie dieses Land ohnehin verlassen, je früher, desto besser.

Inzwischen war von den Polizeibehörden festgestellt worden, daß das Motorrad, das Boda gefahren hatte, einem Italiener namens Ricardo Orciani gehörte. Er wurde noch in derselben Nacht in seiner Wohnung verhaftet und am Morgen des 6. Mai den Eheleuten Johnson zur Identifizierung vorgeführt. Da er noch dieselbe auffällige Jacke wie am Vorabend trug, wurde er von ihnen als der Fahrer des Motorrades wiedererkannt. Doch Orciani, ein kleiner Mann mit gestutztem Schnurrbart und rundem Gesicht, ließ sich so schnell nicht einschüchtern. »Ist es denn gesetzlich verboten, Freunden behilflich zu sein, wenn sie ihr Auto abholen wollen?« protestierte er. Die Beamten gaben ihm keine Antwort. Statt dessen fragten sie ihn, was mit dem Revolver sei, den man bei seiner Verhaftung in seinem Schreibtisch gefunden habe.

»Viele Leute besitzen einen Revolver, ich auch. Schließlich gibt es Situationen, in denen man sich verteidigen muß«, erwiderte Orciani. Die Beamten ließen sich von seinen Antworten nicht beeindrucken. Noch am selben Morgen wurde er vorläufig in Haft genommen.

Tatsächlich trugen Italiener in dieser Zeit sehr häufig Waffen. Es bedeutete weniger, daß diese Männer gefährlich waren, als daß sie Angst hatten. Und Angst hatten sie alle nach dem Tod Salsedos und den vorangegangenen Razzien. Vanzetti schrieb Jahre später, am 5. Dezember 1926, einen langen Brief an seine Schwester Luigia, in dem er erläuterte, warum er sich bewaffnet hatte:

*Sacco hatte seine Pistole bei sich – und ich hatte einen alten Revolver, den ich kurz zuvor geschenkt bekommen hatte, als ich zur Verteidigung von Elia und Salsedo nach New York fuhr (Du wirst von ihnen gehört haben).*

*Ich hatte auch drei oder vier Gewehrpatronen bei mir, die ich aus Saccos Haus mitgenommen hatte, um sie einem alten Freund zu geben, der jagte und in Plymouth wohnte. Das mag alles eher seltsam erscheinen und eine Erklärung erfordern.*

*Sacco war gerade im Begriff, nach Italien zu fahren, und seine Frau packte die Koffer. Ich sah die Patronen auf dem Kaminsims und fragte ihn, ob er sie brauche. Er sagte, er werde sie im Wald abfeuern, wenn er Zeit habe, wenn nicht, werde er sie wegwerfen.*

*Darauf steckte ich sie in die Tasche und sagte, ich würde sie einem Sympathisanten verkaufen und das Geld für unsere Sache spenden . . .*

*Ich war fast immer unbewaffnet, außer wenn ich irgendwohin ging, wo es besonders gefährlich war, oder wenn ich viel Geld bei mir hatte. Ich hatte damals den Revolver bei mir, weil ich seit meiner Rückkehr aus New York andauernd aus politischen Gründen herumgereist war.*

Vanzetti hatte den Revolver jedoch nicht geschenkt bekommen, sondern ihn einige Monate zuvor gekauft. Als er nach New York fuhr und Sacco besuchte, hätte er den Revolver zu Hause lassen können; trotzdem steckte er ihn ein. Da der Gedanke, bewaffnet zu sein, bei ihm widersprüchliche Gefühle hervorrief und seinem Bild von sich selbst widersprach, wollte Vanzetti seiner Schwester Luigia ebensowenig die Wahrheit sagen wie Jahre zuvor den Behörden. Was aber war die Wahrheit an jenem 5. Mai 1920?

Im Hinblick auf die Ereignisse dieser Zeit, auf den Tod Salsedos, auf die Verhaftung und Deportation ihrer Gesinnungsgenossen und Freunde, auf die Warnungen vor neuerlichen Razzien, hatten die beiden Italiener bei den Vernehmungen durch Polizeichef Stewart gelogen, um sich und ihre Freunde zu schützen. Sie nahmen an, man habe sie verhaftet, weil sie ausländische Anarchisten waren. Von ihrem Standpunkt aus waren sie im Krieg mit der Regierung, und die Regierung war im Krieg mit ihnen – und in Kriegszeiten hilft man nicht dem Feind. Also hatten sie beim ersten Verhör die Unwahrheit gesagt.

Die Polizei belog ihrerseits Sacco und Vanzetti. Niemand sagte ihnen, daß sie unter Verdacht standen, einen Raubmord begangen zu haben. Dennoch wurde der Presse am nächsten Tag mitgeteilt, daß die Polizei von Brockton zwei Italiener in Gewahrsam habe, die in die Überfälle von Bridgewater und South Braintree verwickelt seien.

Die Tatsache, daß Sacco und Vanzetti in ihrem ersten Verhör gelogen hatten, wurde von Polizeichef Stewart keineswegs mit Ärger zur Kenntnis genommen, im Gegenteil: Nach seiner Auffassung sagten die beiden deshalb die Unwahrheit, weil sie sich ihrer Schuld bewußt waren. Auch die ermittelnde Staatsanwaltschaft interpretierte die Falschaussagen als Zeichen von Schuldbewußtsein.

So sah es auch der Distriktstaatsanwalt von Norfolk County, Frederick G. Katzmann. Am 6. Mai übernahm er den Fall Sacco und Vanzetti.

Katzmann war ein ehrgeiziger Mensch, ein Mann, der sich, aus einer der ärmsten Gegenden kommend, aus Hyde Park, einem düsteren Industriebezirk in Boston, zu einem angesehenen Strafrechtler emporgearbeitet hatte.

Es war immer sein Traum gewesen, Rechtsanwalt zu werden. Um sein Studium zu finanzieren, hatte er mehrere Jahre als Stromgebühren-Ableser und Kassierer einer Elektrizitätsgesellschaft nebenher gearbeitet. Ohne die finanzielle Hilfe seiner Eltern, die Sorgen genug hatten, sich selbst zu ernähren, hatte er es schließlich geschafft: 1902 legte er an der Boston University seine juristische Diplomprüfung mit Erfolg ab. Zunächst fand er eine Anstellung als Rechtsanwaltsgehilfe in einer der angesehensten Kanzleien von Boston. Aber die vornehme Welt der Slate Street, wo sich das Anwaltsbüro befand, akzeptierte Leute aus der Hyde-Park-Gegend nicht schon deshalb, weil sie ein exzellentes Diplom in der Tasche hatten. Hier nutzte es dem jungen Rechtsanwalt wenig, daß er begabt war. Hier herrschten besondere Regeln.

Katzmann, der stets bemüht war, wegen seines deutsch klingenden Namens seine angelsächsische Abstammung herauszuheben, kehrte nach Hyde Park zurück und eröffnete dort eine eigene Kanzlei. Sein Ehrgeiz jedoch, aus der Masse der Armen und Namenlosen dieser Gegend herauszuragen, war ungebrochen. Von 1907 bis 1908 wurde er als Bezirksvertreter in das Parlament von Massachusetts gewählt, im Jahr darauf zum stellvertretenden Staatsanwalt ernannt. 1916 bewarb er sich für den Posten des Staatsanwaltes und wurde mit großer Mehrheit gewählt. Seine Chancen, sogar auf den Posten des Generalstaatsanwaltes von Massachusetts aufzurükken, standen zu der Zeit, als er sich des Falles Sacco und Vanzetti annahm, nicht schlecht.

Der Staatsanwalt war also ein geachteter Mann des öffentlichen Lebens, Mitglied im Bostoner Tennis- und Golfclub, und wohnte mit seiner Frau und seinen zwei Töchtern in einem großbürgerlichen Haus in der River Street. Er gehörte der Republikanischen Partei an, deren Programm seinem traditionsbewußten und konservativen Weltbild entsprach. Bei den beiden Festgenommenen handelte es sich nach seiner Auffassung nicht um gewöhnliche Kriminelle, sondern um politische Gewalttäter. Für Katzmann war der Fall Sacco und Vanzetti ein politischer Fall. Er wußte, was auf dem Spiel stand. Auch für seine Karriere.

Am 6. Mai 1920 begann Frederick G. Katzmann mit den Verhören. Dafür hatte er sich eine besondere Strategie zurechtgelegt. Auch er sagte ihnen nicht, wessen sie eigentlich verdächtigt wurden. Er lockte sie in eine Falle, indem er den beiden indirekte Fragen stellte, die nicht ihren Verdacht wekken sollten. So konnte er, wenn sie logen, sich in seiner Schuldbewußtseins-Theorie bestätigt fühlen.

Zunächst verhörte er Sacco. »Wenn Sie zu mir aufrichtig sind, werde auch ich Sie anständig behandeln«, sagte er in vertrauenerweckendem Ton, bevor er mit Routinefragen über Saccos bisherige Arbeitsplätze, seine Familie und seine Bekannten begann.

Dann, nach einigen Minuten, fragte er plötzlich: »Woher haben Sie die Waffe?«

»Ich habe die Waffe vor zwei Jahren in einem Laden in North End gekauft, aber ich weiß nicht mehr, wo. Aus Angst habe ich damals nicht meinen richtigen Namen angegeben ...« erwiderte Sacco.

Katzmann begann, sich auf einem Block Notizen zu machen. Dann fragt er knapp: »Kennen Sie Orciani, Vanzetti und Boda näher?«

Sacco hatte auf diese Frage gewartet. Mit fester Stimme antwortete er: » Ja, Orciani kenne ich flüchtig. Aber Boda und Vanzetti sind mir nicht bekannt. Die Namen sagen mir nichts.«

Ob er von den Raubmorden von South Braintree gehört habe, fragte Katzmann nach einer Weile.

Sacco antwortete, er habe davon gelesen.

»Ja, das ist vorläufig alles.« Damit beendete Katzmann das Verhör.

Danach wurde Vanzetti in das Zimmer gebracht.

»Sprechen Sie Englisch?«

»Ein wenig«, antwortete der Italiener.

Katzmann wies ihn darauf hin, daß er nicht antworten müsse, vor allem dann nicht, wenn er die Fragen nicht richtig verstehe.

»Nein, ich bin bereit, auf alles zu antworten«, entgegnete Vanzetti. Dann erzählte er, Sacco länger als ein Jahr zu kennen, daß sie einen Freund besuchen wollten und wie sie in die Straßenbahn nach Brockton stiegen. Nein, ein Motorrad will er am Abend des 5. Mai nirgendwo gesehen haben. Auch den Namen Boda habe er nie gehört.

»Und der Revolver?« fragte Katzmann scharf.

»Den habe ich mir vor vier oder fünf Jahren in einem Laden in der Hannover Street für weniger als zwanzig Dollar gekauft. Auch eine Schachtel Patronen, die meisten habe ich am Strand von Plymouth abgefeuert, die restlichen sechs stecken noch in der Trommel«, antwortete Vanzetti.

Im Verlauf des Verhörs fragte Katzmann Vanzetti nicht, wo er am 15. April gewesen sei, sondern vielmehr, wo er am Donnerstag vor dem Patriots Day, dem 19. April, war. Vanzetti antwortete, daran könne er sich nicht mehr erinnern.

Katzmann beendete die Vernehmung, und zwei Beamte brachten Sacco und Vanzetti hinüber in das Polizeigericht, wo beide fotografiert wurden: von vorne, von der Seite, im Stehen – unrasiert, verschwitzt und müde. Die fertigen Bilder zeigten Sacco und Vanzetti so, wie sich der amerikanische Bürger Verbrecher vorstellte: düster, heruntergekommen, unheimlich. Anschließend wurden sie wegen unerlaubten und versteckten Waffenbesitzes dem Haftrichter vorgeführt. Ein örtlicher Rechtsanwalt wurde als Verteidiger herbeigerufen. Die Italiener bekannten sich im Sinne dieser Anklage schuldig, und der Richter ordnete vorerst Untersuchungshaft an. So blieb Staatsanwalt Katzmann genügend Zeit, seine Untersuchungen voranzutreiben.

Während Sacco und Vanzetti noch immer glaubten, sie seien wegen unerlaubten Waffenbesitzes in Haft genommen worden, sammelte der Staatsanwalt bereits Indizien, welche die beiden als Anarchisten belasteten. Die Tatsache, daß sie ihn ebenso belogen wie zuvor Polizeichef Stewart, erleichterte seine Absicht. Er begann damit, daß er Stewarts vage Vermutung übernahm, wonach italienische Anarchisten für die Überfälle in Bridgewater und in South Braintree verantwortlich seien. Er suchte nach Indizien, die zu den Verbrechern paßten – und nicht zu den Verbrechen.

Zunächst ging er davon aus, daß die Bande, die die beiden Raubüberfälle begangen hatte, aus fünf Anarchisten bestand: Sacco, Vanzetti, Orciani, Coacci und Boda. Diese anfängliche Annahme mußte er jedoch rasch aufgeben. Orciani konnte nachweisen, daß er zur Zeit der Überfälle an seinem Arbeitsplatz war. Coacci war bereits vor Wochen deportiert worden. Und Boda eignete sich auch nicht als Täter, denn er war von so außergewöhnlich kleiner Gestalt, daß dies den Augenzeugen hätte auffallen müssen. Von einem Mann mit auffallend kleiner Gestalt war jedoch in keiner Zeugenaussage die Rede. Ohnehin war Boda trotz intensiven Suchens nicht aufzufinden. Blieben also nur Sacco und Vanzetti.

Eigentlich blieb überhaupt niemand übrig, nachdem Katzmann die Fingerabdrücke der beiden mit jenen vergleichen ließ, die man auf dem beim Überfall in South Braintree benutzten Buick entdeckt hatte. Ihre Fingerabdrücke waren eindeutig nicht mit denen auf dem Wagen identisch.

Hinzu kam, daß Sacco und Vanzetti nicht mit dem geraubten Geld in Verbindung zu bringen waren. Weder hatte einer der beiden seit dem Überfall seine Lebensweise geändert, noch fand sich das Geld in ihrem Besitz. Auch Durchsuchungen ihrer Wohnungen brachten keinerlei Erfolge oder neue Hinweise. Anarchisten, so spekulierte Katzmann nun, waren ein Menschenschlag besonderer Sorte, die einen Raub nicht mit dem Ziel der persönlichen Bereicherung, sondern um der Sache willen unternahmen. Doch nirgendwo waren – das konnten eingeschleuste Polizeispitzel berichten – in anarchistischen Gruppen nach dem Überfall größere Geldsummen aufgetaucht.

Katzmanns Ermittlungen hatten außerdem erbracht, daß Sacco am 24. Dezember, dem Tag des Überfalls in Bridgewater, an seinem Arbeitsplatz in der Three-K-Schuhfabrik gewesen war. Die Aussagen seiner Arbeitgeber und Kollegen schwächten die Position der Anklage. Sacco hatte ein unumstößliches Alibi.

Spätestens an diesem Punkt hätte selbst der eifrigste Staatsanwalt die Anklage gegen Sacco und Vanzetti zurückziehen und die Suche nach anderen Tätern aufnehmen müssen. Katzmann jedoch verweigerte sich dieser Konsequenz. Er hatte zwei Männer, die sich als Täter eigneten, und er war geradezu fanatisch versessen darauf zu beweisen, daß er die Richtigen hatte. Es war sein Fall, und er griff jeden noch so dünnen Faden auf, aus dem er den Strick der Anklage knüpfen konnte. Und zwei dünne Fäden hatte er noch.

Zum einen war Sacco am 15. April, dem Tag des Raubüberfalls in South Braintree, nicht an seinem Arbeitsplatz erschienen. Das hatte man den Betriebsunterlagen entnommen. Sacco behauptete, er sei an diesem Tag im italienischen Konsulat von Boston gewesen, um sich nach seinem Ausweis zu erkundigen. Dafür habe er Zeugen. Doch das mußte er erst einmal beweisen. Eindeutige Aussagen von Botschaftsangestellten jedenfalls lagen bislang nicht vor.

Zum anderen, so dachte Katzmann, wäre es leichter, die Geschworenen davon zu überzeugen, daß wenigstens Vanzetti am Überfall von South Braintree beteiligt gewesen war. Und für Vanzetti, der in keiner Fabrik arbeitete, war es nicht so einfach, seinen Aufenthalt an den betreffenden beiden Tagen glaubhaft nachzuweisen.

Am nächsten Tag wurden mehrere Zeugen der Verbrechen von South Braintree und Bridgewater nach Brockton gebracht, um die Festgenommenen als Beteiligte an einem oder beiden Überfällen zu identifizieren. Die Anklage war sich ihrer Sache so sicher, daß man mit der üblichen Praxis brach, die verdächtige Person in eine Reihe mit anderen Personen ähnlichen Aussehens zu stellen.

Sacco und Vanzetti wurden mithin einzeln in den Vernehmungsraum geführt und einzeln den Augenzeugen gegenübergestellt. Beide sahen erbärmlich aus. Bedrückt von den vorausgegangenen Verhören, wirkten sie müde; sie waren nicht rasiert, denn dazu hatte man ihnen die Erlaubnis versagt. Vor etwa fünfzig Tatzeugen waren sie einem erniedrigenden Ritual ausgeliefert.

Auf Anweisung mußten sie sich kniend, stehend oder sitzend zur Schau stellen, ihre Hüte und Mützen auf- und absetzen oder eine drohende Haltung einnehmen. Glaubte sich ein Augenzeuge daran zu erinnern, daß einer der Banditen wirres Haar hatte, so wurde von Beamten das Haar des Vorgeführten in Unordnung gebracht, um das Bild zu vervollständigen. Hatte ein Zeuge einen der Täter in gebückter oder kriechender Stellung in Erinnerung, zwang man den Verdächtigten, diese Stellung einzunehmen.

Da Sacco und Vanzetti kein Anwalt zur Verfügung stand, konnte ihnen auch niemand sagen, daß das ganze Verfahren rechtswidrig war.

Trotz allem blieben die Aussagen der Tatzeugen vage und widersprüchlich. Viele konnten keinen der beiden Männer identifizieren, und nur einer benannte Sacco als den Mann, der auf den Wachmann Berardelli in South Braintree geschossen habe. Angesichts einer entsprechenden Bitte der beiden Zeuginnen Frances Devlin und Mary Splain wurde Sacco befohlen, seinen Arm zu heben, als halte er einen Revolver in der Hand. Danach waren die beiden Frauen der Meinung, Sacco könnte der Mann gewesen sein, der sich aus dem Wagen gelehnt und geschossen habe. Sicher waren sie, Vanzetti als Täter erkannt zu haben. Auch Michael Levangie, der Schrankenwärter von South Braintree, bezeichnete Vanzetti als Fahrer des Fluchtwagens.

Auch was den Überfall in Bridgewater betraf, waren die Zeugenaussagen widersprüchlich.

»Ich neige dazu anzunehmen, daß Vanzetti nicht einer der Männer war«, meinte Zahlmeister Alfred Cox, während sein Kollege Benjamin Bowles, der auf dem Beifahrersitz gesessen hatte, »es nicht für ausgeschlossen« hielt. Der Zeuge Harding, der unmittelbar nach dem Überfall zu Protokoll gegeben hatte, nicht viel von den Gesichtern gesehen zu haben, behauptete jetzt, als er Vanzetti mit seinem herunterhängenden Schnurrbart erblickte: »Ja, das ist der Mann mit dem Gewehr gewesen.«

Orciani wurde ebenfalls in Handschellen den Augenzeugen vorgeführt. Polizeichef Stewart hatte ihn nach Brockton und Needham, von dort nach Braintree und schließlich nach Bridgewater bringen lassen. Auch in diesem Fall waren die Aussagen voneinander abweichend und diffus. In Braintree wollten ihn drei Zeugen als einen der Täter erkannt haben, die den Überfall am 15. April verübt hatten. Doch Orciani hatte für diese Zeit nachweislich ein Alibi, da er an diesem Tag gearbeitet hatte.

Das wußte auch die Polizei, doch die Anklage wollte auf ihn noch nicht verzichten. Orciani war dafür vorgesehen, Verwirrung zu stiften. Schließlich hatte er im Verhör behauptet, Sacco und Vanzetti nie in seinem Leben gesehen zu haben. Und Katzmann wußte, daß dies eine Lüge war. Orciani gehörte zum anarchistischen Dunstkreis, dessen war er sich sicher. Nur: Welche Rolle spielte er in diesen Gruppen? War er ein Mitläufer, ein Drahtzieher oder nur ein besonders gewiefter Verbrecher?

Katzmann zog ein erstes Fazit seiner bisherigen Untersuchungen: Er hatte zwei anarchistische Männer in Gewahrsam, die bei ihren Vernehmungen nicht die Wahrheit gesagt hatten und später bei der Gegenüberstellung mit verschiedenen Tatzeugen als Täter identifiziert worden waren. Der Staatsanwalt war davon überzeugt, daß Sacco am Überfall in South Braintree beteiligt war. Bei Vanzetti war er sich da noch nicht ganz so sicher. Doch immerhin gab es auch Zeugen, die Vanzetti als Beteiligten genannt hatten. In Bridgewater jedenfalls, das war Katzmann klar, hatte Vanzetti bei dem Überfall mitgewirkt. Er hatte zwar keine Beweise in der Hand, sondern nur schwache Indizien und widersprüchliche Zeugenaussagen, doch ihm reichte das. Die Falle war endgültig zugeschnappt. Dieser Fall sollte sein Fall werden.

In der Zwischenzeit hatte sich in der italienischen Kolonie die Verhaftung Saccos und Vanzettis herumgesprochen. Die Landsleute waren voller Mitgefühl, zugleich aber hilflos und ängstlich. Um Behörden und Polizei schlug jeder Einwanderer gern einen großen Bogen, niemand wollte als Sympathisant in die Sache hineingezogen werden. Nur die anarchistischen Freunde ließen die beiden Verhafteten nicht im Stich.

Noch auf dem Polizeirevier von Brockton wurden sie von Professor Felice Guadagni besucht, einem politisch engagierten Mann, der unter anderem die italienische Zeitung *Gazette del Massachusetts* herausgab.

Vanzetti meinte lachend, sie würden nun deportiert werden. »Dann kommen wir wenigstens auf Staatskosten zurück nach Italien.«

Guadagni schüttelte den Kopf. »Ihr seid nicht eingesperrt, weil ihr Anarchisten seid, sondern weil ihr unter Mordverdacht steht.«

Sacco und Vanzetti starrten ihn sprachlos an. Es war für sie ein Schock zu erfahren, daß man sie verdächtigte, die Raubüberfälle in Bridgewater und South Braintree verübt zu haben. Klar, sie hatten davon gehört, jeder konnte darüber lesen. Aber mit einem Überfall, mit dem Mord an zwei Männern aus dem Volk hatten sie nichts zu tun. »Wir sind doch keine Mörder«, sagten sie zu Guadagni, der sie zu beruhigen versuchte.

Noch ein anderer Mann erfuhr in dieser Zeit von der prekären Lage, in der sich Sacco und Vanzetti befanden, und er beschloß, sofort aktiv zu werden: Aldino Felicani. Er war jener junge Genosse, der 1919 Vanzetti kennengelernt und seither mit ihm befreundet war. Über seine Freundschaft zu Vanzetti sagte er später einmal: *Ich konnte Vanzetti sehr gut leiden. Wir dachten ähnlich ... Ich brauchte Vanzetti nicht zu fragen, ob er dieses Verbrechen begangen hatte ... Ich wußte, daß er es nicht getan hatte.*

Von Saccos Unschuld war Felicani ebenso überzeugt. Er schlug mehreren italienischen Anarchisten vor, ein Komitee zu bilden, um den beiden zu helfen. Doch diese zögerten. Sie hatten Angst, ebenfalls verdächtigt zu werden, Verhöre über sich ergehen lassen zu müssen oder andere Schwierigkeiten mit den Behörden zu bekommen. Und davon hatten sie schon genügend. Felicani hatte Verständnis für ihre Entscheidung, nicht öffentlich als Fürsprecher von Sacco und Vanzetti auftreten zu wollen. Doch er gab nicht auf. Er bat den Herausgeber von *La Notizia* um die Erlaubnis, in den Redaktionsräumen der Zeitung Geldspenden für die beiden Verhafteten sammeln zu dürfen. Schließlich fand er auch einige italienische Radikale, die politisches Renommee besaßen und dieses für eine Kampagne um Spenden für die Verteidigung zur Verfügung stellten. Das war der Anfang des Sacco-Vanzetti Defense Committee.

Die ersten Spenden kamen von Italienern, von anarchistischen Gruppen sowie von anderen Freunden von Sacco und Vanzetti. Sie schickten zehn Cents, 25 Cents, manchmal auch einen Dollar. Es dauerte Wochen, bis Felicani genug Geld zusammen hatte, um nach einem Anwalt suchen zu können. Ein Freund verwies ihn an einen Strafverteidiger namens James M. Graham.

Beim ersten Zusammentreffen verlangte der Anwalt fünfhundert Dollar Vorschuß und versprach, sein Bestes zu tun. Um den Betrag zahlen zu können, mußte sich Felicani zusätzlich Geld leihen. Doch er nahm die Mühe auf sich, denn schließlich ging es um zwei unschuldige Männer – und um seinen Freund, Bartolomeo Vanzetti.

Auch die Freunde in Plymouth waren inzwischen aktiv geworden. Vanzettis früherer Hauswirt Vincenzo Brini hatte Nachbarn und Gesinnungsgenossen davon überzeugt, daß es am wichtigsten sei, einen guten Verteidiger zu bekommen. Sie engagierten den Rechtsanwalt John P. Vahey, der Brini versicherte, er habe beste Kontakte zu den Behörden und könne Vanzetti helfen.

Doch auch die Staatsanwaltschaft und die Polizei waren unterdessen nicht untätig geblieben. Polizeichef Stewart hatte auf die Aussage des Zeugen Harding hin, er habe in Vanzetti den Mann mit dem Gewehr bei dem Bridgewater-Überfall erkannt, am 11. Mai Anklage erhoben. Am Vormittag des 18. Mai fand unter Richter Herbert Thorndike vor dem Polizeigericht von Brockton eine Vorverhandlung statt. Die Anklagevertreter hatten den Zahlmeister Alfred Cox, Wachtmeister Benjamin Bowles sowie den Augenzeugen Frank Harding geladen. Earl Graves, der Mann, der damals den Lastwagen mit den Lohngeldern gesteuert hatte, war inzwischen verstorben. Alle drei Zeugen versicherten, der Mann mit dem Gewehr habe einen gestutzten Schnurrbart getragen, ebenso wie Vanzetti, von dem sie sicher waren, daß er mit jenem Mann identisch sei. Im Kreuzverhör mit Richter Thorndike räumte Cox allerdings ein, er sei sich doch nicht ganz so sicher. Die anderen beiden blieben bei ihren Aussagen. Danach wurde eine weitere Zeugin hereingeführt. Die Anklage hatte Mrs. Georgina Brooks geladen, die einige Minuten vor dem Überfall mit ihrem kleinen Sohn durch die Broad Street gegangen war.

Damals, so sagte sie aus, sei sie unmittelbar am Wagen der Banditen vorbeigegangen und habe vier Männer genau gesehen. Einer habe ihr noch nachgeschaut.

»Der Mann dort war der Mann hinter dem Steuer!« rief sie und zeigte auf Vanzetti.

Jetzt wäre es an der Zeit gewesen, daß sich Vanzettis Anwalt Vahey zu Wort gemeldet hätte, doch er blieb stumm. Auch brachte er keinerlei Entlastungszeugen herbei.

Tage vor der Verhandlung hatte Vanzetti ihm erzählt, er habe am 24. Dezember, dem Tag des Bridgewater-Überfalls, in seinem Viertel Aale verkauft. Für die katholischen Italiener gehörten zu einem richtigen Festessen unbedingt Aale, und an diesem Tag habe er deshalb nur Aale in seinem Angebot gehabt. Daher, so meinte Vanzetti, dürfte es nicht schwer sein, eine Menge von Zeugen zu finden, die bestätigen konnten, zur Tatzeit bei ihm Aale gekauft zu haben. Vahey versprach, sich um Entlastungszeugen zu kümmern.

Auch diskutierten sie Vanzettis Absicht, als Zeuge in eigener Sache auszusagen. Der Anwalt war dagegen.

»Gesetzt den Fall«, sagte Vahey, »Sie werden im Zeugenstand über die Bedeutung der Begriffe Sozialismus und Bolschewismus befragt?«

»Na und«, erwiderte Vanzetti, »dann sage ich eben, was ich darunter verstehe.«

Vahey warnte ihn: »Dann werden Sie von den Geschworenen gleich ins Gefängnis geschickt. Die Leute sind konservativ und unwissend, denen dürfen Sie mit solchen Dingen überhaupt nicht kommen.«

Schließlich hatte sich Vanzetti überreden lassen und verzichtete darauf, als Zeuge in eigener Sache vernommen zu werden. Schweigend ließ er am 18. Mai die Vorverhandlung über sich ergehen – schweigend selbst dann noch, als er feststellen mußte, daß sein Anwalt es unterlassen hatte, Entlastungszeugen aus seinem Viertel ausfindig zu machen, von denen er ihm erzählt hatte.

Am Ende der Vorverhandlung erklärte der Stellvertreter von Katzmann, Staatsanwalt Kane, es seien nunmehr überzeugende Beweise dafür vorhanden, daß Vanzetti am Überfall in Bridgewater beteiligt gewesen sei. Der Richter stimmte dem Staatsanwalt zu. Der Antrag, Vanzetti gegen Kaution aus der Untersuchungshaft freizulassen, wurde abgelehnt. Statt dessen wurde angeordnet, den Angeklagten in das Bezirksgefängnis von Plymouth zu bringen.

»Der Prozeß gegen Bartolomeo Vanzetti wegen Raubversuchs in Bridgewater am 24. Dezember 1919 wird für den 22. Juni 1920 anberaumt«, verkündete Richter Thorndike mit feierlicher Stimme. Dann verließ er den Gerichtssaal.

Katzmann hatte sein Ziel erreicht, seine Strategie hatte gegriffen. Noch immer war er der Überzeugung, daß Sacco und Vanzetti an beiden Überfällen beteiligt gewesen seien. Trotzdem hatte er zunächst nur gegen Vanzetti wegen Raubversuchs in Bridgewater ermittelt. Ein erster Erfolg war die Anklage gegen Vanzetti im Fall Bridgewater. Normalerweise hätte ein Staatsanwalt zuerst die Mordanklage verfolgt, weil Mord ein schwereres Verbrechen war als ein Raubversuch. Aber Katzmann kehrte die Reihenfolge bewußt um. Er wollte zuerst Vanzettis Verurteilung im Bridgewater-Überfall erreichen, um danach gegen beide Männer wegen der Morde in South Braintree vorzugehen. Katzmann wußte: Einem Angeklagten, der bereits wegen eines Raubüberfalls verurteilt worden war, traute man auch zu, weitere Überfälle begangen zu haben. Er war dann schon als brutaler Verbrecher gestempelt, und so etwas beeindruckte Geschworene, besonders dann, wenn es sich bei den Angeklagten um Ausländer handelte.

Und, noch schlimmer, um Anarchisten.

Polizeichef Stewart und Anklagevertreter Katzmann genossen das öffentliche Rampenlicht, das auf beide fiel. Vergessen war die Blamage, Orciani freilassen zu müssen, weil dessen Alibi den heftigen Nachforschungen der Polizei standgehalten hatte. Und vergessen war auch die Verärgerung darüber, daß es den Fahndern bisher nicht gelungen war, Boda aufzuspüren. Denn für Stewart und Katzmann galt nach wie vor die Theorie, daß der deportierte Coacci und der vermißte Boda Komplizen bei den Überfällen gewesen waren.

Während die Polizei nach ihm suchte, lebte Boda unerkannt bei Freunden in Boston und zog später nach New Hampshire um. Dort beantragte er unter seinem ursprünglichen Namen Buda beim italienischen Konsulat einen Paß, den er auch problemlos erhielt. Ohne Aufsehen kehrte er nach Italien zurück.

Zwei Männer waren jedoch in den Netzen hängengeblieben: Sacco und Vanzetti. Zwei exemplarische Opfer jener Zeit. Man brauchte Täter.

*Fünftes Kapitel*

# »Mindestens zwölf Jahre ...«

Der Prozeß gegen Bartolomeo Vanzetti wegen Raub- und Mordversuches in Bridgewater begann am 22. Juni 1920 im Gerichtsgebäude von Plymouth, Massachusetts.

Vanzettis Anwälte waren James M. Graham, den die Mitglieder des Verteidigungskomitees engagiert hatten, und John P. Vahey, für den die italienischen Nachbarn die Honorare übernommen hatten. Als Ankläger erschien Distriktstaatsanwalt Frederick G. Katzmann, als Richter trat Webster Thayer in Erscheinung, der dem Obersten Gerichtshof von Massachusetts angehörte.

Die Geschworenen waren meistens Farmer aus dem Umland, mit Ausnahme eines Vorarbeiters, der in der Plymouth Cordage Company beschäftigt war – jener Tauwerk-Fabrik, deren Besitzer Vanzetti wegen seiner Mitwirkung an einem Streik auf die schwarze Liste gesetzt hatten. Seit den Streiktagen galt Vanzetti als einer der Wortführer, und die Herren der Plymouth Cordage Company, die zugleich politische Herrschaft über die Stadt ausübten, hatten den Namen dieses »ausländischen Agitators« keineswegs vergessen.

Das Gerichtsgebäude von Plymouth war ein trister Backsteinbau. Der Saal, in dem der Prozeß gegen Vanzetti stattfand, war an diesem Tag nur halb gefüllt. Außer Vanzettis Nachbarn, einer Handvoll Freunden und wenigen Gerichtsreportern der Bostoner Zeitungen, die zur dritten Garnitur gehörten, interessierte sich niemand für sein Schicksal.

Vanzetti wurde in Handschellen hereingeführt und in einen abgeteilten Bezirk in die Mitte des Gerichtssaales gebracht. Dort nahm man ihm die Handschellen ab.

Ein Gerichtsdiener trat nach vorn und rief mit durchdringender Stimme: »Hört her, hört her: Alle Personen, die etwas vor den Hohen Richtern des Superior Court, das nun in Plymouth tagt, zu schaffen haben, sollen näher kommen und aufmerken, und man wird ihnen Gehör schenken. Gott schütze das Gemeinwesen von Massachusetts.«

Danach forderte Richter Thayer einen Gerichtsdiener auf, die ersten Zeugen hereinzurufen: die Zeugen der Anklage. Während die Zeugen Bowles, Cox und Harding den Saal betraten, sah sich Vanzetti seinen Richter genau an: ein älterer Mann, dünnes Haar, kleine Statur, hohe Stirn, darunter kleine, hektische Augen. Er hatte eine markante Nase, auf der ein Kneifer saß. Die Lippen bewegten sich streng, darüber wuchs ein kleiner Schnurrbart. Die Stimme des Richters klang durchdringend. Jede seiner Gesten verkündete den Anwesenden: »Ich bin ein Richter dieses Landes, ich führe diesen Prozeß zum Wohle unseres Vaterlandes. Ich bin stolz, meine patriotische Pflicht erfüllen zu können.«

Webster Thayer war ein Mann, der mit seinen 63 Jahren älter wirkte, als er war. Als Sohn eines Metzgermeisters hatte er sich aus bescheidenen Verhältnissen emporgearbeitet. Schließlich hatte er es bis zum Richter am Obersten Gerichtshof von Massachusetts gebracht. Darauf war er stolz. Noch stolzer war er darauf, dem Land, das er liebte und dessen Ideale er verteidigte, als Richter dienen zu dürfen. Nur schwer verwand er es, 1917 als Mitglied der Republikaner nicht auch als Soldat für sein Land kämpfen zu dürfen; man hatte ihn damals als zu alt abgewiesen. Doch jetzt, als Richter, konnte er das betreiben, was er als seine patriotische Pflicht verstand: die Abwehr innerer Feinde zum Schutze der Freiheit. Zum Schutze von Amerika.

Vanzetti und seine Freunde ahnten, daß dieser Mann für sie keine Sympathien empfand. Ausländer galten bei ihm als Unruhestifter und Querulanten, vor allem jene, die sich politisch engagierten. Für Thayer handelte es sich dabei um gesetzlose Einwanderer, die, anstatt dankbar zu sein, Menschen mit ihren radikalen Ideen aufwiegelten. Doch Thayer hatte in seiner Juristenlaufbahn gelernt, in Prozessen seine Emotionen den Paragraphen unterzuordnen. Wichtig war ihm eine korrekte Prozeßführung. Nicht gerecht mußte es zugehen, sondern korrekt. Dafür allein hatte er zu sorgen, das weitere war Angelegenheit der Anklage, der Verteidigung und der Geschworenen. Damit war er bislang gut gefahren. Stets hatten die Beteiligten seine Signale verstanden – vor allem die Geschworenen.

In diesem Prozeß durfte es für Richter Thayer allein um die Vorfälle gehen, die am Morgen des 24. Dezember 1919 stattgefunden hatten, als Banditen einen Lastwagen mit Lohngeldern auszurauben versuchten. Ein Bandit hatte ein Gewehr gehabt, zwei andere Handfeuerwaffen. Die Anklage behauptete, Vanzetti sei der Bandit mit dem Gewehr gewesen. Daß Vanzetti als Anarchist galt, war auch Thayer bekannt, doch er wollte keinen politischen Prozeß führen. Nach seinem Verständnis ging es in diesem Prozeß einzig und allein um einen Raub- und Mordversuch – nichts anderes stand zur Debatte! Das war in seinen Augen die beste Strategie gegen diese politischen Wirrköpfe.

Zunächst gab Staatsanwalt Katzmann eine Zusammenfassung dessen, was im Vorverfahren ermittelt worden war. Seine Anklage stützte sich vor allem auf die Aussagen der Zeugen Bowles, Cox, Harding und Mrs. Brooks, die sie bei der Voruntersuchung am 18. Mai gemacht hatten. Katzmanns Gesicht begann sich im Laufe seiner Ausführungen rötlich zu färben, er redete mit fester Stimme; manchmal unterstrich er seine Aussagen mit theatralischen Gesten. Die Geschworenen blickte er dabei durchdringend an. Er war ein guter Schauspieler. Die Zeugen befragte er so, daß jede noch so ungeschickte Antwort oder Vergeßlichkeit von ihnen in seinem Sinne verwertbar war. Katzmann war ein glänzender Ankläger. Er benutzte den Gerichtssaal dramaturgisch wirkungsvoll als Bühne, doch nie verstieß er gegen die Regeln der Prozeßregie.

Dennoch verstrickten sich die Zeugen der Anklage in Widersprüche. Ihre Aussagen wichen von denen in der Voruntersuchung häufig gravierend ab. Schon damals, als ihnen Vanzetti als der Verdächtige gegenübergestellt worden war, hatten Cox, Bowles und Harding begonnen, ihre Personenbeschreibung, die sie unmittelbar nach der Tat zu Protokoll gegeben hatten, abzuändern. Cox, der einen »dunklen Teint« bemerkt hatte, änderte seine Aussage auf »mittlere« Gesichtsfarbe, was Vanzettis Aussehen näherkam. Auf die Aufforderung, den Banditen mit dem Gewehr zu identifizieren, sagte Cox bei der ersten Gegenüberstellung: »Ich glaube, es ist der Mann dort hinter der Barriere, der Mann mit dem Schnurrbart«, fügte jedoch hinzu: »Ich habe aber gewisse Zweifel.« Bowles beschrieb den Schnurrbart immer noch als »kurzgestutzt«, fügte dann aber eine Gesichtsbeschreibung zu, die auf Vanzetti paßte, in dem er eindeutig den Banditen zu erkennen glaubte. Harding, der das Gesicht des Banditen nicht deutlich gesehen hatte, meinte in der Voruntersuchung, der Mann habe einen »dunklen« Schnurrbart gehabt, und Vanzetti sei dieser Mann.

Jetzt, während des Prozesses, änderten sie ihre Aussagen erneut. Bowles nannte nun den Schnurrbart, den er zunächst als »kurzgestutzt« beschrieben hatte, nur noch »leicht beschnitten«. Cox bestritt, daß er in Brockton, als ihm Vanzetti gegenübergestellt worden war, gesagt habe, »ich neige dazu anzunehmen, daß Vanzetti nicht einer der Männer war«, wie es im Wortprotokoll festgehalten war.

Katzmann nahm seinen Zeugen ins Kreuzverhör: »Ist das nun der Bandit oder nicht?« Er zeigte zur Bank des Angeklagten, wo Vanzetti schweigend das Geschehen verfolgte.

»Ja, er sieht so aus wie der Bandit in Bridgewater«, erwiderte Cox. Und dann, nach einer kleinen Pause: »Aber sicher bin ich mir nicht...«

Katzmann verbarg seinen Ärger über die Wankelmütigkeit des Zeugen. Und auch Harding, der danach vernommen wurde, machte es Katzmann nicht leicht. Hatte er kurz nach dem Überfall am 24. Dezember gegenüber einem Pinkerton-Agenten den Banditen mit dem Gewehr als »schlank, 1,75 Meter groß, bekleidet mit einem langen schwarzen Mantel und einem Derby-Hut« beschrieben, so gab er nun an, der Mann habe »einen langen Mantel, jedoch keinen Hut getragen« und eine »hohe Stirn, ein ziemlich hartes, breites Gesicht und einen mehr runden Kopf« gehabt.

Warum sich die drei Zeugen in ihren Aussagen ständig widersprachen, weshalb sich ihr Bild des Banditen, das zunächst sehr diffus war, immer mehr dem tatsächlichen Aussehen Vanzettis annäherte, mag auch einen Grund in der Tatsache gehabt haben, daß zwei der Zeugen in der Schuhfabrik arbeiteten, die Gegenstand des Überfalls gewesen war. Vielleicht fühlten sie sich verpflichtet, bei der Verurteilung von zumindest einem Banditen mitzuhelfen. Zudem war es leichter, den Schnurrbart des Angeklagten wachsen zu lassen, als Katzmann zu widersprechen.

Ihre abweichenden Täterbeschreibungen erforderten Katzmanns ganze Routine. Besonders kritisch wurde es für ihn immer dann, wenn seine Zeugen von der Verteidigung ins Kreuzverhör genommen wurden.

Mrs. Brooks hatte auch hier wieder ausgesagt, Vanzetti habe beim Überfall am Steuer des Gangsterwagens gesessen. Doch Vanzetti konnte gar nicht Auto fahren. Wäre er am Steuer gesessen, dann hätte er wiederum nicht der Bandit mit dem Gewehr sein können, weil andere Zeugen aussagten, der Fahrer sei während des Überfalls im Wagen geblieben.

»Wie haben Sie überhaupt das Stück Straße, auf dem sich der Überfall abspielte, überblicken können?« fragte Vanzettis Verteidiger Vahey die Zeugin, nachdem sie zuvor berichtet hatte, sie sei, als sie die Schüsse gehört habe, rasch in das Bahnhofsgebäude hineingelaufen. »Wie wollen Sie denn die Schießerei überhaupt mit angesehen haben, wie Sie behaupten?« bohrte Vahey nach. Mrs. Brooks wurde sichtlich unsicher.

Es lag an Katzmann, die Aussagen seiner Zeugin zu einem für die Geschworenen stimmigen Bild umzuformen. Seine rhetorische Fähigkeit, hervorgetretene Widersprüche zu entschärfen, war gefordert. »Die Zeugin Brooks konnte, als sie nach der Schießerei aus dem Bahnhofsgebäude trat, den Fahrer des Wagens klar erkennen. Der Fluchtwagen fuhr unmittelbar an ihr vorüber«, entgegnete er.

Vahey, der Verteidiger, setzte hier nicht nach. Er erwähnte laut Protokoll nicht, daß Vanzetti gar nicht Auto fahren konnte.

Richter Thayer ließ als nächsten einen Zeugen aufrufen, der bislang noch nicht in Erscheinung getreten war: Maynard Shaw, ein Schuljunge, der zur Zeit des Überfalls Morgenzeitungen austrug. Auf eine Entfernung von fünfzig Metern hatte er den Mann mit dem Gewehr aus dem Auto steigen und auf den Lohntransporter schießen sehen.

»Dort steht der Mann, den ich damals gesehen habe«, sagte der Junge, kaum daß er im Gerichtssaal erschienen war, und deutete auf Vanzetti. Trotz der Entfernung, so fügte er hinzu, habe er damals gleich bemerkt, daß es sich um einen Ausländer handeln müsse, und zwar durch die Art und Weise, wie er lief.

Jetzt ergriff Vanzettis Verteidiger Vahey wieder das Wort. Er stand auf, ging zu dem Jungen hinüber und nahm ihn ins Kreuzverhör. »Sie konnten an der Art, wie er lief, erkennen, daß es ein Ausländer war?« fragte er in ruhigem Ton.

»Ja«, antwortete der Junge.

»Was für eine Art Ausländer?«

Der Junge wurde unsicher: »Sie meinen, welche Nationalität?«

Vahey nickte.

»Nun, es war ein Europäer.«

»Was für ein Europäer?« fragte Vahey, der jetzt doch etwas lauter wurde, und begann, während des Kreuzverhörs auf und ab zu gehen. Der Gerichtsprotokollant hatte jetzt alle Mühe, dem Verhör zu folgen:

*Shaw: »Entweder Italiener oder Russe.«*

*Vahey: »Was war er nun, Russe oder Italiener?«*

*Shaw: »Das kann ich nicht genau sagen.«*

*Vahey: »Läuft ein Italiener oder Russe anders als ein Schwede oder Norweger?«*

*Shaw: »Ja.«*

*Vahey: »Was ist der Unterschied?«*

*Shaw: »Ungleichmäßigkeit.«*

*Vahey: »Sowohl Italiener als auch Russen laufen ungleichmäßig?«*

*Shaw: »Was das betrifft, so weiß ich es nicht.«*

*Vahey: »Sie wissen also nicht, wie ein Schwede läuft, oder?«*

*Shaw: »Nein.«*

*Vahey: »Läuft ein Schwede X-beinig?«*

*Shaw: »Nein.«*

*Vahey: »Sie wollen doch die Geschworenen nicht glauben machen, Sie könnten die Nationalität jenes Mannes an der Art und Weise, wie er läuft, erkennen?«*

*Shaw: »Doch, das kann ich.«*

*Vahey: »Nun, welcher Nationalität gehörte er an?«*

*Shaw: »Also, ich möchte sagen, ich glaube ... nun, das erste, was mir eingefallen ist, war, daß er ein Italiener oder Russe sein muß. Ich kann das nicht sagen ... er könnte auch ein Mexikaner gewesen sein. Ich würde nicht sagen, daß er aus Alaska oder aus Afrika war.«*

*Vahey: »Sie wollen damit sagen, er war kein Farbiger?«*

*Shaw: »Nein.«*

*Vahey: »Sie schließen also, nicht wahr, Afrikaner aus Ihren Überlegungen aus?«*

*Shaw: »Ja.«*

*Vahey: »Er war also entweder ein Russe oder ein Italiener oder ein Grieche oder ein Brasilianer oder ein Mexikaner – irgendeiner von diesen?«*

*Shaw: »Ja.«*

Als Vahey sein Kreuzverhör beendet hatte, sah man dem Jungen an, daß er froh war, alles hinter sich zu haben. Ein Gerichtsbeamter brachte ihn aus dem Saal.

Katzmann lehnte zufrieden in seinem Stuhl. Die Aussagen des Jungen konnten sich als sehr nützlich erweisen, denn er wußte, daß die Standhaftigkeit des Zeitungsjungen auf die Geschworenen Eindruck gemacht hatte. Seine Prozeßstrategie glich einem sportlichen Wettbewerb, in dem es vor allem darum ging, Punkte zu sammeln. Nur wer am Ende die meisten Punkte auf seiner Seite hat, sagte er sich, der wird von den Geschworenen zum Sieger ernannt.

Und Katzmann wollte der Sieger sein.

Außer den Augenzeugen hatte die Anklage weitere Zeugen geladen. So erzählte Dr. Murphy, wie er eine Geschoßhülse im Rinnstein fand, die Eheleute Johnson berichteten über ihre Eindrücke, als das reparierte Auto von Boda abgeholt werden sollte. Anschließend machte Michael J. Connolly seine Aussage, der Polizist, der Sacco und Vanzetti verhaftet hatte.

Staatsanwalt Katzmann hatte zuvor Richter und Geschworenen fünf Gewehrpatronen als Beweis vorgelegt. Jetzt fragte er Connolly: »Haben Sie bei der Durchsuchung des Angeklagten Patronen entdeckt?«

»Ja, das habe ich«, antwortete der Polizist.

»Wie viele?«

»Vier...«

Katzmann schaute Connolly mit festem Blick an. »Sehen Sie sich diese Patronen an, und sagen Sie, ob es sich hier um die fraglichen Patronen handelt oder nicht.«

Connolly trat nach vorne, wo auf einem Tisch fünf Patronen nebeneinanderlagen: jene vier, die bei Vanzettis Verhaftung in dessen Taschen gefunden worden waren, und eine 12er Winchester-Hülse, die Dr. Murphy gefunden hatte.

»Ja, sie sehen so aus wie jene«, sagte er nach den wenigen Augenblicken, die er dazu gebraucht hatte, die Patronenhülsen näher zu betrachten.

Rechtsanwalt Vahey protestierte: Die Äußerung, sie sähen aus wie jene, stelle keine ausreichende Identifizierung dar.

Nun trat Captain William Proctor auf, ein Ballistikexperte, und sagte aus, daß sich die 12er Winchester-Hülse, die Dr. Murphy gefunden hatte, von den Patronen in Vanzettis Taschen nur insofern unterscheide, als die eine leer, die anderen noch gefüllt seien.

Vahey konterte, daß die Tatsache, daß Vanzetti am Abend des 5. Mai Gewehrpatronen irgendeiner Marke bei sich gehabt habe, keineswegs beweise, auch jener Bandit gewesen zu sein, der am 24. Dezember in Bridgewater als Gewehrschütze dabei war. Aus diesem Grunde könnten die Patronen nicht als Beweismittel zugelassen werden. Doch Richter Thayer entschied, über diese Frage müßten die Geschworenen befinden, und ließ die Patronen als Beweisstücke zu.

Katzmann konnte zufrieden sein. Wieder hatte er Punkte gesammelt.

Nach einer kurzen Pause kam nun die Verteidigung zu Wort. Gespannt lauschten vor allem die italienischen Freunde im Saal den Aussagen. Jetzt würde der Prozeß die befreiende Wendung bekommen, dachten sie.

In der Hoffnung, die Glaubwürdigkeit der drei Hauptbelastungszeugen Cox, Bowles und Harding erschüttern zu können, in deren Beschreibungen sich Vanzettis Aussehen seit der ersten Vernehmung geändert hatte, bot die Verteidigung zahlreiche Zeugen auf, die beschwören sollten, daß Vanzetti, seit er in Plymouth lebte, sein Aussehen – vor allem, was die Länge seines Schnurrbartes betraf – nicht verändert hatte.

Verteidiger Graham nahm zunächst Vanzettis Friseur John Vernazano ins Verhör, einen schwarzhaarigen Mann mit Bart, von untersetzter Gestalt. Er sagte aus, er habe in den vergangenen fünf oder sechs Jahren Vanzetti rasiert und ihm auch die Haare geschnitten.

»Haben Sie seinen Schnurrbart jemals gestutzt oder zugeschnitten?« fragte Graham.

»Nein, Sir; manchmal habe ich ihn unten ein wenig abgerundet«, antwortete Vernazano.

Graham ging zu ihm hinüber. »Zeigen Sie an Ihrem eigenen Schnurrbart auf die Stelle, die Sie meinen.«

Vernazano deutete auf seine Oberlippe, »Ich habe nur zwei oder drei Haare hier abgeschnitten, genau am Lippenrand.«

»Haben Sie jemals die Enden abgeschnitten oder gestutzt?« fragte Graham nach.

»Nein, nein, nein ...« erwiderte Vernazano.

»Haben Sie ihn überhaupt jemals gestutzt gesehen?«

»Nein ...«

Graham stellte sich vor seinen Zeugen. »Haben Sie ihn«, dabei zeigte er hinüber zu Vanzetti, »jemals anders gesehen, als er heute aussieht?«

Vernazano schüttelte den Kopf. »Niemals, er hatte immer einen langen Schnurrbart.«

Zwei Polizisten aus Plymouth sagten ebenfalls zugunsten Vanzettis aus. John Gault, der seit fünf Jahren Polizeibeamter war, bestätigte, er kenne den Italiener seit mehr als drei Jahren und habe ihn wöchentlich drei- bis viermal getroffen. Sein Schnurrbart habe immer gleich ausgesehen. Und sein Kollege John Schilling, schon zehn Jahre im Polizeidienst, schilderte, er habe Vanzetti zwei- bis dreimal wöchentlich getroffen, und sein Schnurrbart sei stets unverändert gewesen.

Es war Zeit für Katzmann, deren Aussagen in Zweifel zu

ziehen. »Wollen Sie den Geschworenen sagen, daß der Bart immer gleich gewesen ist?« fragte er John Schilling.

»Nein, das möchte ich nicht«, antwortete der Beamte deutlich verunsichert.

Katzmann hakte sofort nach: »Wollen Sie den Geschworenen sagen, daß die Enden niemals abgeschnitten waren?«

Kleinlaut antwortete Schilling: »Nein, Sir, das möchte ich nicht.«

Katzmanns einschüchternde Art, Fragen zu stellen, hatte auch diesmal ihre Wirkung nicht verfehlt. Die beiden Polizisten entpuppten sich für die Verteidigung nicht als jene wichtigen Zeugen, die man in ihnen gesehen hatte. Dabei war es ohnehin schon mühselig gewesen, Zeugen zu finden, die keine Italiener waren und dennoch für Vanzetti aussagen wollten. Viele Polizeibeamte in Plymouth kannten ihn seit Jahren und begegneten ihm beinahe wöchentlich. Zahlreiche von ihnen gehörten zu Vanzettis Stammkunden; sie kauften regelmäßig ihren Fisch bei ihm. Doch als die beiden Anwälte unter den Polizisten in Plymouth nach Zeugen suchten, erlebten sie böse Überraschungen. Zwar bestätigten die Beamten, Vanzetti gut zu kennen, aber als sie gebeten wurden, als Zeugen der Verteidigung im Prozeß auszusagen, winkten sie ab. Sie fürchteten, ihre Posten zu verlieren. Nur Gault und Schilling hatten sich schließlich zögernd bereit erklärt, vor Gericht für Vanzetti auszusagen.

Doch jetzt, unter den bohrenden Fragen Katzmanns, wirkten sie auf die Geschworenen wankelmütig und unsicher. Aber noch hatte die Verteidigung ihren eigentlichen Trumpf nicht ausgespielt: die Tatsache, daß Vanzetti für den Morgen des 24. Dezember ein besonders gutes Alibi hatte. Und es gab genügend Zeugen, die es bestätigten.

Mary Fortini, Vanzettis Hauswirtin, wurde als erste von ihnen in den Zeugenstand gerufen. Sie wirkte aufgeregt und befangen. Noch nie in ihrem Leben hatte sie mit einem Gericht zu tun gehabt; auch sprach sie nur Italienisch, so daß ihre Aussagen sowie die Fragen des Verteidigers oder des Staatsanwalts von einem Dolmetscher übersetzt werden mußten. Am 24. Dezember, so sagte sie aus, habe sie Bartolomeo um Viertel nach sechs geweckt. Ein paar Minuten später sei er über die Treppe in die Küche heruntergekommen. Sie habe ihm warme Milch für das Frühstück gemacht, danach habe er das Haus verlassen.

Katzmann wußte, daß jetzt die entscheidende Phase des Prozesses gekommen war. Die Verteidigung hatte 14 italienische Zeugen angekündigt, die allesamt bestätigen wollten, Vanzetti am 24. Dezember gesehen oder Aale bei ihm gekauft zu haben. Also mußte es Katzmann vor allem darum gehen, deren Glaubwürdigkeit in den Augen der Geschworenen zu unterminieren. Dabei war ihm jedes Mittel recht. Ein Beispiel für Katzmanns schroffe Art und ihre einschüchternde Wirkung auf die italienischen Zeugen war sein Kreuzverhör mit Mary Fortini. Gleich zu Beginn, das zeigen die Prozeßprotokolle, ging er zum Angriff über:

*Katzmann: »An welchem Tag wurde Vanzetti verhaftet?«*

*Fortini: »Ich glaube, am Mittwoch.«*

*Katzmann: »Welchem Mittwoch?«*

*Fortini: »Ich weiß nicht.«*

*Katzmann: »Vor zwei Monaten, nicht wahr?«*

*Fortini: »Ich weiß nicht.«*

*Katzmann: »Vor drei Monaten, nicht wahr?«*

*Fortini: »Ich weiß nicht.«*

*Katzmann: »Vor einer Woche, nicht wahr?«*

*Fortini: »Ich weiß nicht.«*

*Katzmann: »Gestern, nicht wahr?«*

*Fortini: »Ich weiß nicht.«*

*Katzmann: »Um welche Zeit ist Vanzetti am Tag nach Weihnachten aufgestanden?«*

*Fortini: »Ich erinnere mich nicht.«*

*Katzmann: »Um welche Zeit ist Vanzetti am ersten Tag dieses Jahres aufgestanden?«*

*Fortini: »Ich weiß nicht.«*

*Katzmann: »Um welche Zeit ist Vanzetti an Washingtons Geburtstag in diesem Jahr aufgestanden?«*

*Fortini: »Nein, das weiß ich nicht.«*

*Katzmann: »Um welche Zeit ist er am Samstagabend vor dem Ostermorgen dieses Jahres zu Bett gegangen?«*

*Fortini: »Ich weiß es nicht, nein, Sir.«*

Katzmann wirkte sichtlich erheitert, und auch einige Geschworene konnten sich ein Lächeln nicht verkneifen. Der Staatsanwalt hatte Mary Fortini bislang mit Hilfe eines Dolmetschers befragt; nun ersuchte er Richter Thayer, sie in englischer Sprache befragen zu dürfen. Thayer erkundigte sich bei Katzmann nicht nach dem Grund; eher gelangweilt sagte er nur: »Bitte sehr, wenn Ihnen daran liegt.«

Staatsanwalt Katzmann konnte sein unlauteres Verhör in englischer Sprache fortsetzen, obwohl er Mary Fortini zuvor gefragt hatte, ob sie Englisch spreche, und sie verneint hatte. Hinter seinem Vorgehen stand eine infame Absicht. Aus dem Protokoll:

*Katzmann: »Wissen Sie, in welcher Sprache ich spreche? Verstehen Sie meine Sprache?«*

*Fortini: »Nein.«*

*Katzmann: »Was ist ein Pferd – wissen Sie das?«*

*Fortini: »Ich nichts verstehen.«*

*Katzmann: »Wissen Sie, was ein Pferd ist?«*

*Fortini: »Nein, Sir.«*

*Katzmann: »Wissen Sie, was ein Brini ist?«*

*Fortini: »Nein, Sir.«*

*Katzmann: »Wissen Sie, was ein Balboni ist? Das ist doch etwas, das man am Waschtag auf die Wäscheleine hängt, nicht wahr?«*

*Fortini: »Ich Sie nicht verstehen. Sie kommen in mein Land, und Sie nichts verstehen. Und so sein auch mit mir.«*

Weder Richter Thayer noch Vanzettis Anwälte versuchten, der entwürdigenden Bloßstellung Mary Fortinis Einhalt zu gebieten. Wenn Katzmann gefragt hätte, ob man am Waschtag einen Thayer oder Vahey hinaushänge, dann wäre im Gerichtssaal ein Sturm der Entrüstung losgebrochen, aber die Namen italienischer Einwanderer durften öffentlich verspottet werden.

Als nächster Zeuge trat John DiCarlo, Schuhmacher in der Court Street, auf. Er gab an, seinen Laden an jenem 24. Dezember wie gewöhnlich um Viertel vor acht geöffnet zu haben. Er sei gerade dabeigewesen, die Werkstatt aufzuräumen, als Vanzetti das Paket mit den Aalen gebracht habe. Aale gehörten nun einmal zu Weihnachten, sagte er, und noch jetzt könne er sich genau daran erinnern, daß es anderthalb Pfund Fisch gewesen waren.

Um seine Auffassung zu unterstreichen, daß alle italienischen Zeugen zugunsten Vanzettis logen, stellte Katzmann dem Bäcker Enrico Bastoni, der als nächster Zeuge auftrat, als erstes folgende Frage: »Ich nehme an, Herr Zeuge, daß Sie hier die Wahrheit aussagen wollen, nicht wahr? Ich frage Sie, ob Sie beabsichtigen, hier die Wahrheit zu sagen?«

Bastoni ließ sich nicht beeindrucken und antwortete knapp: »Deshalb bin ich hergekommen.« Dann sagte er aus, Vanzetti sei an diesem Tag kurz vor acht Uhr in seinen Laden gekommen und habe gefragt, ob er von ihm ein Pferd und seinen Wagen mieten könne. Auf seine Frage, wozu, habe Vanzetti von einem Faß erzählt, das so schwer wäre, daß es am besten auf diese Weise transportiert werden könne. Vanzetti wollte die Aale möglichst früh ausliefern, damit die Frauen sie für das Abendessen einsalzen und kochen konnten. Mit seinem Handkarren aber würde er lange Zeit brauchen, deshalb hätte er gern einen Wagen mit Pferd. Er habe ihm jedoch mitteilen müssen, er brauche das Gespann selbst, da er an diesem Tage ebenfalls viele Bestellungen auszuliefern hatte. Es müsse kurz nach acht gewesen sein, denn bald darauf habe er das zweite Signal der Tauwerk-Fabrik gehört.

Beltrando Brini, der dreizehnjährige Sohn der Brinis, die mit Vanzetti noch immer gut befreundet waren, half an jenem Morgen beim Fischverkauf. Er war gerade auf dem Weg zu Vanzetti, als dieser die bestellten Aale in der Court Street auslieferte. Beltrando fragte Vanzetti, wo denn das Pferd sei, und Vanzetti sagte, es sei nicht verfügbar.

Beltrando Brini schilderte die Situation im Prozeß so:

»Ich war sehr enttäuscht, daß er das Pferd nicht bekommen hatte. Ich hätte ihm auf jeden Fall geholfen, aber, wissen Sie, ich war voller Erwartung: auf einem Pferdewagen sitzen und ein Pferd lenken zu können – und nun hatte er gar keines. Aber er entschuldigte sich. Es tat ihm sehr leid. Und ich bin sicher, daß er froh gewesen wäre, wenn er es gehabt hätte, weil er eine ziemlich große Ladung Fisch hatte. Der Handkarren war nicht leicht; ich konnte ihn nicht bewegen.«

Gerade um die Zeit, als der Überfall in Bridgewater stattfand, hatten er und Vanzetti mit dem Handkarren die bestellten Aale ausgeliefert. Die Alibikette schien nun endgültig geschlossen. Alle hierzu befragten Zeugen hatten bestätigt, Vanzetti am 24. Dezember gesehen und mit ihm gesprochen zu haben, und Beltrando Brini, der ständig bei ihm gewesen war, untermauerte ihre Aussagen. Der Junge war Vanzettis Hauptzeuge.

Katzmann versuchte, die Zeugen bezüglich ihrer Aussagen der Lüge zu überführen, und der Zeuge, den er nun unbedingt diskreditieren mußte, war der 13jährige Beltrando, der besser als jeder andere wissen mußte, wo Vanzetti zur Zeit der Überfälle gewesen war.

Das Verhör des Jungen begann Katzmann mit gespielt väterlicher Freundlichkeit. Er sprach ihn mit »Sohn« an, fragte ihn, ob er nicht lieber sitzen wolle. Aber dann wurde seine Stimme härter: Wie lange er die Geschichte seinem Freund zuliebe noch erzählen wolle? Alles sei doch ein auswendig gelerntes Märchen!

»Wer hat dir gesagt, was du aussagen sollst?« fragte er mit schneidender Stimme.

»Niemand hat mir gesagt, was ich sagen soll«, entgegnete der Junge.

»Aber du hast die Geschichte schon verschiedenen Leuten erzählt, oder?« setzte Katzmann nach und ging dabei hinüber zu Beltrando Brini, der wegen seiner noch kindlichen Statur fast verloren im Zeugenstand wirkte.

»Meiner Mutter, meinem Vater und dem Anwalt habe ich sie erzählt«, antwortete der junge Brini.

»Dann kannst du die Geschichte ja langsam auswendig«, bemerkte Katzmann, ehe er sich wieder hinsetzte.

Richter Thayer, der hier hätte eingreifen müssen, tat genau das Gegenteil. Er unterstützte den Ankläger, indem er bemerkte: »Sie haben die Tatsache aufgezeigt, daß der Zeuge seine Aussage geprobt hat, daß er sie auswendig gelernt hat.« Damit bestätigte Thayer die Behauptungen Katzmanns, Beltrando Brinis Aussagen seien erdacht und nur dazu da, Vanzetti ein Alibi zu verschaffen.

Doch Katzmann, ein ebenso brillanter wie skrupelloser Ankläger, ging noch weiter. Durch rhetorische Tricks versuchte er, den Jungen zu der Aussage zu verleiten, daß Vanzetti ein Anarchist sei. Katzmann nahm Beltrando, der nun schon über zwei Stunden lang als Zeuge aussagte, noch einmal ins Kreuzverhör.

Der Gerichtsprotokollant notierte:

*Katzmann: »Ist Vanzetti manchmal in euer Haus gekommen und hat mit deinem Papa gesprochen?«*

*Beltrando: »Ja.«*

*Katzmann: »Bist du im Zimmer geblieben, wenn sie miteinander redeten?«*

*Beltrando: »Ja.«*

*Katzmann: »Hast du sie über unsere Regierung sprechen hören?«*

*Vahey: »Ich ersuche um Ihr Eingreifen, Euer Ehren.«*

*Beltrando: »Was meinen Sie mit unserer Regierung?«*

*Thayer: »Er soll mit ja oder nein antworten.«*

*Beltrando: »Nein.«*

*Katzmann: »Haben dein Papa, Vanzetti und der Bäcker irgendeiner Vereinigung oder Organisation angehört?«*

*Beltrando: »Nein.«*

*Katzmann: »Hast du jemals Mr. Vanzetti vor den Italienern Reden halten hören?«*

*Beltrando: »Nein.«*

*Katzmann: »Hast du ihn jemals sagen hören, daß er nach Bridgewater gehen will?«*

*Beltrando: »Nein.«*

*Katzmann: »Hast du ihn jemals von einem Mann namens Sacco sprechen hören?«*

*Beltrando: »Nein.«*

*Katzmann: »Wenn er mit deinem Papa oder mit dem Bäkker sprach – hast du jemals einen Mann namens Sacco in Plymouth gesehen?«*

*Beltrando: »Nein.«*

Katzmann schien zufrieden. Zu den Geschworenen gewandt, sagte er: »Die Eltern eines so intelligenten Jungen haben ein Recht, auf ihn stolz zu sein. Aber was er hier von sich gegeben hat, ist eine auswendig gelernte Lektion.«

Seine Fragen über Sacco und Boda, die sich auf einen anderen Fall bezogen als den, der verhandelt werden sollte, hatten weder die beiden Anwälte Vanzettis noch Richter Thayer bewogen, in die unlautere Befragung einzugreifen. Schlimmer noch: James Graham, einer der beiden Verteidiger Vanzettis, platzte mit der unangebrachten Bemerkung heraus, daß sein Mandant auch des Verbrechens in South Braintree verdächtigt werde. Katzmann hatte sein Ziel erreicht, die Geschworenen auf South Braintree und Vanzettis anarchistische Gesinnung hinzuweisen. Freilich eher diskret und unterschwellig.

Katzmann wollte Schritt für Schritt vorgehen: Zunächst ging es um eine Verurteilung im vorliegenden Fall. Und er war diesem Ziel ein erhebliches Stück näher gekommen.

Die Verteidigung hatte versucht, Vanzettis anarchistische Gesinnung aus dem Prozeß herauszuhalten, und sie wollte nicht, daß er als Zeuge in eigener Sache aussagte. Vanzetti schrieb später: *Vahey fragte mich, wie ich im Zeugenstand die Bedeutung des Sozialismus, des Kommunismus oder Bolschewismus erklären würde, falls der Distriktstaatsanwalt mich dazu auffordern würde. Auf eine solche Frage pflegte ich mit einer Erklärung jener Begriffe zu beginnen, und Mr. Vahey pflegte dies sofort abzuschneiden. Wenn ich vor den unwissenden, konservativen Geschworenen derartige Dinge sagen würde, würde man mich schnurstracks ins Gefängnis schikken.*

Vahey hatte abgewogen: Was war sinnvoller? Die Reaktion der Geschworenen in Kauf zu nehmen, die natürlich bei einem Angeklagten, der nicht willens war, in den Zeugenstand zu treten, dies als Eingeständnis seiner Schuld interpretieren würden, oder aber den Gerichtssaal in ein radikales Forum zu verwandeln, in dem Katzmann den Prozeß zu einem politischen Tribunal verwandeln würde. Vahey riet Vanzetti, nicht in den Zeugenstand zu treten; ohnehin wären seine Aussagen in bezug auf den Bridgewater-Überfall unwichtig. Und schließlich – so Vahey – stünden die Anklagepunkte gegen ihn auf schwachen Beinen. Für ihn sprächen drei Zeugen, die einen anderen Schnurrbart gesehen und widersprüchliche Personenbeschreibungen gegeben hatten, sowie Vanzettis ausgezeichnetes Alibi mit zahllosen Zeugen, die ihm an jenem Morgen Aale abgekauft hatten.

Doch im Laufe des Prozesses war die Verteidigung den Widersprüchen in den Aussagen der Belastungszeugen nicht energisch genug nachgegangen. So war sie beispielsweise nicht darauf eingegangen, daß der Zeuge Harding bei seiner ersten Aussage einen Hudson als Gangsterauto gesehen haben wollte, während er im Prozeß von einem Wagen der Marke Buick sprach. Auch hatten es die Anwälte unterlassen, den unfairen Verhörmethoden Katzmanns Einhalt zu gebieten und gegen offensichtliche Verunglimpfungen der italienischen Zeugen vorzugehen. Ob die Strategie richtig war, Vanzetti zu raten, sich nicht zu seiner anarchistischen Gesinnung zu äußern, obwohl die Geschworenen vermutlich aus Zeitungen und nicht zuletzt durch Katzmanns Andeutungen ohnehin davon wußten, sollte sich bald herausstellen.

Der Prozeß in Plymouth ging zu Ende, ohne daß der Angeklagte ein Wort gesprochen hätte. Vanzetti hatte die Verhandlung schweigend verfolgt.

Am 1. Juli vormittags um halb elf zogen sich die Geschworenen zur Beratung zurück. Richter Thayer machte sie noch einmal ausdrücklich darauf aufmerksam, daß die Tatsache der Nationalität nichts über die Glaubwürdigkeit eines Zeugen besage. Wörtlich belehrte er die Geschworenen: »Aus der Tatsache, daß einige Zeugen Italiener sind, sollen keine für sie ungünstigen Schlüsse gezogen werden.« Tatsächlich aber suggerierten die Worte des Richters: »Der Angeklagte kann nicht ohne die Aussagen der italienischen Zeugen freigesprochen werden. Also entscheiden Sie, was solche Aussagen wert sind ...«

Die Geschworenen berieten bis 16.18 Uhr. Dann wurde ihr Spruch verkündet. Er lautete: »Bartolomeo Vanzetti ist im Sinne der Anklage des versuchten Raubes und des versuchten Mordes schuldig.«

Als der Geschworenen-Obmann Henry S. Burgess sein »Schuldig« verkündet hatte, ging ein Aufschrei durch die Reihen, in denen die italienischen Bekannten und Freunde Vanzettis saßen. Das Raunen vermischte sich mit den Worten Richter Thayers, der den Geschworenen für ihre »ausgezeichneten und wirkungsvollen Dienste« dankte. Als wieder Ruhe im Saal eingekehrt war, wandte sich der Richter mit pathetischer Stimme erneut an die Geschworenen: »Sie können mit dem Gefühl nach Hause gehen, daß Sie sich so verhalten haben, wie sich der Soldat im Dienst verhielt, als er, dem Rufe des Vaterlandes folgend, nach Übersee ging.«

Die Geschworenen verstanden dieses Signal. Ihnen wurde nicht nur für das Urteil gedankt, sondern vor allem dafür, ihre patriotische Pflicht in einem Prozeß erfüllt zu haben, in dem es unausgesprochen darum gegangen war, radikalen Einwanderern exemplarisch die Macht der amerikanischen Justiz zu demonstrieren.

Vanzetti blieb wie immer ruhig. *»Coraggio* – Mut!« rief er in den Saal. Dann wurde er von Beamten abgeführt.

Wochen später, am Morgen des 16. August 1920, stand Vanzetti abermals vor Richter Thayer, der auf seinem erhöhten Sitz unter dem Stadtwappen von Plymouth thronte. Der Italiener, flankiert von zwei Wächtern, nahm nun den Urteilsspruch entgegen: »Eine Gefängnisstrafe von mindestens zwölf Jahren, davon einen Tag Einzelhaft ... zu verbüßen im Staatsgefängnis, gelegen in Boston, in unserem Country von Suffolk.« Thayer verurteilte ihn nicht wegen tätlichen Angriffs mit Mordabsicht, sondern allein wegen Raubabsicht. Das hatte seine Gründe.

Am Tag nach dem Schuldspruch der Geschworenen, am 2. Juli, hatten Thayer und Katzmann erfahren, daß im Geschworenenzimmer von Obmann Henry S. Burgess die Patronen, die sich dort als Teil des Beweismaterials befanden, geöffnet worden waren. Um die Frage der Tötungsabsicht zu klären, hatten die Geschworenen feststellen wollen, welche Größe der darin enthaltene Schrot hatte. Grobschrot kann einen Menschen tödlich verletzen, kleiner Schrot aber nicht. Die Patronen enthielten Grobschrot. Die Geschworenen hatten daraufhin entschieden, daß eine Mordabsicht vorlag und Vanzetti schuldig sei.

Die heimliche Öffnung der Patronen aber war eine Verletzung der Rechte Vanzettis. Die Geschworenen durften nämlich keine Beweismittel würdigen, die nicht aktenkundig waren, und noch immer lagen keinerlei Beweise dafür vor, daß die im Geschworenenzimmer befindlichen Patronen mit jenen identisch waren, die man bei Vanzettis Verhaftung in dessen Taschen gefunden hatte. Und noch eine Tatsache war ignoriert worden: Wenn Vanzetti der Bandit mit dem Gewehr war, dann waren die Patronen, die er am Abend des 5. Mai bei sich trug, deshalb nicht unbedingt dieselben wie jene, die er beim Bridgewater-Überfall sechs Monate zuvor verwendet hatte. Doch die Geschworenen hatten ihr Urteil gefällt – schuldig. Und sie hatten Vanzetti eine Tötungsabsicht unterstellt.

Thayer und Katzmann wollten keineswegs, daß das illegale Öffnen der Patronen aktenkundig wurde. Um es Vanzetti unmöglich zu machen, auf Grund dieses Verstoßes ein neues Verfahren zu beantragen, verurteilte ihn Richter Thayer nur wegen »Raubabsicht«. Das Urteil freilich war nicht weniger hoch ausgefallen: »Mindestens zwölf Jahre Gefängnis.« Katzmann hatte sein Ziel erreicht.

Vanzetti war nach dem Schuldspruch niedergeschlagen. Er hatte alles erwartet, aber keine Gefängnisstrafe in dieser Höhe. Sein Freund Aldino Felicani, der ihn im Charlestown-Gefängnis – wo Vanzetti seine Strafe verbüßte – öfter besuchte, hatte dagegen von Anfang an gespürt, daß es hier um mehr ging als um einen Raubüberfall. Schon während des Prozesses war er ständig nach Plymouth gefahren, um für die Zeitung *La Notizia* zu berichten. Felicanis Absicht war es, die Öffentlichkeit darüber zu informieren, was in dem Prozeß von Plymouth geschah. Alle anderen Bostoner Zeitungen schenkten dem Prozeß allenfalls einige kurze Zeilen auf den hinteren Seiten.

Felicani war klar, daß es hier um einen politischen Prozeß ging, der für alle politisch denkenden Einwanderer von Bedeutung war, und besann sich seiner propagandistischen Fähigkeiten, indem er fiktive Leserbriefe aus verschiedenen amerikanischen Städten in der Zeitung plazierte, um zu suggerieren, daß allerorten die Menschen über den Prozeß und die Anklage aufgebracht seien. Nachdem Vanzetti verurteilt worden war, trafen dann tatsächlich Sympathiebezeigungen von Lesern ein, die, durch die Feder Felicanis journalistisch wirksam aufbereitet, als Beiträge ins Blatt kamen.

Die Tatsache, daß sich in dem Urteil das negative Bild der amerikanischen Justiz in den Augen vieler, nicht nur radikaler, Einwanderer bestätigt hatte, führte dazu, daß zur Vorbereitung auf den zweiten Prozeß Komitees gegründet und Spenden für die Anwälte von Sacco und Vanzetti gesammelt wurden.

Felicani versuchte mit Eifer neben seiner Redaktionsarbeit, diese Unterstützung zu organisieren – keine leichte Aufgabe in einer Zeit, in der sich die zahllosen politischen Ideologien unter italienischen Radikalen oftmals konträr zueinander verhielten. Nur die Tatsache, daß sie allesamt gegen die amerikanische Justiz waren, verhalf Felicani zu einem – allerdings eher lockeren – Bündnis in Sachen Sacco und Vanzetti. Bis auf die Kommunisten, die den Fall als einen normalen Kriminalfall definierten, bekam Felicani von allen wichtigen politischen Strömungen, Parteien und Gruppen die notwendige Unterstützung: von Gewerkschaften, Sozialisten, Anarchisten und Bürgerrechtsbewegungen.

Als Felicani mit Saccos Frau, die gerade ihr zweites Kind erwartete, später noch einmal zur kommunistischen Parteileitung nach Boston fuhr, um auch deren Unterstützung zu bekommen, erhielt er erneut die Auskunft, sie seien an »Kriminalfällen« nicht interessiert. »Das war das erste Beispiel kommunistischer Hilfe im Fall Sacco und Vanzetti«, kommentierte Felicani die Absage bitter.

Aber nicht nur Freunde, Nachbarn und Gesinnungsgenossen waren erschüttert über Vanzettis Verurteilung. Am meisten litt seine Familie im fernen Villafalletto darunter. Später berichtete seine Schwester Vincenzina: *Wir erfuhren aus den Zeitungen von seiner Verhaftung, dann schrieben uns Freunde. Es waren alles Italiener, die in Boston und Umgebung wohnten. Viele Jahre lang litten wir ständig darunter. Wir schlossen uns zu Hause ein. Meine Reaktion war Kummer und Schmerz.*

Für Vanzettis Vater, der schon immer dagegen gewesen war, daß sein Sohn nach Amerika ging, und der ihn wiederholt zur Heimkehr aufgefordert hatte, bedeutete die Verurteilung von Bartolomeo, der in amerikanischen Zeitungen als Verbrecher hingestellt wurde, eine unerträgliche Erniedrigung. Und auch für die Schwestern Luigia, Vincenzina und seinen Bruder Ettore blieb das, was ihrem Bruder im fernen Amerika angetan worden war, ein Rätsel. Bartolomeo ein Räuber, ein Bandit, ein Verbrecher? Das konnte nicht sein.

In einem Brief Vanzettis an seinen Vater, der am 1. Oktober 1920 in Boston abgeschickt wurde, schilderte er seine Situation:

*Liebster Vater,*
*ich habe bis jetzt meinen Wunsch unterdrückt, Dir zu schreiben, weil ich hoffte, Dir gute Nachrichten geben zu können. Die Dinge haben sich weiterhin schlecht entwickelt, und so beschloß ich, Dir zu schreiben. Ich weiß, wie schmerzlich dieses Ereignis in meinem Leben für Euch alle sein muß, und deswegen leide ich am meisten. Ich bitte Euch, so stark zu sein, wie ich es bin, und mir den Schmerz zu verzeihen, den ich Euch unfreiwillig zufüge.*

*Ich weiß, daß Euch mehrere Leute geschrieben haben, ich weiß aber nicht, ob Ihr im Besitz aller Fakten seid, da mehrere Briefe und gesammelte Zeitungen, die Freunde nach Italien geschickt haben, dort nicht eingetroffen sind.*

*Ich nehme an, daß entweder die italienischen oder die amerikanischen Behörden alle mich betreffende Post zensurieren. Ich weiß jedoch, daß Du einige Briefe erhalten hast und Dir daher Inhalt und Ergebnis meines Prozesses bekannt sind. Er war ein wahres Verbrechen gegen das Recht. Ein Freund hat mir Grüße übermittelt und mir mitgeteilt, daß Ihr an meine Unschuld glaubt, sowie die gute Nachricht, daß es Euch gutgeht.*

*Das sind Tröstungen von unschätzbarem Wert. Ja, ich bin unschuldig, und trotz allem fühle ich mich ganz gut und tue mein Bestes, um gesund zu bleiben. Nun beschuldigt man mich des Mordes. Ich habe nie jemanden getötet, verletzt oder beraubt, aber wenn die Dinge so laufen, wie das bei dem anderen Prozeß der Fall war, dann würden sie sogar Christus, den sie schon gekreuzigt haben, schuldig sprechen.*

*Ich habe Zeugen, die ich zu meiner Verteidigung namhaft machen werde, und ich werde mit aller Macht kämpfen. Die Waffen sind ungleich, und der Kampf wird verzweifelt sein. Ich werde das Gesetz mit all seinen enormen Hilfsmitteln gegen mich haben; die Polizei mitsamt ihrer jahrhundertelangen Erfahrung in der Kunst, Unschuldige zu verurteilen, eine Polizei, deren Vorgehen sowohl unkontrolliert als auch unkontrollierbar ist. Überdies stehen gegen mich politischer und Rassenhaß und die große Macht des Goldes in diesem Land, und das zu einer Zeit, in der die menschliche Erniedrigung den Tiefpunkt erreicht hat. Die Gier nach Gold hat gewisse Lumpen veranlaßt, alle möglichen gemeinen Lügen über mich zu verbreiten. Ich habe nichts, das ich diesem mächtigen Bündnis von Feinden entgegensetzen könnte, außer meine vom Volk anerkannte Unschuld und die Liebe und Sorge einer Handvoll großzügiger Menschen, die mich lieben und mir helfen. Die allgemeine Öffentlichkeit verkündet meine Unschuld und fordert meine Freilassung. Ihr wäret stolz, wenn Ihr wüßtet, wieviel sie für mich getan haben und noch tun werden.*

*Ich hoffe, daß mir meine italienischen Genossen ihre Unterstützung nicht versagen werden. Ich bin sicher, daß sie es nicht tun werden.*

*Ich habe eine Abschrift meines Prozeßprotokolls angefordert. Man wird es ins Italienische und in andere Sprachen übersetzen und nach Italien und in andere europäische Staaten schicken.*

*Faßt daher den Mut und seid optimistisch. Am Ende siegt immer die Gerechtigkeit, und das wird auch in meinem Fall so sein. Laßt Euch durch dieses Mißgeschick nicht betrüben, betrachtet es vielmehr als einen Ansporn zum Leben. Wer weiß, welche Überraschungen das Schicksal für uns Sterbliche bereithält? Wer hätte wenige Tage vor meiner Verhaftung gedacht, in welchen Umständen ich mich nun befinden würde? Wer könnte also auf Grund der schrecklichen Lage, in der ich mich jetzt befinde, voraussagen, was mir das Morgen bringen wird? Laßt uns daher Vertrauen haben und den Kampf fortsetzen ...*

*Ich möchte Dir und all meinen Lieben noch etwas sagen: Haltet meine Verhaftung nicht geheim. Schweigt nicht, ich bin unschuldig, und es gibt nichts, dessen Ihr Euch schämen müßtet. Schweigt nicht, ruft von den Dächern, welches Verbrechen an mir begangen worden ist. Sagt der Welt, daß ein ehrlicher Mann eingesperrt wird, um den Ruf der Polizei wiederherzustellen, der durch Hunderte Skandale und Mißerfolge zerstört worden ist. In der ganzen anschwellenden Flut des Verbrechens hat die Polizei keinen einzigen Verbrecher fangen können. Ich werde ins Gefängnis gesteckt, weil ein alter Sadist sich an seine Macht und seine Position klammert und weil er mich meiner Freiheit und meines Blutes beraubt sehen will. Schweigt nicht, denn Schweigen wäre schändlich.*

*Für den Augenblick benötige ich kein Geld. Wenn ich etwas brauche, werde ich es Euch wissen lassen. Die Gefängnisse sind hier viel besser als in Italien; ich sage dies gefühlsmäßig und vom Hörensagen, da ich ja in Italien nie im Gefängnis gewesen bin. Hier hat jeder seine eigene Zelle. Die Einrichtung besteht aus einem passablen Bett, einem Schrank, einem Tisch und einem Sessel. Das elektrische Licht brennt bis neun Uhr abends. Wir erhalten drei Mahlzeiten pro Tag und ein- oder sogar zweimal täglich ein heißes Getränk. Wir dürfen monatlich zwei Briefe schreiben und jeden dritten Monat einen zusätzlichen Brief. Der Gefängnisdirektor hat mir mehrere außerordentliche Briefe erlaubt, dieser hier ist einer davon. Hier gibt es eine Bibliothek, in der sich weltbekannte Meisterwerke der Wissenschaft und der Kunst befinden. Wir arbeiten acht Stunden täglich in einer gesunden Atmosphäre. Wir dürfen täglich im Hof spazierengehen. Und die Häftlinge? Außer einigen wenigen Opfern der Umstände, die mehr zu bedauern als zu tadeln sind, handelt es sich um Lumpen. Ich behandle jeden, so gut ich kann, aber halte mich meist an jene wenigen, die imstande sind, mich zu verstehen, die meinen Fall kennen und die mich schätzen und mögen. Wenn Du meine letzten Briefe aufbewahrt hast, sende sie wieder zurück an die Adresse eines meiner Freunde und lasse sie auf dem Postamt einschreiben. Sie könnten für mich sehr nützlich sein.*

*Ich schließe mit einer freudigen Mitteilung: Es ist fast gewiß, daß es in bezug auf die Dinge, derer ich zuerst beschuldigt wurde, zu einem neuen Prozeß kommen wird. Sei also stark und tröste meine Schwestern und meinen kleinen Bruder sowie all meine Verwandten und Freunde.*

Bartolomeo Vanzetti hatte die Hoffnung noch nicht aufgegeben. Sie sollte sich als trügerisch erweisen.

*Sechstes Kapitel*

# Als Staatsfeinde abgestempelt

Fred Moore war ein Mann mit bohemehaftem Aussehen. Er weigerte sich, sein braunes langes Haar schneiden zu lassen, das ihm bis auf die Schultern fiel. Stets trug er ebenso ausgefallene wie auffallende Garderobe, und über sein Privatleben kursierten abenteuerliche Gerüchte und Legenden. So hieß es, er sei ein nimmersatter Schürzenjäger; andere wollten vom Umgang mit dekadenten Künstlern wissen, wieder andere behaupteten, er sei ein Radikaler.

Fred Moore war also ein Mann, der seiner Umwelt zu vielfältigen Vermutungen Anlaß gab und häufigen Gesprächsstoff lieferte. Bekannte, Nachbarn und Kollegen sahen in ihm jeweils das, was sie gerade sehen wollten: einen etwas verworrenen Querdenker, einen spätpubertären Provokateur, einen radikalen Spinner. Eine bedauernswerte Existenz schien er allemal zu sein.

Daß seine Umwelt so schroff auf ihn reagierte, hatte vor allem mit seinem Beruf zu tun: Fred Moore war Rechtsanwalt – ein Anwalt, der häufig gegen die bürgerlichen Normen seiner Zunft verstieß. So zog er während Gerichtsverhandlungen mitunter seine Jacke und Weste aus, manchmal entledigte er sich zudem seiner Schuhe. Es mag kleinlich erscheinen, daß mancher Richter ihn deshalb verdammte, aber ebenso kleinlich war es, daß Moore darauf beharrte, aus der Reihe fallen zu dürfen.

Dann gab es noch Moores Neigung, während einer Gerichtsverhandlung einfach zu verschwinden. Er verließ den Verhandlungssaal, um sich in den nahe gelegenen Räumen der Bibliothek zu entspannen. Freunden gegenüber hatte er einmal gesagt, er wisse seine Zeit besser zu nutzen, als sich im Gerichtssaal zu langweilen. Oft kehrte er erst nach Stunden zurück, nicht selten zum Nachteil seiner Mandanten.

Als Moore einmal in Chicago Gewerkschafter wegen Beteiligung an einem illegalen Streik verteidigte, verließ er wortlos den Gerichtssaal und tauchte für zwei Tage unter. Sein unstandesgemäßes Verhalten gab zu allerlei Spekulationen Anlaß. Albert Carpenter, ein Kanzlei-Mitarbeiter, der für ihn recherchierte, sprach später davon, Moore habe Krebs gehabt und häufig unter starken Schmerzanfällen gelitten. Anderen kam der Gedanke, daß er Drogen nahm. Moore selbst äußerte sich niemals zu solchen Vermutungen und lieferte keinerlei Erklärungen für seine befremdlichen Auf- und Abtritte. Allenfalls kommentierte er sein Verhalten mit knapper Ironie, jedoch nur unter Freunden, nie in der Öffentlichkeit.

Moore blieb also für Richter, Staatsanwälte und die meisten seiner Anwaltskollegen eine undurchschaubare, zwiespältige, ja wirre Persönlichkeit.

Obwohl es in Massachusetts bereits eine unverzeihliche Sünde war, sich als Angehöriger des Bürgertums gegen den eigenen Stand aufzulehnen, erzürnten sich die puritanischen Bürger vor allem an Moores offenen Sympathien für Radikale. Diese galten als die ausgemachten Feinde von Freiheit und Ordnung, und wer ihre zersetzenden Ideen unterstützte, ja als Anwalt auch noch verteidigte, der galt ebenfalls als verdächtig und wurde seinerseits zum potentiellen Staatsfeind.

Die Radikalen – ob Gewerkschafter, Sozialisten oder Emigranten – vertrauten Moore. Daß er egozentrisch, bisweilen gar verantwortungslos sein konnte, war den meisten entgangen. Für sie war er ein engagierter Verfechter ihrer Rechte, ein Anwalt, der nach dem Streik in Lawrence einigen ihrer Führer zu Freisprüchen verholfen hatte.

Carlo Tresca, einer der bekanntesten italienischen Radikalen im Lande, hatte Felicani von Moore erzählt. »Radikale sollten von radikalen Anwälten verteidigt werden«, hatte Tresca gesagt, und Felicani war davon beeindruckt. Nach dem enttäuschenden Urteilsspruch von Plymouth ist Moore der richtige Mann, dachte er. Im August 1920 übernahm Fred Moore den Fall Sacco und Vanzetti.

In einem undatierten Brief berichtete Vanzetti seinem Vater von dem neuen Anwalt:

*Ich weiß, daß Dir viele Menschen geschrieben haben und einige Dich persönlich besucht haben, also weißt Du Bescheid über alles, was mit mir geschieht. Ich möchte Dir daher berichten, daß die Dinge deshalb so schlecht verlaufen, weil jene, die mich eigentlich verteidigen sollten, genau das Gegenteil getan haben.*

*Ich habe einen neuen Anwalt, einen verläßlichen und fähigen Mann. Der erste Prozeß ist wiederaufgenommen und der zweite bis März verschoben worden. Du wirst das bereits wissen... Die Arbeiter Italiens... und andere großherzige Menschen interessieren sich für den Fall. Auch mexikanische, spanische und französische Arbeiter kommen mir zu Hilfe, sowohl mit Geldspenden wie auf andere Weise.*

*In diesen Tagen und in dieser Zeit geht es nicht mehr an, daß man einen Menschen bloß deshalb opfert, weil er die Freiheit und die Gerechtigkeit liebt.*

*Ihr sollt wissen, daß ich während der Zeit, als ich in Plymouth in Haft war, von der Bevölkerung dieser Stadt wie ihr eigener Sohn behandelt worden bin.*

*Jeden Tag kamen Besucher. Ich bekam so viele Blumen und Zigarren, so viele Früchte und Süßigkeiten, daß ich genötigt war, einen Teil dieser großherzigen Gaben zurückzuweisen. Jeden Sonntag brachten sie mir ein Mittagessen... An jedem Tag schreibt fast die ganze italienische Presse Amerikas für unsere Verteidigung. Letzten Sonntag erhielt ich einen von zweihunderttausend New Yorker Arbeitern unterzeichneten Brief. Sie erklärten sich mit meiner Sache solidarisch, baten mich, die Hoffnung nicht aufzugeben, und erklärten ihren Glauben an meine Unschuld.*

*Ich bin bei guter Gesundheit und hoffe, daß dies auch bei Dir der Fall ist; ich verstehe sehr wohl, daß dieses Ereignis in meinem Leben für Dich äußerst schmerzlich sein muß, da Du nicht so an Unglück gewöhnt bist wie ich. Es wäre jedoch unvernünftig, an diesem Punkt mutlos zu werden.*

Vanzetti hatte diesen Brief an seinen Vater in Italien in seiner engen Zelle im Charlestown-Gefängnis geschrieben, wo er zunächst seine Strafe für den ihm angelasteten Raubversuch verbüßte. Das Gefängnis war eine triste Backsteinburg, eine abgeschlossene Welt, geradezu militärisch geführt. In den Gesichtern der Männer, die dazu verurteilt waren, hier Jahre ihres Lebens zu verbringen, lagen Aggression und Hoffnungslosigkeit. Vanzetti wurde von den Mitgefangenen nicht besonders beachtet. Er war einer unter vielen. Ein *wop*, wie Amerikaner italienische Einwanderer verächtlich nannten, nicht mehr.

Felicanis Propagandabemühungen hatten mittlerweile Erfolg gehabt, und Vanzetti war gegenüber den anderen Gefangenen geradezu privilegiert. Er bekam viele Briefe, kleine Geschenke und Blumen; auch über mangelnden Besuch konnte er sich nicht beklagen. Das stärkte sein Gefühl, nicht verloren zu sein. Sein Kampf schien ihm als der Kampf vieler, sich für die Rechte von Ausländern und politisch Andersdenkenden einzusetzen. Außerhalb der Mauern gab es Menschen, die sich um sein und um Saccos Schicksal kümmerten, und das beruhigte ihn.

Moore hatte Felicani damit beauftragt, das Verteidigungskomitee wirksam zu organisieren und zu diesem Zweck auch ein Büro anzumieten. Felicani erinnerte sich an Räume, die unterhalb der Redaktion seiner Zeitung *La Notizia* leerstanden, und konnte den Besitzer zu einer Vermietung bewegen. Dort, in Battery Place 32, eröffnete das Komitee sein erstes Büro. Die Vorbereitungen für den zweiten Prozeß sollten die Neuauflage eines Verfahrens wie in Plymouth unmöglich machen. Diesmal sollte aller Welt vor Augen geführt werden, daß es sich um einen politischen Prozeß handelte. Hier wurden zwei Männer vor Gericht gestellt, weil sie Italiener, Ausländer und Anarchisten waren, und dieses schmutzige Geschäft sollte die amerikanische Justiz nicht im Verborgenen betreiben können.

In einem ersten Flugblatt der Komiteemitglieder, das als Überschrift den Titel *An alle Menschen guten Willens* trug und in italienischer Sprache abgefaßt war, hieß es:

*Zwei unserer guten Freunde und Kameraden sind in eine jener tragischen Verschwörungen der Justiz verwickelt, in der Unschuld in Schuld umgemünzt wird und die Ehrlichkeit eine Maske ist, unter der die gemeinsten Schurken daherkommen.*

*In einem Land, in dem subversive Ideen mit ähnlicher Wut verfolgt werden wie Ketzer ehemals durch die Inquisition, sind Anarchisten vogelfrei. Wir sind davon überzeugt, daß der Versuch unternommen wird, durch den Prozeß gegen Sacco und Vanzetti alle nicht-konformen Elemente und ihre von den Normen abweichenden Gedanken zu treffen.*

*Ein Schuldspruch würde besagen, daß jene, die Freiheit lieben, gemeine Verbrecher sind und daß ihre Ideen sich nicht mit den Grundrechten in Einklang bringen lassen.*

*Uns steht eine ernste, eine schreckliche Bewährungsprobe bevor.*

Moore und Felicani kümmerten sich um Organisation, Agitation und Propaganda. Ihre Gegner waren dieselben geblieben: Distriktstaatsanwalt Katzmann und Richter Thayer.

Katzmann hatte in den Reihen der Justiz nach dem ersten Urteil seinen Ruf als brillanter Ankläger gefestigt. Doch Plymouth war für ihn nichts als ein Prolog für den eigentlichen Prozeß, den Prozeß gegen Sacco und Vanzetti als Raubmörder von South Braintree. Die Verurteilung Vanzettis garantierte Katzmann, daß Sacco und Vanzetti auch in Dedham, wo die neue Verhandlung stattfinden sollte, keinen vorurteilsfreien und fairen Prozeß erhalten würden.

Katzmann hatte erste Vorbereitungen dazu bereits getroffen. Er entzog Captain William H. Proctor die Zuständigkeit für die Untersuchung des Verbrechens von South Braintree, weil dieser verschiedentlich die Beteiligung von Sacco und Vanzetti in Frage gestellt hatte. Statt dessen beauftragte er mit den Untersuchungen Polizeileiter Michael E. Stewart, der schon kurz nach der Tat bemerkt hatte, daß »die Männer, die diese Sache getan haben, keinen Gott kennen«. Stewart hatte damals die Verhaftung von Sacco und Vanzetti organisiert, und er war noch immer von ihrer Schuld überzeugt.

Für Katzmann war er der ideale Mann. Am 11. September 1920 wurden Sacco und Vanzetti angeklagt, den Raubmord von South Braintree verübt zu haben. Richter Thayer, dessen richterliche Dienste ebenso wieder gefragt waren, hatte Anträge auf getrennte Verfahren für die beiden Angeklagten abgelehnt – ganz im Sinne Katzmanns, der in dem gemeinsamen Verfahren eine Möglichkeit sah, daß das Urteil von Plymouth auch auf Sacco abfärbte.

Das war auch Felicani und Moore bewußt, die ihre ganze Kraft darauf verwendeten, die Absichten Katzmanns zu vereiteln. Dazu gehörte, das Schicksal der beiden Männer und die Hintergründe des Verbrechens, dessen man sie angeklagt hatte, noch bekannter zu machen. Anfangs baten sie naheliegende Kreise um Unterstützung ihrer Kampagne: italienische Landsleute, Radikale und Gewerkschafter. Tatsache aber war, daß in dieser Zeit, in der sich noch immer viele Amerikaner vor einer »roten Revolution« ängstigten, all jene als undankbares Gesindel galten, die sich für Sacco und Vanzetti öffentlich einsetzten. Überdies waren sie nicht bereit, von ausländischen und radikalen Personen ihr Rechtswesen kritisieren zu lassen.

Moore erkannte das. Notwendig war, um Unterstützung nicht nur in radikalen Kreisen zu werben, die gleichsam selbst zu Verdammten abgestempelt wurden, sondern vor allem bei jenen, die das liberale amerikanische Bürgertum repräsentierten. Felicani sagte später einmal: »Durch Moore haben wir Leute erreicht, die wir sonst niemals hätten gewinnen können.«

Doch es gab auch Kritiker Moores. Sie warfen dem Anwalt vor, sich zu sehr auf die Darstellung des Falles in der Öffentlichkeit zu konzentrieren, den bevorstehenden Kampf im Gerichtssaal aber zu vernachlässigen. Vielleicht glaubte Moore, mit Unterstützung liberal gesinnter Zeitungen amerikanische Bürger für das Schicksal der Angeklagten gewinnen zu können. Aber, so argumentierten die kritischen Stimmen im Verteidigungskomitee, zunächst mußte es allein darum gehen, die zwölf Geschworenen zu gewinnen.

Tatsächlich erwies sich Moore in den kommenden Wochen als durchaus problematischer Anwalt, nicht nur in den Augen wohlwollender Komiteemitglieder, sondern auch in denen von Nicola Sacco, dem das geschäftige und sonderbare Benehmen seines Anwalts vom ersten Treffen an nicht gefiel. Sacco, der menschliche Zuneigung und persönliche Kontakte allgemeiner Bewunderung immer vorgezogen hatte, war in den öffentlichen Kampagnen von Felicani und Moore immer im Hintergrund geblieben. Manchmal hatte es den Eindruck, als ob Vanzetti diese Tragödie allein tragen würde. Das lag weniger an Vanzetti, der zwar ein offeneres und kämpferischeres Naturell besaß als Sacco, sich aber keineswegs in den Vordergrund schob, als an der Mehrzahl der Mitglieder des Verteidigungskomitees, des Defense Committee. Nicht Propagandafigur für Ideologien wollte Sacco sein, sondern er wünschte bloß, daß der Prozeß nun endlich vorüber wäre, damit er entweder zu seiner Frau oder zum Henker gehen könnte.

Doch Moore und Felicani dachten nicht an den Henker, sondern an Freispruch und waren überzeugt davon, daß ihre Strategie die richtige war. Die Stimmen der Skeptiker aber waren unüberhörbar. Besonders die Persönlichkeit Moores erregte Widerspruch.

Wie, so fragten kritische Gesinnungsgenossen, will ein Anwalt einen Prozeß gewinnen, der durch sein absonderliches Benehmen Gerichtsverhandlungen schon bis an den Rand des Abbruchs gebracht hatte? Was, so fragten sie weiter, ist an den Gerüchten, Moore sei drogenabhängig oder ein todkranker Mann? Ist dies der richtige Anwalt für solch einen Prozeß? Wäre es nicht fairer, sich seinen Mandanten und den Mitgliedern des Komitees anzuvertrauen, als seine Probleme zu vertuschen?

Noch hörte jedoch keiner auf die warnenden Stimmen, vor allem Felicani nicht. Zwar hatte auch er in den zurückliegenden Wochen manche ernüchternde Erfahrung mit Moore machen müssen, vor allem jene, daß dieser sich selten an Vereinbarungen hielt. Nur wenn es darum ging, sein Honorar von wöchentlich 150 Dollar einzutreiben, schien sich Moore an seinen Verteidiger-Auftrag zu erinnern.

Von Felicani auf den immer näher rückenden Prozeßtermin angesprochen, sagte Moore, er werde den Fall schon noch gewissenhaft vorbereiten und zu gegebener Zeit zur Wahrnehmung der vielfältigen Verfahrensarbeit noch weitere, ortsansässige Anwälte engagieren.

Tatsächlich aber wartete er bis zum letztmöglichen Zeitpunkt, ehe er sich nach Anwälten für den bevorstehenden Prozeß umschaute. Schließlich wandte er sich an die Kanzlei McAnarney in Quincy, die von den drei Brüdern John, Thomas und Jeremiah McAnarney erfolgreich geführt wurde. Jahre später erinnerte sich John McAnarney an die ersten Kontakte:

*Mr. Moore erschien in unserer Kanzlei und erklärte, einer der Richter am Obergericht habe ihm geraten nachzufragen, ob er die Brüder McAnarney für die Verteidigung der beiden Angeklagten gewinnen könne. Ich hatte die Geschichte gehört und sagte ihm, daß ich wegen anderer dringender Arbeiten den Fall nicht persönlich übernehmen könne, wohl aber, wenn er einverstanden wäre, mein Bruder J. J. [Jeremiah] McAnarney, der einer der Prozeßanwälte in Norfolk County sei und den Fall zweifellos übernehmen würde... und daß T. F. [Thomas]... aushelfen würde... Aber vorerst wollte ich wegen der Art des Verbrechens noch selber einiges in bezug auf die Unschuld oder Schuld dieser Männer ermitteln. Das führte dazu, daß ich nach Dedham fuhr, das heißt, ich und meine Brüder. Ich sprach einen ganzen Nachmittag lang mit Sacco und seiner Frau; ich glaube, damals verbüßte Vanzetti gerade seine fünfzehnjährige Haftstrafe in Charlestown. Erst später hatte ich auch mit ihm ein Gespräch.*

*Ich habe Sacco genau überprüft und ihn allen nur erdenklichen Tests unterworfen... Ich ging mit Moore hinaus und sprach mehr als eine Stunde lang mit ihm. Ich wollte herausfinden, ob er mir in bezug auf die Schuld oder Unschuld dieser Männer etwas verheimlichte. Aufgrund meiner Besprechung mit Sacco und Moore kam ich zu dem Schluß, daß Sacco unschuldig sei. Ich sagte zu meinen Brüdern, sie sollten sich nach bestem Können einsetzen, um für ihn einen Freispruch zu erwirken, sie könnten dies mit reinem Gewissen tun. Ich wohne in Quincy, und das Verbrechen war in South Braintree geschehen. Es war ein schreckliches Verbrechen; ich wollte nichts damit zu tun haben und auch meine Kanzlei nicht damit befassen, die Täter ihrer gerechten Strafe zu entziehen, aber falls Sacco und Vanzetti nicht die Schuldigen waren, dann wollte ich sie freibekommen.*

Jeremiah und Thomas McAnarney wurden schließlich offiziell die Verteidiger Vanzettis, doch auch ihr Bruder John arbeitete an dem Fall mit. Moore übernahm Saccos Verteidigung.

Felicani und die übrigen Komiteemitglieder buchten die Aufteilung als ersten strategischen Erfolg, denn mit diesem Verfahrenstrick hatte jeder der Anwälte das Recht, vor den Geschworenen zu plädieren und Zeugen ins Kreuzverhör zu nehmen. Tatsächlich arbeiteten jedoch alle drei Anwälte für beide Angeklagten, freilich unter der Federführung von Moore, der den Fall nach wie vor als seinen Fall betrachtete.

Während dieser Zeit dachte Richter Thayer darüber nach, ob er Moore überhaupt als Verteidiger zulassen sollte, weil dieser nicht der Anwaltskammer von Massachusetts angehörte. Es gab nicht wenige, die eine Ablehnung erwarteten, nicht zuletzt wegen Moores lautstarker Propaganda gegen die Justizbehörden und seiner Mitwirkung in der Komitee-Arbeit. Doch Thayer faßte den Beschluß, Moore zuzulassen, worin Vanzetti und Felicani einen weiteren Teilerfolg sahen.

Nicht aber Sacco. Ihn, der Moore nie mit seiner Verteidigung beauftragt hatte, befielen Zweifel, ob dieser Mann in dem Prozeß nicht eine Belastung bedeutete. Moore war in seinen Augen ein egoistischer Selbstdarsteller, der ihren Fall nutzte, um seine eigene Bedeutung zu steigern. Am liebsten hätte Sacco auch jetzt noch auf dessen Verteidigungsdienste verzichtet, aber der Druck des Komitees auf ihn war zu groß. Felicani und die meisten der Mitglieder waren von Moores propagandistischen Fähigkeiten derart begeistert, daß es für sie außer Frage stand, ob er der richtige Verteidiger für ihre Gesinnungsgenossen sei. Sacco und seine Frau Rosina, die sogar aus Verzweiflung geweint hatte, als sie erfuhr, Thayer habe Moore für die Verteidigung zugelassen, fügten sich ihrem Schicksal. Sacco aber hatte nun einen Anwalt, den er nicht wollte, einen Anwalt, der schon in den kommenden Wochen so viel Schaden anrichten sollte, daß der Prozeß wahrscheinlich schon verloren war, ehe er überhaupt begann. Moore brannte so sehr darauf, Richter Thayer und Staatsanwalt Katzmann eine Niederlage zu bereiten, daß er häufig vergaß, wie schwach seine Position eigentlich war.

Beispielhaft ist der Fall der Gerichtsdolmetscherin Angelina De Falco, die am Landgericht von Norfolk beschäftigt war und wenige Wochen vor Prozeßbeginn in der Redaktion von *La Notizia* auftauchte, um Felicani ein ungewöhnliches Geschäft anzubieten. Frau De Falco sagte zu Felicani, sie sei mit Distriktstaatsanwalt Katzmann gut befreundet und könne dafür sorgen, Sacco und Vanzetti freizukaufen. Das Komitee müsse nur genügend Geld zahlen, dann könnten der Distriktstaatsanwalt, seine Stellvertreter sowie der Obmann der Geschworenen bestochen werden. Sacco und Vanzetti würden dann nach einem Scheinprozeß freigesprochen. Als Gegenleistung nannte sie die Summe von vierzigtausend Dollar. Außerdem forderte Frau De Falco, das Komitee müsse sich einverstanden erklären, zwei andere Anwälte beizuziehen, darunter Percy Katzmann, den Bruder des Distriktstaatsanwaltes. Dieser würde deshalb zurücktreten und den Fall seinem Stellvertreter übergeben.

Als Felicani davon Moore und weiteren Komiteemitgliedern erzählte, drängte Moore, zum Schein darauf einzugehen. Felicani schlug daher Frau De Falco vor, sich mit ihm einige Tage später in seinem Büro zu treffen, um die genauen Bedingungen zu besprechen. Nachdem sie zugestimmt hatte, wurde in den Räumen von *La Notizia* eine primitive Abhöranlage installiert. Alles, was Frau De Falco sagen würde, sollte so aufgezeichnet werden.

Schließlich trafen dort an einem Morgen Frau De Falco, Felicani und weitere vier Mitglieder des Komitees zusammen. Doch das dilettantisch installierte Abhörgerät versagte seinen Dienst. Felicani protokollierte die Bedingungen: Ein Freispruch kostete vierzigtausend Dollar, fünftausend Dollar sollten sofort angezahlt werden; das Komitee hätte den Sommer über Zeit, den Rest des Geldes zu beschaffen.

Angesichts dieser Angebote beschloß Moore, an die Öffentlichkeit zu gehen, um die Korruptheit der Justiz anzuprangern. Er erstattete Anzeige gegen Frau De Falco und verschaffte sich die Genehmigung, den Fall selber zu vertreten.

Obwohl Frau De Falco bislang keinen Dollar erhalten hatte, wurde sie angeklagt, sie habe versucht, Rechtsgeschäfte zu tätigen, ohne Mitglied der Anwaltskammer zu sein. Im Verfahren zeigte sich rasch, daß Moores Strategie, damit die Glaubwürdigkeit von Katzmann und dem Geschworenen-Obmann erschüttern zu können, voreilig, ja geradezu töricht war.

Als Richter Michael Murray Frau De Falco nämlich fragte, von wem das Angebot ausgegangen sei, erwiderte sie, das Verteidigungskomitee sei an sie herangetreten und nicht umgekehrt. Der Anwalt Percy Katzmann erklärte, mit Frau De Falco nie über eine mögliche Rolle als Verteidiger im Sacco-und-Vanzetti-Prozeß gesprochen zu haben. Sein Bruder, Distriktstaatsanwalt Frederick Katzmann, gab zu Protokoll, vor ihrer Verhaftung noch nie etwas von einer Frau De Falco gehört zu haben.

Richter Murray entlastete schließlich die Zeugen, bezeichnete Frau De Falco als »unvorsichtig und unruhig« und rügte sie, als Gerichtsdolmetscherin so leichtfertig gehandelt zu haben. Einen Schuldspruch wollte er jedoch nicht fällen; vielmehr kritisierte er jene, die »ohne Ursache ... das öffentliche Vertrauen in jene schmälerten, die mit unserer Rechtspflege betraut sind«, und bezeichnete den Versuch, den Distriktstaatsanwalt Katzmann öffentlich zu diskreditieren, als »verwerflich«.

Es war klar, wer mit »jenen« gemeint war: die Mitglieder des Verteidigungskomitees, allen voran Anwalt Fred Moore. Er hatte die Justiz von Massachusetts der Bestechlichkeit angeprangert, er hatte Katzmann beschuldigt, dieser habe sich über Mittelsmänner angeboten, für Geld den Fall zu bereinigen.

Jetzt, nachdem die Anschuldigungen als abenteuerlicher Fehlschritt einer kleinen Gerichtsdolmetscherin aufgeklärt waren, die leichtfertig auf das durchsichtige Angebot von Komiteemitgliedern eingegangen war, durch Scheinangebote die Justiz der Käuflichkeit zu überführen, mußte der Öffentlichkeit alles als eine Tat von Männern erscheinen, die selbst vor den verwerflichsten Methoden nicht zurückschreckten.

Moore hätte seinen Mandanten mit der De-Falco-Anklage keinen guten Dienst erwiesen. Katzmann mußte ihre Verurteilung jetzt allein schon deshalb erreichen, um zu beweisen, daß ein Mann wie er nicht käuflich sei. Schließlich bewirkten Moores unbewiesene Behauptungen nicht den beabsichtigten öffentlichen Skandal, sondern hatten zur Folge, daß sich die Justiz von Massachusetts gegen diese von außen kommenden Agitatoren vereinigte. Moore hatte einen entscheidenden Fehler begangen: Er hatte zu hoch gepokert. Die Verlierer aber waren Sacco und Vanzetti.

In einem Brief an seinen Vater, datiert vom 30. Januar 1921, schilderte Vanzetti seine Situation noch hoffnungsvoll:

*Ich habe Dir nichts Besonderes zu berichten, aber ich schreibe diesen Brief, um mit Dir einige Worte zu wechseln, Dir von meinem ausgezeichneten Gesundheitszustand zu berichten sowie von der guten Verfassung, in der ich mich befinde. Ich hoffe, daß dies auch bei Dir, bei meinen Schwestern und bei Ettore der Fall ist. Ich bitte Dich, Dein Äußerstes zu tun, um ebenfalls guten Mutes und bei guter Gesundheit zu bleiben. Auch schreibe ich, weil ich weiß, daß meine Briefe stets willkommen sind und Du begierig darauf wartest. Heute ist der Himmel grau und bewölkt. In meiner Zelle ist es dunkel, so daß ich nicht lesen will, um mein Augenlicht zu schonen. Deshalb ging ich heute morgen zum katholischen und zum protestantischen Gottesdienst. Ich gehe hin, weil ich gern die Musik und den Gesang höre, die von Häftlingen dargeboten werden, und auch, damit ich die elf Stufen, die zur Kirche führen, hinauf- und hinuntersteigen kann, eine Übung, die angenehm und gut für meine Gesundheit ist.*

*Nach der letzten Messe durften wir eine Stunde lang in den Hof, und wir durften auch miteinander sprechen. Dann gab es Mittagessen, es war ausgezeichnet. Bald werde ich ins Theater gehen. Ich weiß nicht, ob es einen Film geben wird oder Musik und Gesang. Jedenfalls werde ich dort zwei unterhaltsame Stunden verbringen. Nach dem Abendessen werde ich ein wenig Englisch und Arithmetik lernen sowie einige Seiten in einem guten Buch lesen. Nach einigen Turnübungen werde ich zu Bett gehen. So verbringe ich den Sonntag im Gefängnis, wenn es bewölkt ist. Wenn die Sonne in meine Zelle scheint, verbringe ich nur wenig Zeit in der*

*Kirche und lese statt dessen. Was die Prozesse betrifft, so entwickeln sich die Dinge von Tag zu Tag besser.*

*Wir sind sicher, daß ich in bezug auf die erste Anklage ein Wiederaufnahmeverfahren bekommen werde und daß man mich nach menschlichem Ermessen unmöglich schuldig sprechen kann.*

*Im Zusammenhang mit dem anstehenden Prozeß verfüge ich über unwiderstehliche Beweise meiner Unschuld. Meine Verteidigung liegt nicht mehr in den Händen von ... Komplizen des Staatsanwaltes, sondern in denen von fähigen und ehrlichen Männern. Nunmehr sind die Zeitungen ... im Namen der Wahrheit genötigt, zu unseren Gunsten zu schreiben. Erst vor wenigen Tagen wurde Mr. Palmer, der Chef der Bundesbullen, von Kongreßmitgliedern öffentlich angegriffen ... Sie beschuldigten ihn, mit seiner Vorgangsweise gegen die Roten das Gesetz mit Füßen zu treten ...*

*Und wenn das nicht genügt, so gibt es einen weiteren Skandal, der gerade ans Licht kommt. Mein Anwalt hat eben eine Italienerin verhaften lassen. Die arbeitete als Dolmetscherin in jenem Gericht, in dem gegen mich verhandelt wurde. Sie verlangte von dem für Sacco und mich tätigen Verteidigungskomitee 50000 Dollar [sic]. Sie sagte, das Geld würde dazu benutzt werden, um unsere alten Anwälte loszuwerden und den Bruder des Staatsanwaltes ... für unsere Verteidigung ... zu engagieren.*

*Was für ein Schweinestall! Was für ein Hohn auf die Gerechtigkeit! Was für Hunde!*

Die Zeit zwischen der Niederschrift des Briefes und dem Prozeßbeginn entwickelte sich jedoch keineswegs von Woche zu Woche besser, im Gegenteil: Katzmann mußte seinen Ruf aufpolieren; Richter Thayer mußte erneut die Republik vor Anarchisten retten. Keine guten Aussichten.

Am 24. Mai 1921 schrieb Vanzetti an seinen Vater:

*Nächste Woche, am 31. Mai, wird mein zweiter Prozeß beginnen ...*

*Zweck dieses Briefes ist es, noch einmal meine Unschuld zu erklären und Dir mitzuteilen, daß ich einen guten Anwalt habe, der mich unterstützt. Ich werde auch von einer ganzen Reihe großherziger Seelen unterstützt, die mich nie fallengelassen haben und dies niemals tun werden. Ferner schreibe ich Dir, um Dir mitzuteilen, daß ich bei guter physischer wie auch geistiger Gesundheit bin. Wenn Du diesen Brief erhältst, wird der Prozeß wahrscheinlich schon vorbei sein; wir wollen hoffen, daß ich für unschuldig befunden werde. Du hast keine Ahnung vom derzeitigen Zustand dieser Nation. Es ist nicht mehr das Amerika, das ... Deine Bewunderung hervorgerufen hat. Jedenfalls ist die Welt nicht mehr so, wie sie früher einmal war. Wir leben in einer traurigen Zeit. Es ist eine Zeit voller Korruption, eine Zeit, in der die Macht verzweifelt angegriffen wird und sich verzweifelt wehrt. Es kann nichts mehr so außergewöhnlich sein, daß es noch überraschen könnte. Es ist möglich, daß ich trotz meiner Unschuld ein zweites Mal schuldig gesprochen werde.*

*Aber bei Gott, dieser Fehler wird nicht von Dauer sein. Die Zeit ist edel und wird uns recht geben.*

*Siebtes Kapitel*

# Im Käfig von Dedham

Abseits vom hastenden Leben Bostons, fernab vom stickigen Rauch und Schmutz der düsteren Industrieviertel lag Dedham. Hier draußen, wo wohlhabende Bürger und kleine Farmer New Englands ihre ruhige, kleinbürgerliche Idylle pflegten, begann am 31. Mai 1921 der Prozeß gegen Sacco und Vanzetti.

Die Vorstellung, daß in ihrer wohlgeordneten Kleinstadtwelt über Wochen hinweg gegen zwei italienische Radikale ein Mordprozeß stattfinden sollte, versetzte die Nachfahren der Pilgerväter regelrecht in Panik. Sie, die jeden haßten, der anders als sie war, fühlten sich von den Angeklagten und ihren ausländischen Gesinnungsgenossen geradezu bedroht. Rassismus war nicht nur ein besonders häßlicher Zug ihres nationalistischen Charakters, sondern eines seiner wesentlichen Merkmale. So fühlten sie, die arbeitsamen, wohlanständigen und gottesfürchtigen Dedhamer Bürger, die ihr Weltbild nur aus zwei Schriften bezogen: der Bibel und der Unabhängigkeitserklärung. Ihre Furcht, von radikalen Gesinnungsgenossen Saccos und Vanzettis heimgesucht zu werden, entwickelte sich zur kollektiven Hysterie.

Sicher, Staatstruppen und ein starkes Aufgebot der Stadtpolizei bewachten alle Eingänge zum Gerichtsgebäude, und die Heimatzeitung hatte ihre besorgten Leser gar mit der Mitteilung zu beruhigen versucht, die beiden angeklagten Gewalttäter seien während des Prozesses in einem eigens zur Sicherheit aller Dedhamer Bürger gebauten Stahlkäfig eingeschlossen. Zudem, so schrieb das Blatt, säßen uniformierte Beamte reihenweise im Gerichtssaal, um jede mögliche Störung im Keim zu ersticken. Dennoch kursierte die Angst, eine Bande der »Schwarzen Hand« oder zu allem entschlossene »Bolschewisten« könnten das Gerichtsgebäude stürmen und die beiden Angeklagten aus den Händen des Gesetzes befreien.

Bei den beiden Männern handelte es sich schließlich nicht um Kirchendiebe, sondern – so hatten die Bürger gehört – um zwei düstere Gestalten mit italienischen Namen, die des gemeinsamen Raubmordes angeklagt waren. Einer der beiden war bereits wegen Beteiligung an einem Raubüberfall in Bridgewater zu einer hohen Gefängnisstrafe verurteilt worden – auch das hatte in den Zeitungen gestanden. Außerdem gehörten die Angeklagten radikalen Kreisen an; ein Verteidigungskomitee hatte sie gar als »aufrechte Kämpfer« bezeichnet und für ihren Freispruch geworben. Kurzum: Hinter den beiden wegen Raubmordes angeklagten Männern standen nicht wenige dieser radikalen Emigranten und politischen Agitatoren, denen nichts heilig war – vor allem nicht die Freiheit dieses Landes. Es ging um ihr Land, um ihre Freiheit, so glaubten die Menschen in Dedham.

Die Angst vor möglichen Befreiungsaktionen und Anschlägen erfaßte nicht nur brave Bürger, die um ihr geordnetes Dasein bangten, sondern auch die Geschworenen-Kandidaten. Von den fünfhundert vorgeschlagenen hatten sich nur sieben bereit gefunden, als Geschworene im Prozeß aufzutreten. Die anderen fürchteten die Rache »der Roten« und wollten nicht in die Sache hineingezogen werden. Meistens hatten sie mit der Ausrede abgelehnt, sie seien Gegner der Todesstrafe und müßten im Falle eines Schuldspruchs gegen ihr Gewissen entscheiden. Bei solchen Argumenten schäumte Richter Thayer vor Wut: »Was«, donnerte er, »die wollen ihre persönliche Meinung der altbewährten Überzeugung des Staates Massachusetts entgegenstellen?«

Um die noch notwendigen weiteren fünf Geschworenen zu bekommen, erhielt die Polizei den Befehl, »geachtete und ehrenwerte Bürger« aus dem Lande aufzufordern, ihrer »patriotischen Pflicht als Geschworene« nachzukommen. Schließlich brachte man genügend »geachtete Bürger« aus den Logen der Freimaurer und anderer konservativer, ja reaktionärer Organisationen zusammen, aus denen die ausstehenden fünf rasch rekrutiert wurden.

Da in Massachusetts allein der Richter das Recht hat, die Geschworenen zu befragen, hatte der Vorschlag des Rechtsanwalts Fred Moore, man solle den Geschworenen die Frage stellen, ob sie Mitglieder geheimer Organisationen und Gegner der Gewerkschaften wären, keinerlei Aussicht auf Erfolg. Richter Thayer wies den Vorschlag mit der Bemerkung ab, solche Fragen seien »ohne jede Beziehung zu der vorliegenden Sache«.

Da nutzte es der Verteidigung kaum, daß sie ihr Recht auf Ablehnung von Geschworenen bis zur äußersten Grenze ausschöpfte. Es war, als ob man Erbsen aus derselben Schote auswählen sollte. Die Männer, die über die beiden Angeklagten Recht sprechen sollten, waren sich alle gleich: Sie repräsentierten das saubere, gottgewollte Amerika, sie fühlten sich als die legitimen Nachfahren der Pilgerväter. Als Obmann wählten die elf Geschworenen Walter Ripley, einen älteren Herrn, ehemals Chef der Polizei in Quincy. Wie es um dessen Rechtsbewußtsein bestellt war, belegen zwei Aussagen, die nach Ende des Prozesses bekannt wurden.

So sollte ein italienischer Polizist zu Protokoll geben, daß Ripley *sehr stark gegen Italiener voreingenommen war; er hatte eine starke Abneigung gegen Italiener und sprach sie auch niemals als Italiener an, sondern immer nur mit »dago« oder ähnlichen Schimpfnamen ... Er sagte stets, wenn er die Macht dazu hätte, würde er sie aus dem Land fernhalten.*

Und ein Bauunternehmer namens William H. Daly, der Ripley seit mehr als dreißig Jahren kannte, sollte später in einer eidesstattlichen Erklärung versichern, er habe Ripley gegenüber die Meinung geäußert, daß die beiden Italiener unschuldig seien. Ripley habe entrüstet geantwortet: »Zum Teufel mit ihnen, man sollte sie auf jeden Fall aufhängen.« Diese Äußerung habe Ripley gemacht, so Daly, als er sich auf dem Weg zur Geschworenenbank in Dedham befand.

Als er wenige Minuten danach die Geschworenen auf ihre Plätze führte, blieb Ripley in theatralischer Weise vor der amerikanischen Flagge, die in der Nähe von Thayers Richterstuhl aufgestellt war, stehen, richtete sich in seiner ganzen

Größe auf und salutierte militärisch vor dem Sternenbanner. Das war die Ouvertüre. Der Prozeß konnte beginnen.

Angeklagt waren diesmal Bartolomeo Vanzetti und Nicola Sacco wegen Raubmordes und Mordes an dem Lohnbuchhalter Frederick A. Parmenter und dessen Leibwächter Alessandro Berardelli. Der Indizienbeweis, mit dem die Anklage eine Verurteilung herbeiführen wollte, war für beide Angeklagten derselbe. Er beruhte auf der Behauptung, daß Sacco und Vanzetti sich nach ihrer Verhaftung durch ihr »schlechtes Gewissen« verraten hätten. Beide hätten sich in zahlreiche Lügen und Schutzbehauptungen verstrickt. Das direkte Beweismaterial – die Identifizierung durch Augenzeugen und die Aussagen von Ballistikexperten über den Revolver – war für beide Angeklagten verschieden, sowohl bezüglich der Art wie der Schwere der Schuldvorwürfe.

Wieder vertrat Katzmann die Anklage, diesmal unterstützt von Harold P. Williams, seinem Stellvertreter, sowie den Assistenten William F. Kane und George E. Adams. Das Verfahren leitete abermals Richter Webster Thayer, der schon deshalb hätte für befangen erklärt werden müssen, weil er bereits Vanzetti in Plymouth verurteilt hatte. Als Verteidiger traten Fred Moore und William J. Callahan für Sacco sowie Jeremiah und Thomas McAnarney für Vanzetti auf.

Als sich die Seitentür des Gerichtssaales öffnete, kam Bewegung ins Publikum. Mehrere Polizisten voran, wurden Sacco und Vanzetti hereingeführt. Mit Handschellen waren sie jeweils an die Handgelenke ihrer Aufseher gefesselt, links und rechts. Den Stahlkäfig, der inmitten des Saales installiert worden war, bewachten zusätzlich Kriminalbeamte. Die schweren Gittertüren wurden geöffnet – es war, als gelte es, zwei gefährliche Raubtiere einzusperren. Viermal am Tage, sieben Wochen lang, sollten Sacco und Vanzetti gefesselt und unter schwerer Bewachung dieses erniedrigende Ritual über sich ergehen lassen müssen.

Schon am ersten Verhandlungstag hatten die absurden Sicherheitsvorkehrungen ihren eigentlichen – psychologischen – Sinn erfüllt: Die Geschworenen sahen in ihnen die Vorsorge vor zwei gefährlichen Gewalttätern, und genau das bezweckten Richter Thayer und Staatsanwalt Katzmann damit. Hinzu kam, daß Vanzetti ohnehin als Vorbestrafter vor den Geschworenen stand. Man kam zwar überein, diese Tatsache außer acht zu lassen, aber die Anklage ließ sich dafür einen teuren Preis zahlen: Es sollte kein Charakterzeugnis über Vanzetti aus der Zeit vor seiner Verhaftung gegeben werden. Was übrig blieb, war daher eine Karikatur von Vanzetti, einem Mann, der scheinbar außer Politik und Agitation nichts im Kopf hatte, der weder Frau noch Kind hatte und sein Privatleben ganz seinen »revolutionären Ideen« opferte. So mußte Vanzetti auf die Geschworenen wirken. Freilich, daß er in Plymouth bereits verurteilt worden war, das wußten sie aus den Zeitungen, und deshalb betrachteten sie ihn selbstverständlich als einen Mann »mit Vorstrafen«. Und weil sie gemeinsam vor Gericht standen, wirkte sich diese Verurteilung mit gleicher Stärke auch gegen Sacco aus. Da sie in denselben Prozeß verwickelt waren, hatte ohnehin jeder von beiden nicht nur die gegen ihn gerichteten Aussagen zu tragen, sondern auch das Gewicht der Aussagen, die gegen den anderen gemacht wurden.

Deutlich wurde dies mit Beginn des sechsten Verhandlungstages, als Richter Thayer, der noch fahler, noch verkniffener als sonst wirkte, dem ersten Zeugen der Anklage das Wort erteilte. Worum es in den kommenden Tagen einzig und allein gehen sollte, war die Identifizierung der Täter, war die Frage: Sind Sacco und Vanzetti identisch mit einem der Männer, die Parmenter und Berardelli erschossen haben, oder sind sie es nicht? Die Theorie von Katzmann war, daß Sacco geschossen hatte, während Vanzetti als Mittäter beim Raubmord von South Braintree im Auto saß.

Insgesamt 55 Augenzeugen benannte die Anklage, welche die beiden Italiener am Morgen des 15. April erkannt haben wollten. Katzmann versuchte zu beweisen, daß Sacco dabei beobachtet worden war, wie er Berardelli niederschoß, und daß man ihn und Vanzetti im abfahrenden Auto erkannt hatte. Selbstverständlich wollte der Distriktstaatsanwalt auch nicht versäumen, auf das lügnerische Verhalten von Sacco und Vanzetti bei und nach ihrer Verhaftung hinzuweisen. Schließlich – und dies war sein letzter Trumpf – sollten auch die Waffen als Beweis dienen, die bei den beiden gefunden worden waren.

Katzmann rief zunächst 16 Zeugen auf, die Sacco als einen der Verbrecher identifizieren sollten – eine Tatsache, die die Verteidigung verwunderte, da Sacco anläßlich der ein Jahr zuvor in Quincy stattgefundenen Voruntersuchung von niemandem eindeutig identifiziert worden war.

Einer der Zeugen, Lewis L. Wade, hatte damals ausgesagt: »Ich möchte keinen Irrtum begehen. Das ist zu ernst ... Aber er sieht dem Mann ähnlich.«

Als Wade nun in Dedham von Katzmann in den Zeugenstand gebeten wurde, um Sacco zu identifizieren, zeigte er sich immer noch unschlüssig: »Nun, er ähnelt ihm, sieht irgendwie so aus«, sagte Wade zögernd. Von Katzmann aufgefordert, sich klarer auszudrücken, gab er zur Antwort: »Also, ich bin mir jetzt nicht mehr sicher. Ich habe Zweifel.«

Nun versuchte Thayer mit schneidender Stimme einen brauchbaren Zeugen aus Wade zu machen: »An was erinnern Sie sich am besten, wenn überhaupt – was können Sie eindeutig aussagen?«

Wade antwortete: »Was ich eindeutig aussagen kann, ist dies: Wenn ich einen Zweifel habe, dann heißt das, ich glaube nicht, daß er der Mann ist.«

Lewis Wade wurde danach rasch aus dem Zeugenstand entlassen. Katzmann war verärgert.

Der Zeuge Louis De Berardinis betrat anschließend den Saal. Er war es, der das Fluchtauto der Gangster an sich vorbeifahren gesehen hatte; einer der Räuber, der auf dem Vordersitz, hatte mit einer Pistole auf ihn gezielt. Als ihn Katzmanns Stellvertreter Williams aufforderte, diesen Mann zu beschreiben, gab De Berardinis zu Protokoll: »Er hatte ein längliches Gesicht, war blaß und trug helles Haar.« Williams schüttelte mißmutig den Kopf und machte seinen Zeugen darauf aufmerksam, daß er damals bei der Gegenüberstellung mit Sacco in der Polizeistation Brockton ausgesagt hätte: »Ich habe den Eindruck, daß der da es ist, der mit dem Revolver auf mich gezielt hat. Aber ich kann es nicht mit Bestimmtheit sagen.« De Berardinis widersprach: »Nein, ich habe schon damals gesagt, der Mann im Auto war blond, und Sacco ist

(1) *Nicola Sacco*

(2) *Bartolomeo Vanzetti*

(3) *Sacco und Vanzetti auf dem Weg zum Gerichtsgebäude, Boston, August 1927*

(4) *. . . und beim Verlassen des Gerichts unter strenger Bewachung*

(5) *Das Gefängnis von East Dedham, in dem Sacco und Vanzetti lange Jahre inhaftiert waren.* – Kleines Foto: *Richter Webster Thayer*

(6) *Sacco und Vanzetti im August 1927, kurz vor ihrer Hinrichtung*

(7) *Der Gouverneur von Massachusetts, Alvan T. Fuller, der das Gnadengesuch ablehnte*

(8) *Protestdemonstration für die Freilassung von Sacco und Vanzetti in New York, 8. Mai 1927*

(9) *Mitglieder des Unterstützungsausschusses für Sacco und Vanzetti bei einer Protestkundgebung gegen die Todesurteile, 8. August 1927 in Boston*

(10) *Weltweiter Protest nach den Todesurteilen: Anarchosyndikalisten in Berlin, August 1927*

(11) *Unruhen auf dem Boulevard Sebastopol in Paris nach Bekanntwerden der Hinrichtung von Sacco und Vanzetti*

(12) *Trauerzug durch die Straßen von Boston, 28. August 1927*

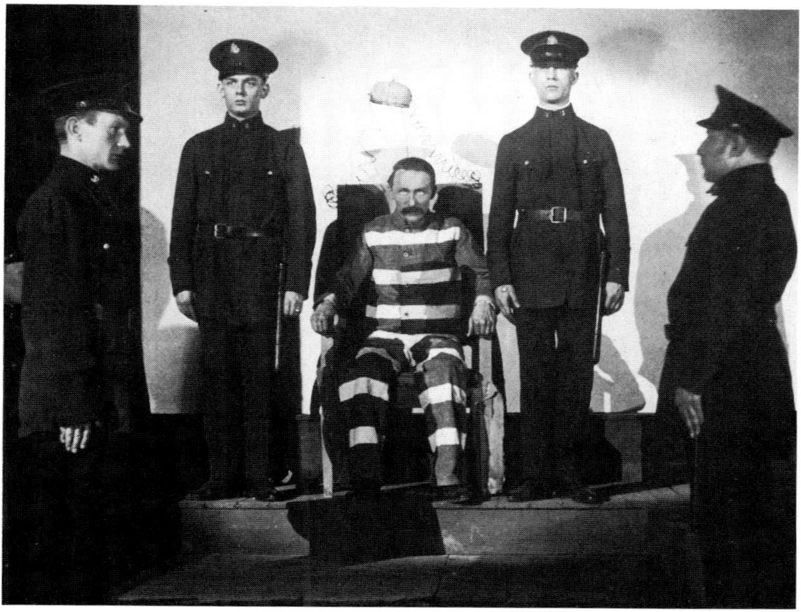

(13) *Szene aus der Uraufführung des Schauspiels „Sacco und Vanzetti"* *(„Staatsräson") von Erich Mühsam, Berlin, April 1929*

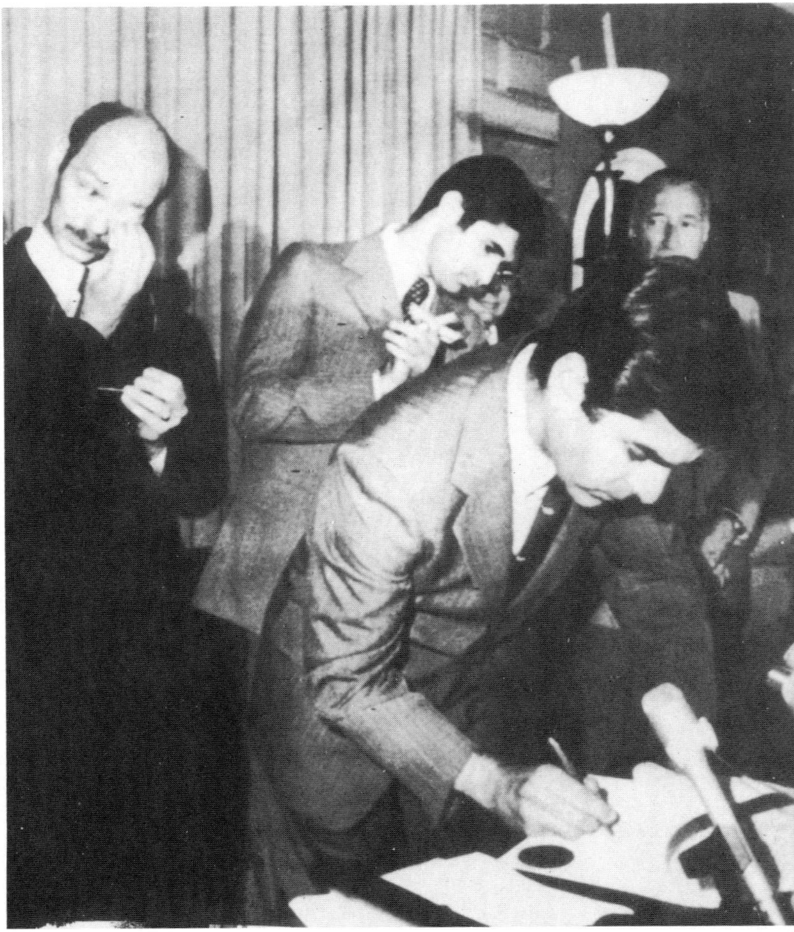

(14) *Fünfzig Jahre nach der Hinrichtung: Der Gouverneur von Massachusetts, Michael Dukakis, unterzeichnet am 19. Juli 1977 eine Erklärung, in der Sacco und Vanzetti teilweise rehabilitiert werden. Im Hintergrund der weinende Spencer Sacco, ein Enkel von Nicola Sacco*

dunkelhaarig.« Jetzt wurde Williams ungeduldig. »Ist es nun dieser Mann dort gewesen«, fragte er laut und deutete dabei auf Sacco, der das Verhör schweigend verfolgte, »oder ist er es nicht gewesen?« De Berardinis schaute für Sekunden hinüber zu dem vergitterten Stahlkäfig, dann wandte er sich Williams zu und antwortete zögernd: »Ich bin nicht sicher, daß es dieser Mann ist.«

Katzmann und sein Stellvertreter Williams hatten an diesem Verhandlungstag anfänglich wenig Glück mit ihren Zeugen. Weder Wade noch De Berardinis machten eindeutige Aussagen, die Sacco als einen der Banditen identifizierten. Das aber sollten die zwei nächsten Zeuginnen der Anklage, Mary E. Splain und Frances Devlin, nachholen. Beide hatten im zweiten Stock des Slater & Morrill-Fabrikgebäudes gearbeitet, als sie am Tage der Tat Schüsse hörten. Sie liefen ans Fenster und sahen einen Buick davonfahren. Mary Splain identifizierte Sacco als einen der Männer im Auto, und dies, obwohl der Mann kaum vier Sekunden lang in ihrem Blickfeld und die Straße zwanzig Meter von ihr entfernt gewesen war. Vor Gericht machte sie folgende Aussage:

*»Der Mann, der zwischen dem Rücken der Vordersitze und dem Hintersitz auftauchte, war groß. Er wog ungefähr 140 bis 146 Pfund. Er war muskulös, ein aktiv aussehender Mann. Seine linke Hand war ziemlich groß und kräftig.«*

*Frage: »Wo sahen Sie diese Hand?«*

*Antwort: »Es war die linke Hand. Sie lag auf dem Rücken des Vordersitzes. Der Mann hatte ein graues oder graublaues Hemd an und ein gutgeschnittenes Gesicht. An dieser Stelle [sie zeigt es] war es etwas schmaler. Das Haar war zurückgekämmt und zwischen fünf und sechs Zentimeter lang. Er hatte dunkle Augenbrauen und einen weißen Teint, eine besondere Art von Blässe, die fast grünlich wirkte.«*

*Frage: »War das derselbe Mann, der Ihnen in Brockton gezeigt worden ist?«*

*Antwort: »Ja.«*

*Frage: »Sind Sie sicher?«*

*Antwort: »Unbedingt.«*

So steht es in dem Prozeßprotokoll, das bis zum Ende des Prozesses auf insgesamt 2266 Seiten anschwellen sollte.

Saccos Verteidigung war überrascht, denn bei der Vorverhandlung war die Zeugin nicht in der Lage gewesen, Sacco mit letzter Sicherheit als einen der Räuber zu identifizieren. Damals, unmittelbar nach seiner Verhaftung, war Sacco unter Verletzung der entsprechenden Polizeivorschriften Mary Splain allein gegenübergestellt worden. Trotzdem hatte sie damals gesagt: »Ich glaube, ich kann nicht sagen: Das ist der Mann.«

Jetzt aber, nach einem Jahr, wollte sie Sacco eindeutig erkannt haben. Als Verteidiger Moore sie auf den Widerspruch zwischen ihrer Aussage von damals und ihrer Gewißheit jetzt im Prozeß hinwies, behauptete sie, ihre Aussagen seien damals von den Gerichtsstenografen falsch festgehalten worden. Später hat Dr. Morton Prince, ein Psychologe, der an der Harvard-Universität lehrte, zur Aussage der Zeugin Splain folgendes geschrieben:

*Ich zögere nicht festzustellen, daß die Kronzeugin der Anklage ehrlich genug das aussagte, was andererseits psychologisch unmöglich ist. Miß Splain hat den Banditen für den Bruchteil eines Augenblicks über eine Entfernung von ungefähr zwanzig Meter hin in einem Auto, das mit zunehmender Geschwindigkeit ungefähr 15 bis 18 Meilen in der Stunde fuhr, gesehen. Was sie sah, daran erinnerte sie sich nach einem Jahr und beschrieb 14 verschiedene Einzelheiten dieser Person, bis hin zu der Größe seiner Hand, der Länge seines Haares und der Farbe seiner Augenbrauen. Ein solches Wahrnehmungs- und Erinnerungsvermögen ist psychologisch unmöglich... Selbst ein Gedächtniskünstler wäre dazu nicht in der Lage. Aber woher wußte dann Miß Splain all die Einzelheiten?*

*Die Antwort ist einfach.*

*Sie hatte Sacco gesehen. Sie hatte Gelegenheit gehabt, ihn ausführlich zu betrachten (in Brockton). Mehr noch, er saß vor ihr im Gerichtssaal. Bei der Vorverhandlung mußte sie Sacco nicht etwa unter anderen Männern herausfinden. Er wurde ihr allein vorgeführt.*

Der Polizeichef von Braintree, Jeremiah Gallivan, der sowohl bei der Voruntersuchung in Quincy als auch beim Prozeß in Dedham anwesend war, drückte es noch schärfer aus: »Ich konnte nicht begreifen, wieso sie in Dedham sicherer war, als sie es in Quincy war.«

Der Polizeibeamte muß sich auch über Frances Devlin gewundert haben, die Kollegin von Miß Splain. Auch sie hatte damals, als sie bei der Voruntersuchung gefragt worden war, ob Sacco einer der Täter sei, ausweichend geantwortet: »Ich kann es nicht mit Sicherheit sagen.« In Dedham hingegen gab sie an, Sacco eindeutig zu erkennen.

Das Prozeßprotokoll zitiert noch einen weiteren Zeugen, der im Laufe der Zeit sein Erinnerungsvermögen wiedergefunden hatte. Louis Pelser, ein junger Zuschneider, sagte aus, er habe den Überfall von seinem Fenster aus beobachtet, und behauptete, gesehen zu haben, wie einer der Räuber den Wachmann Berardelli niederschoß. Aus dem Protokoll:

*Frage: »Sehen Sie in dem Gerichtssaal den Mann, den Sie an jenem Tage den Schuß auf Berardelli abgeben sahen?«*

*Antwort: »Well, ich will nicht gerade sagen, er war es, aber er sieht ihm ähnlich wie ein Ei dem anderen.«*

*Frage: »Haben Sie ihn seit jenem Tage wiedererblickt, ehe Sie ihn hier im Gerichtssaal gesehen haben?«*

*Antwort: »Nein.«*

*Frage: »Sie sagen, Sie würden nicht gerade sagen, er ist es, aber er sieht ihm ähnlich wie ein Ei dem anderen. Was meinen Sie damit?«*

*Antwort: »Well, er sieht genauso aus.«*

Im Kreuzverhör mußte Pelser zugeben, daß er am 6. Mai, unmittelbar nach Saccos Verhaftung, nicht imstande gewesen war, die Identität zu bestätigen. Warum das so war, wurde klar, als die Verteidigung später drei seiner Arbeitskollegen als Zeugen benannte, die sich mit Pelser am Tag des Raubmordes im selben Raum befanden. Sie sagten aus, Pelser habe gar nicht aus dem Fenster geschaut, sondern mit ihnen nach den Schüssen Schutz hinter einer Bank gesucht.

Als nächsten Zeugen präsentierte die Anklagevertretung

einen Mann namens Carlos E. Goodridge. Dieser gab an, aus einem Lokal gerannt zu sein, als er die Schüsse hörte. Als er dem Fluchtwagen gegenüberstand, habe einer der Männer eine Pistole auf ihn gerichtet. Goodridge identifizierte ihn als Sacco.

Dessen Verteidigung machte auf die Tatsache aufmerksam, daß der Zeuge nicht nur ein langes Strafregister habe, sondern auch wegen eines Diebstahls unter Bewährung stehe, was seiner Bereitschaft zur Zusammenarbeit mit der Anklagevertretung durchaus förderlich sein könnte. Nach einer kurzen Besprechung am Richtertisch entschied Richter Thayer, diese Zeugenaussage nicht als Beweismittel gelten zu lassen. Er hatte wohl seine Gründe.

Katzmann hatte mit seinen Zeugen weiterhin Pech; nur selten blieben sie so standhaft wie Miß Splain und ihre Kollegin Mrs. Devlin. Als Lola Andrews in den Zeugenstand gerufen wurde, sah Katzmann sich veranlaßt, dieser Zeugin ein besonderes Gewicht zu verleihen. »Dies hier ist Lola Andrews!« rief er in Richtung der Geschworenenbank. »Ich bin länger als elf Jahre in meinem Amt. In diesem langjährigen Dienst für den Staat ist meinen Augen oder Ohren niemals ein so vortrefflicher Zeuge vorgekommen wie Lola Andrews.«

Die Zeugin, die Katzmann so pathetisch ankündigte, befand sich am Morgen des 15. April zusammen mit einer Mrs. Campbell auf Arbeitssuche. Gegen elf Uhr gingen sie an einem Auto vorbei, das vor der Fabrik von Slater & Morrill geparkt war. Ein blonder Mann, so sagte Mrs. Andrews aus, saß im Fond, während ein dunkler wirkender Mann über die Motorhaube gebeugt war. Sie sei dann in die Fabrik gegangen, um nach Arbeit zu fragen. Als sie 15 Minuten später die Fabrik verließ, habe der dunkelhäutige Mann mit Kopf und Schultern unter dem Wagen gelegen, wo er scheinbar einen Defekt reparierte. Sie habe ihn nach dem Weg zu Rice & Hutchins gefragt, wo sie sich ebenfalls wegen eines Arbeitsplatzes erkundigen wollte. Er habe ihr den Weg kurz beschrieben. Nach Saccos Festnahme hatte man sie ins Gefängnis von Quincy gerufen, dort habe sie Sacco als den dunkelhäutigen Mann wiedererkannt. Vor Gericht identifizierte sie ihn jetzt erneut: »Ja, das ist der Mann.«

Wie es dazu kam, den dunkelhäutigen Mann unter dem Wagen mit dem Mord, der vier Stunden später geschah, in Zusammenhang zu bringen und sich bei der Polizei zu melden, erfuhren die Prozeßbeteiligten, als Lola Andrews ins Verhör genommen wurde.

*Frage: »Würden Sie sagen, daß dieser Mann mehr ein volleres oder mehr ein schlankeres Gesicht gehabt hat?«*

*Antwort: »Er hatte ein seltsames Gesicht.«*

*Frage: »Meinen Sie damit, daß es kein freundliches, sondern ein brutales Gesicht war?«*

*Antwort: »Er hat einfach nicht sehr sympathisch ausgesehen.«*

*Frage: »Und was kam Ihnen in den Sinn, als Sie von der Schießerei hörten?«*

*Antwort: »Nun, darauf kann ich nur antworten: Als ich von der Schießerei hörte, brachte ich das irgendwie mit dem Mann im Wagen in Zusammenhang.«*

Die Antworten von Katzmanns »vortrefflicher« Zeugin waren mehr als fragwürdig. Fünf Zeuginnen sagten später aus, daß Mrs. Andrews entweder gelogen oder aber ihre Aussage geändert habe. Eine davon war Mrs. Campbell, die an jenem Tag Lola Andrews begleitet hatte. Vor Gericht sagte sie verwundert: »Niemand von uns sprach zu dem Mann unter dem Automobil. Mrs. Andrews redete mit keinem der Leute. Ich war es, die die Frage stellte, wie man nach der Fabrik von Rice & Hutchins komme. Aber ich fragte den Mann im hinteren Teil des Wagens und nicht den Mann unter dem Wagen.«

Im Laufe der Verhandlung fiel Mrs. Andrews angesichts der widersprechenden Aussagen von Zeugen öfter in Ohnmacht, so daß ihr die Presse, die aufmerksam den Prozeß verfolgte, den Spitznamen »die ohnmächtige Lola« verlieh.

Distriktstaatsanwalt Katzmann war verärgert. Seine großmundig angekündigte »vortreffliche« Zeugin hatte sich als tragische Figur entpuppt. Mit 16 Personen, von denen er glaubte, daß sie Sacco als Täter überführen würden, hatte er seine Beweisführung begonnen. Neun enttäuschten seine Erwartungen.

Am Ende des Verhandlungstages, als Sacco und Vanzetti zum viertenmal an die Handgelenke zweier Polizeibeamter gefesselt und aus dem Gerichtssaal hinüber zum Gefängnis gebracht wurden, wußte Katzmann, daß er in den nächsten Prozeßtagen alle Register zu ziehen hatte, um die Geschworenen von der Schuld Saccos zu überzeugen. Am folgenden Vormittag wollte er auf eines seiner Beweismittel zurückgreifen: die Kappe. Einige Zeit nach der Schießerei war sie neben der Leiche Berardellis von F. L. Loring, einem Arbeiter, gefunden worden, der sie später seinem Vorarbeiter Mr. Frazer gab.

Katzmann präsentierte diesen Mann, der die Kappe als »Beweismittel« identifizierte. Obwohl mindestens zwei Zeugen aussagten, daß der Gangster, den sie für Sacco hielten, einen Hut und keine Kappe getragen hätte, und obwohl die Kappe erst lange nach der Schießerei gefunden worden war, so daß irgend jemand aus der rasch angewachsenen Menschenmenge sie am Tatort verloren haben konnte, beschloß Katzmann, sie Sacco zu verpassen.

Katzmann hatte vorgearbeitet. Die Polizei war ohne rechtliche Genehmigung in Saccos Wohnung eingedrungen und hatte einige seiner Kleidungsstücke, vor allem alle seine Kappen, beschlagnahmt. Spätestens zu diesem Zeitpunkt hatte Katzmann gewußt, daß seine Kappen-Theorie untauglich war. Alle beschlagnahmten Kappen hatten nämlich die Größe 7 1/8, was bedeutete, daß die gefundene Kappe für Sacco zu klein war, denn sie hatte die Größe 6 7/8.

Aber Katzmann gab nicht auf. Er präsentierte den Geschworenen weitere »Beweise«, die Sacco zum Besitzer der Kappe stempeln sollten. Katzmanns Stellvertreter Williams rief Saccos Vorarbeiter in der Three-K-Schuhfabrik, George Kelley, in den Zeugenstand, der aussagte, Sacco habe gelegentlich eine dunkle Kappe getragen und diese während der Arbeitszeit an einen Nagel neben seinem Arbeitsplatz gehängt. Williams fragte Kelley, ob die auf der Straße gefundene Kappe »im Aussehen der Kappe ähnlich ist, die nach Ihrer Aussage von Sacco getragen wurde«. Kelley nahm die Kappe in die Hand, betrachtete sie lange und antwortete: »Das einzige, was ich über seine Kappe sagen kann, ist, daß sie in der Farbe ähnlich war. In bezug auf Einzelheiten könnte ich nicht sagen, daß es diese ist.«

Williams versuchte weiter, die Kappe als Beweismittel gegen Sacco einzuführen. Als die beiden Verteidiger Mc Anarney und Moore dagegen protestierten, schaltete sich Richter Thayer ein. Er, der während der vergangenen Prozeßtage ebenso wie Katzmann besorgt miterleben mußte, wie die meisten Zeugen der Anklage wenig zur Schuldannahme Saccos beigetragen hatten, kam Williams jetzt zur Hilfe. Das Protokoll belegt, wie wirksam seine Hilfe war:

*Thayer: »Ich möchte den Zeugen gern eines fragen: nämlich ob – [zu Williams] es wäre mir lieber, Sie würden ihn das fragen – ob nach Ihrem besten Wissen und Gewissen die Kappe, die Mr. Williams jetzt in der Hand hält, jener ähnlich ist, die der Angeklagte Sacco getragen hat?«*

*Moore: »Euer Ehren, ich erhebe Einspruch gegen diese Frage.«*

*Thayer zu Williams: »Haben Sie die Frage gestellt? Sie sollte lieber von Mr. Williams gestellt werden. Wollen Sie diese Frage stellen?«*

*Williams: »Mr. Kelley, ist nach Ihrem besten Wissen und Gewissen die Kappe, die ich Ihnen zeige, im Aussehen ähnlich der Kappe, die Sacco getragen hat?«*

*Kelley: »Nur in der Farbe.«*

*Thayer: »Das beantwortet die Frage nicht. Ich wünsche, daß Sie darauf antworten, wenn Sie das können.«*

*Kelley: »Ich kann das nicht beantworten, wenn ich nicht fest überzeugt bin, daß es dieselbe Kappe ist.«*

*Thayer: »Das verlange ich auch nicht von Ihnen. Ich möchte, daß Sie so antworten, wie es Ihrer Überzeugung entspricht.«*

*Kelley: »Dem allgemeinen Aussehen nach ist das alles, was ich sagen kann. Ich habe die Kappe nie im Leben so nahe gesehen wie jetzt.«*

*Thayer: »Dem allgemeinen Aussehen nach ist es dieselbe?«*

*Kelley: »Ja, Sir.«*

*Moore: »Ich erhebe Einspruch gegen die letzte Frage und Antwort.«*

*Thayer: »Man kann die Frage so stellen, daß sie von seiten des Anklägers erfolgt anstatt von seiten des Gerichts.«*

*Williams: »Ist es dem allgemeinen Aussehen nach dieselbe Kappe?«*

*Kelley: »Ja.«*

*Williams: »Wenn Euer Ehren gestatten, lege ich jetzt die Kappe als Beweisstück vor.«*

*Thayer: »Genehmigt.«*

Mit Thayers Hilfe gelang es so der Anklage, eine zufällig am Tatort gefundene Kappe zu Saccos Eigentum zu erklären und als Beweismittel einzubringen.

Als Sacco anschließend von Katzmann aufgefordert wurde, die auf der Straße gefundene Kappe aufzusetzen, versuchte er es, aber sie war zu klein. »Sie paßt mir nicht«, sagte er und gab die Kappe durch die Gitterstäbe des Käfigs an einen Wachmann zurück. Katzmann versuchte ihn nun zu der Aussage zu bewegen, die Kappe sei nur deshalb zu klein, weil sie aus dickerem Stoff als jene Kappen sei, die man bei ihm beschlagnahmt habe und die er zuvor – ohne Probleme – übergezogen hatte. Doch Sacco widersprach: »Es liegt nicht am Stoff, sie ist zu eng.«

Katzmann gab nicht auf. Er verfügte über einen weiteren Einfall, sowohl Sacco als auch die Geschworenen zu verwirren. Die gefundene Kappe hatte im Futter einen Riß. Katzmann versuchte nun zu unterstellen, daß dieser Riß von dem Nagel an Saccos Arbeitsplatz herrühre, den Kelley in seiner Aussage erwähnt hatte. Für viele Geschworene sollte das Loch im Futter die Behauptung untermauern, daß die Kappe tatsächlich Sacco gehörte. Sie konnten nicht ahnen, daß Jahre später der Polizeichef von Braintree, Gallivan, aussagen sollte, er habe das Futter damals eingerissen, »um nach einem Namen oder irgendeiner anderen Kennzeichnung zu suchen«. Gallivan hatte nichts gefunden, doch die Staatsanwaltschaft wußte den Riß bestens zu verwenden. Und der Polizist schwieg im Prozeß. Erst Jahre später sollte ihn sein Gewissen drängen, die Wahrheit zu sagen. Zu spät.

Das wichtigste und umstrittenste Beweismittel aber, das von der Anklage im Prozeß vorgelegt wurde, beruhte auf der

Behauptung, daß die Kugel, die Berardelli getötet hatte, aus Saccos Pistole stamme. Zur Unterstützung dieser These hatte die Anklage zwei Sachverständige aufgeboten. Captain Charles Van Amburgh erklärte: »Ich glaube, die Kugel stammt aus einer automatischen Coltpistole ... Ich neige zu der Annahme, daß die Kugel aus einer Colt-Automatic kam.« Er begründete dies mit einer winzigen Einbuchtung, die man nur unter dem Mikroskop erkennen konnte und die er an drei Kugeln feststellte, nachdem er diese aus Saccos Revolver abgefeuert hatte. Auch die Kugel, die bei der Autopsie aus Berardellis Körper entfernt worden war, wies eine solche Einbuchtung auf. Van Amburgh räumte allerdings ein, daß diese kaum wahrnehmbaren Deformationen auch durch Rost und Schmutz entstehen könnten.

Dann betrat der zweite Gutachter, der amtliche Ballistiksachverständige Captain William Proctor, Chef der Staatspolizei von Massachusetts, den Gerichtssaal. Er berichtete, daß er alle sechs Kugeln untersucht habe, die den beiden Leichen entnommen worden waren. Vier der Kugeln, so führte er aus, könnten nicht aus der Waffe Saccos stammen, weil sie aus einer Waffe mit Rechtsdrall abgefeuert worden seien. Die automatischen Colts aber – und so einer wurde bei Sacco nach dessen Verhaftung gefunden – hätten einen Linksdrall, da die Ziehung im Lauf linkswendig erfolge. Die eine Kugel, die Berardelli nach Auskunft des Gerichtsmediziners getötet hatte, hätte allerdings aus Saccos Colt vom Kaliber 32 stammen können. Doch das war kein Beweis.

Proctor bestätigte später in einer eidesstattlichen Erklärung: *Während der Prozeßvorbereitungen lenkten der Distriktstaatsanwalt und sein Stellvertreter meine Aufmerksamkeit wiederholt auf die Frage, ob ich Hinweise dafür finden könnte, die die Auffassung rechtfertigten, daß die besagte, aus Berardellis Leiche stammende Kugel, die aus einer automatischen Coltpistole abgefeuert wurde, aus jener automatischen Coltpistole gekommen war, die man Sacco abgenommen hatte. Ich benutzte alle mir zur Verfügung stehenden Methoden, um mir eine diesbezügliche Meinung zu bilden ... Zu keinem Zeitpunkt konnte ich irgendeinen Hinweis entdecken, der mich zu der Überzeugung hätte bringen können, daß das besagte Modellgeschoß... aus Saccos Pistole gekommen sei, und daher informierte ich den Distriktstaatsanwalt und seinen Stellvertreter vor dem Prozeß in diesem Sinne.*

Katzmann war spätestens nach dem Gutachten Proctors klar, daß es im Sinne seiner Anklage wenig brauchbar war. So teilte er am Rande des Prozesses Saccos Verteidiger Moore mit, er werde nicht mehr zu beweisen versuchen, daß eine der Kugeln aus Saccos Pistole stamme.

Erst Tage später kam es Moore endlich in den Sinn, daß er die ballistischen Untersuchungsergebnisse für Saccos Entlastung benutzen könnte. Also engagierte er zwei weitere Sachverständige für neue ballistische Gutachten: James E. Burns, einen hohen Beamten der United States Cartridge Company, und James H. Fitzgerald, der dem Vorstand der Versuchsabteilung der Colt Automatic Pistol Company angehörte. Zuvor jedoch erklärte Moore vorsichtshalber Sacco, diese neuen Untersuchungen könnten womöglich Beweise erbringen, aus welcher Pistole tatsächlich die tödlichen Kugeln abgefeuert worden seien. Sacco erwiderte gelassen: »Sie können experimentieren, soviel sie wollen.«

Als die beiden Sachverständigen der Verteidigung ihre Ergebnisse vortrugen, wurde deutlich, weshalb Katzmann sich in diesem Punkt so bedeckt gehalten hatte. Burns erklärte, daß die tödliche Kugel sowohl aus einem Colt- als auch aus einem Bayardrevolver abgefeuert worden sein könnte. Dann berichtete er von seinen weiteren Ergebnissen und versicherte dabei ausdrücklich, daß die Kugel nicht aus Saccos Revolver stammen könne. Er habe acht Kugeln aus dessen Waffe abgeschossen, und sie hätten keinerlei Zeichen aufgewiesen, die sich mit denen der Kugel »Nr. 3«, wie die fragliche Kugel aus Berardellis Körper im Prozeß bezeichnet wurde, gedeckt hätten. Fitzgeralds Aussagen bestätigten die Untersuchungsergebnisse von Burns.

Katzmann mußte mit den ersten Prozeßtagen äußerst unzufrieden sein. Weder präsentierten sich die Augenzeugen in der Weise, wie er es sich vorgestellt hatte, noch fanden seine vermeintlich schlüssigsten Beweismittel die entsprechende Anerkennung. Die Frage, ob die Kappe, die am Tatort gefunden worden war, Sacco gehörte, blieb ebenso ungeklärt wie die Frage, ob der tödliche Schuß auf Berardelli nun aus Saccos Colt abgefeuert worden war oder nicht. Katzmann und seine Stellvertreter wußten, daß ihre bisherige Beweisführung auf schwachen Füßen stand. Zwar konnten sie davon ausgehen, bei den Geschworenen auf größere Sympathien zu stoßen als die Verteidigung, doch brauchten auch die zwölf rechtschaffenen Bürger, die hier über Leben und Tod entscheiden sollten, klare Beweise und keine fragwürdigen Spekulationen.

Vier Zeugen der Anklage waren noch übriggeblieben, vier Zeugen, die gegen Vanzetti aussagen sollten. Katzmann wußte: Sollte Vanzetti als einer der Banditen identifiziert werden, bliebe auch an Sacco ein Verdacht hängen. Dies war von Beginn an seine Prozeßstrategie gewesen: getrennte Anklage, gemeinsame Verurteilung. Doch dazu benötigte er brauchbare Zeugenaussagen.

Einer der Zeugen war Michael Levangie, der Schrankenwärter am Bahnübergang in South Braintree. Er war der Mann gewesen, dem die flüchtenden Banditen befohlen hatten, sofort die Schranken zu öffnen. Damals, unmittelbar nach dem Raubmord, war er von einem Reporter befragt worden, ob er die Männer identifizieren könne. Levangie hatte geantwortet, er sei zu erschrocken gewesen. Er habe nur eine auf sich gerichtete Pistole gesehen, die ein Mann aus dem Auto hielt, sonst habe er nichts wahrgenommen, da er in sein Wärterhäuschen geflüchtet sei.

Als er am 18. April von einem Pinkerton-Detektiv befragt wurde, gab er an, der Fahrer hätte »einen dunklen Teint, schwarze Haare« gehabt und sei »glattrasiert« gewesen. Vanzetti aber hatte einen Schnurrbart und – das war der Anklagevertretung bekannt – konnte gar nicht Auto fahren. Als Levangie aber Vanzetti auf der Polizeistation sah, behauptete er, ihn zu erkennen: »Ja, dieser Mann hat das Fluchtauto gelenkt.«

Auch Levangies Aussage sollte nun für Katzmann von zweifelhaftem Segen sein. An die Geschworenen gewandt, sagte er, daß Levangie in Wirklichkeit meine, Vanzetti auf dem Rücksitz des Wagens gesehen zu haben. Levangie schüttelte leicht den Kopf, aber er schwieg.

Die anderen Zeugenaussagen bezogen sich alle auf andere Zeiten und Orte als die des Verbrechens. So erklärte ein John W. Faulkner, Vanzetti am Morgen des 15. April im Zug gesehen zu haben. Der Mann habe bei jeder Station gefragt, ob dies schon East Braintree sei. Zwei Monate nach dem Raubmord habe er dann auf der Polizeistation Vanzetti als jenen Mann identifiziert.

Rechtsanwalt McAnarney bat einen Mann aus dem Zuschauerraum hervorzutreten. Er trug einen Schnurrbart, der dem von Vanzetti ähnlich war, sah ihm aber sonst nicht ähnlich. »Ist das der Mann, den Sie im Zug gesehen haben?« fragte der Anwalt. »Ich weiß es nicht, er könnte es sein«, erwiderte Faulkner unsicher. Nachfragen beim Fahrkartenverkauf hatten ergeben, daß an jenem Tag keine Fahrkarte von Plymouth nach East Braintree verkauft worden war. Sollte es sich bei dem betreffenden Mann um Vanzetti gehandelt haben, so müßte er von Plymouth, seinem Wohnort, losgefahren sein. Was aber sollte er in East Braintree? Der Überfall geschah in South Braintree. Es war klar, daß Faulkners Aussagen ohne Wert waren.

Als nächster Zeuge erschien Austin T. Reed, ebenfalls Schrankenwärter. Er sah am Tag des Überfalls, nachmittags kurz nach vier Uhr, einen Wagen mit Ausländern. Einer der Insassen, »ein Mann mit dunklem Teint, hohlen Backenknochen und einem bürstenartigen Schnurrbart«, rief ihm auf englisch zu: »Warum, zum Teufel, halten Sie uns hier auf?«

Auf diese Aussage hin schaltete sich Anwalt Moore ein und begann ein Kreuzverhör mit dem Zeugen:

*Moore: »Und dieser Anruf an Sie erfolgte mit lauter, klarer Stimme, mit jener Redewendung, die Sie uns wiedergegeben haben, etwa, glaube ich, im Sinne von: Warum, zum Teufel, halten Sie uns auf?«*

*Reed: »Ja, Sir.«*

*Moore: »Und die Stimme ertönte laut und voll und stark aus einer Entfernung von vierzig Fuß. Stimmt das?«*

*Reed: »Ja, Sir.«*

*Moore: »Wie?«*

*Reed: »Ja, Sir.«*

*Moore: »Bei laufendem Motor?«*
*Reed: »Ja, Sir.«*
*Moore: »Und es fuhr ein Zug vorbei – oder es näherte sich einer?«*
*Reed: »Ja, Sir.«*
*Moore: »Das Englisch war fehlerfrei und klar?«*
*Reed: »Nun ...«*
*Moore: »Stimmt das? Antworten Sie mit ja oder nein.«*
*Reed: »Ja.«*

Vanzettis Englisch war jedoch stockend und holprig, wie die Geschworenen an den nächsten Tagen, als Vanzetti sich zu Wort meldete, selber hörten. Im Jahr zuvor, als der Überfall geschah, konnte er also keineswegs ein fehlerfreies Englisch gesprochen haben.

Als letzter Zeuge wurde Austin Cole, der Fahrer jener Straßenbahn, in der Sacco und Vanzetti festgenommen worden waren, aufgerufen. Er sagte aus, beide seien am Abend des 15. April in West Bridgewater in seinen Wagen gestiegen. Doch konnte das kein Beweis für ihre Verbindung mit dem Verbrechen von South Braintree sein.

Eine allerletzte Zeugenaussage, auf die sich die Anklage stützte, kam aus den Reihen jener Männer, die in den Geschworenenkader berufen worden waren. Harry E. Dolbeare gab an, Vanzetti am Morgen des 15. April zusammen mit »einigen bedrohlich aussehenden Leuten« in einem Auto in South Braintree gesehen zu haben. Er war sich sicher, daß es sich bei einem der Männer um Vanzetti gehandelt hatte; die anderen konnte er nicht näher beschreiben.

Fünf Aussagen standen also gegen Vanzetti, doch welchen Wert hatten sie? Levangie, der ihn zwar erkannt haben wollte, ihn aber auf den Fahrersitz plazierte; Reed, der ihn aus einer Entfernung von vierzig Fuß in klarem Englisch hatte fluchen hören; Faulkner, der behauptete, ihn im Zug gesehen zu haben; Cole, der nicht mehr sagen konnte, als daß er Sacco und Vanzetti gemeinsam in der Straßenbahn gesehen hatte, zudem an einem anderen Ort als dem, wo der Raubmord geschehen war; und schließlich Dolbeare, der Vanzetti am

Morgen des Überfalls in einem Auto zusammen mit »bedrohlich aussehenden Leuten« gesehen haben wollte.

Kein vernünftiger Geschworener konnte all die widersprüchlichen und unzusammenhängenden Aussagen als Beweise für die Identität des Mörders und des Angeklagten und damit als Grundlage einer Verurteilung nehmen. Auch die materiellen Indizien waren kaum imstande, zwingende Beweise zu erbringen. Weder wurde die erbeutete Geldsumme bei den Angeklagten gefunden, noch gab es Fingerabdrücke der Angeklagten auf dem stehengelassenen Buick. Auch der Versuch, die Kappe sowie die Kugel aus Berardellis Leib Sacco anzulasten, war fehlgeschlagen.

Blieb ein letzter Versuch, einen der beiden anhand von Beweismitteln als Mittäter zu überführen.

Katzmann brachte die Waffe zur Sprache, die man bei Vanzetti zum Zeitpunkt seiner Festnahme gefunden hatte: eine Harrington & Richardson, Kaliber 38. Eine solche Waffe hatte auch der getötete Berardelli besessen; sie war seit dem Raubmord verschwunden. Die Staatsanwaltschaft verzichtete darauf, beweisen zu wollen, daß Vanzetti den Revolver an sich nahm, nachdem Berardelli ermordet worden war. Zwar gab es keinerlei Beweis dafür, daß Berardelli an diesem Tag eine Waffe bei sich trug. Im Prozeß rief Katzmann Berardellis Witwe in den Zeugenstand und forderte sie auf, Vanzettis Revolver zu betrachten. »Ja, er sieht aus wie der meines Mannes«, sagte sie nach wenigen Sekunden. Die weitere Befragung ergab, daß Berardelli die Waffe einige Tage vor seiner Ermordung wegen eines Defekts an der Feder zur Reparatur gegeben hatte. Im Kreuzverhör wurde die Witwe gefragt, ob der Revolver von der Reparaturwerkstatt zurückgekommen sei. Sie antwortete: »Das weiß ich nicht.«

Der Angestellte des betreffenden Waffengeschäfts bestätigte, daß Vanzettis Waffe mit der zur Reparatur gebrachten übereinstimme. Wann letztere aber wieder abgeholt worden war, konnte er nicht sagen. Als Vanzettis Waffe untersucht wurde, ob sich eine neue Feder darin befand, stellten zwei Experten fest, daß die Feder nicht neuer war als ein anderer Teil der Waffe.

Später rief die Verteidigung eine Nachbarin von Frau Berardelli, Aldeah Florence, in den Zeugenstand, bei der die Witwe nach der Ermordung ihres Mannes zunächst in Untermiete gewohnt hatte. Frau Florence gab an, Frau Berardelli habe zu ihr wenige Tage nach der Beerdigung gesagt: »Wenn er meinen Rat befolgt und den Revolver in der Werkstatt abgeholt hätte, dann wäre er vielleicht heute nicht dort, wo er jetzt ist.«

Und die Verteidigung benannte zudem Zeugen, die angaben, Vanzetti den Revolver verkauft zu haben. Doch Katzmann bezweifelte deren Glaubwürdigkeit: Italiener, Einwanderer, Anarchisten – konnte man diesen Leuten trauen? Wollten sie mit ihrer Aussage nicht nur einen Gesinnungsgenossen decken? Zahlreiche Geschworene dachten wie Katzmann – trotz der Aussagen weiterer Augenzeugen, die Katzmann in den Zeugenstand rief und die widersprüchlich und diffus argumentierten.

So wollte ein Zeuge einen Banditen mit einem »weißen Revolver« gesehen haben, während Vanzettis Revolver vernickelt war.

Doch Katzmann, um eine Logik seiner Theorie bemüht, wonach Sacco die Waffe dem sterbenden Berardelli abgenommen und sie dann Vanzetti gegeben habe, der sie in seine Tasche steckte, gab nicht auf. In seiner Schlußrede an die Geschworenen rekonstruierte er das Verbrechen nach dieser Theorie und wies erneut auf die Lügen der Italiener bei ihrer Festnahme hin. Genau darin aber, so Katzmann, offenbare sich ihr Schuldbewußtsein.

Er mußte zu allen rhetorischen und prozeßstrategischen Mitteln greifen, um den Angeklagten den Schuldstempel aufzudrücken. 55 Zeugen hatte die Anklage aufgerufen, deren Aussagen ein Puzzle ergeben und Sacco und Vanzetti als jene Männer identifizieren sollten, die Parmenter und Berardelli erschossen hatten. Sie hatte versucht nachzuweisen, daß Sacco der Mann gewesen sei, der Berardelli niederschoß. Später habe man bei beiden versteckte Waffen entdeckt. Und sie hätten bei ihrer Vernehmung durch die Polizei und durch den Staatsanwalt gelogen. Nicht oft genug konnte Katzmann darauf hinweisen. Aus all diesen Zeugenaussagen und Beweismitteln spreche klar das Urteil: Schuldig!

Die Verteidigung hatte versucht, die Zeugen der Anklage im Kreuzverhör mit Widersprüchen zu konfrontieren und ihre Unglaubwürdigkeit offenzulegen. Sie hatte eigene Gutachter und Sachverständige aufgeboten, die zu anderen Aussagen in bezug auf das vorgelegte Beweismaterial der Anklage gekommen waren.

Jetzt, nachdem Katzmann und seine Stellvertreter ihre letzten Zeugen präsentiert hatten, wollte die Verteidigung ihrerseits Augenzeugen der Tat vor Gericht rufen, die widerlegen sollten, was die Zeugen der Anklage behaupteten. Es ging darum zu beweisen, daß Sacco und Vanzetti nicht mit den Banditen von South Braintree identisch, daß sie keine Mörder waren.

99 Zeugen sollten dazu beitragen, die Geschworenen davon zu überzeugen, daß die beiden italienischen Einwanderer unschuldig waren. Doch Katzmann nahm sich vor, es der Verteidigung nicht leichtzumachen. Er hatte sich auf die kommenden Kreuzverhöre gut vorbereitet. Noch war die Entscheidung um Freiheit oder Tod offen.

*Achtes Kapitel*

# Die »heilige« Entscheidung

Als Vanzetti in Plymouth wegen des Bridgewater-Überfalls vor Gericht stand, hatte er nicht als Zeuge in eigener Sache ausgesagt. Damals hatte er befürchtet, die Geschworenen würden seine politischen Ansichten bei der Urteilsfindung gegen ihn verwenden. Also schwieg er beharrlich. Doch sein Schweigen hatte ihm am Ende nur geschadet. Das Urteil lautete: Schuldig!

In Dedham waren sich die Verteidiger einig: Nur die Erläuterung der Lebensverhältnisse und Ansichten der Angeklagten könne dazu beitragen, das rätselhafte Verhalten am Abend ihrer Verhaftung, ihre Bewaffnung und nicht zuletzt ihre Lügen erklärbarer zu machen. Beide mußten in den Zeugenstand treten, ungeachtet der Folgen. John McAnarney erzählte nach dem Prozeß, er und seine Brüder hätten sich mit befreundeten Anwälten darüber unterhalten, ob die politischen Überzeugungen der beiden Italiener zur Sprache gebracht werden sollten oder nicht. Die Anwälte hätten ihnen geraten: »Wenn sie unschuldig sind, stellt sie in den Zeugenstand, um die Wahrheit zu sagen. Wenn sie schuldig sind, haltet sie vom Zeugenstand fern.« Die Verteidiger entschieden sich einstimmig dafür, Sacco und Vanzetti als Zeugen in eigener Sache aussagen zu lassen. John McAnarney begründete später diesen Entschluß folgendermaßen:

*Ich sah keine Möglichkeit zu vermeiden, daß diese Männer in den Zeugenstand traten und offen und ehrlich von ihren Verbindungen mit der kommunistischen Bewegung oder der radikalen Bewegung, mit der sie verbunden gewesen waren, erzählten. Das einzige, was sie tun konnten, war, die volle Verantwortung dafür zu übernehmen, und wenn sie das taten, dann konnte dies ihr Verhalten erklären, das ansonsten sehr verdächtig wirken mußte... [nämlich] daß sie versucht hatten, das Auto von Johnsons Haus abzuholen, daß sie mit Revolvern bewaffnet in der Straßenbahn gefahren waren, daß sie die Polizeibeamten und den Distriktstaatsanwalt belogen hatten, ehe sie noch wußten, daß sie des Mordes beschuldigt wurden...*

*Sie waren fest davon überzeugt und glaubten dies damals, daß sie wegen ihres Radikalismus in Gewahrsam genommen worden seien. Ich sagte zu meinen Brüdern, es liege an den Angeklagten, die ganze Geschichte zu erzählen... damit die Fakten den Geschworenen eindeutig vorgelegt würden. Die tatsächlichen Fakten konnten durch keine andere Theorie aufgehellt werden, sondern einzig und allein dadurch, daß sie die ganze Situation erklärten und ihr Verhalten schlüssig begründeten.*

Als erster trat Vanzetti in den Zeugenstand. Er gab an, am 15. April den ganzen Tag mit dem Verkauf von Fischen verbracht zu haben, und nannte die Namen der Leute, die er beliefert hatte. Gegen Mittag, so berichtete er, habe er den Tuchhändler Joseph Rosen getroffen, der ihm eine Wolljacke zum reduzierten Preis anbot, weil sie ein kleines Loch hatte. Er habe zwar Interesse gezeigt, doch zuvor noch den Rat seiner Vermieterin Alfonsina Brini einholen wollen, die in einer Tuchfabrik arbeitete und ihm deshalb über die Qualität des Stoffes Auskunft geben sollte. Mit dem Tuchhändler sei er zum Haus der Brinis gegangen, da er wußte, daß die Vermieterin wegen Krankheit das Haus nicht verlassen konnte. Zwei Krankenpflegerinnen, die bei ihr waren, könnten dies bestätigen. Danach habe er Joseph Rosen, der inzwischen draußen gewartet hatte, die Jacke abgekauft. Anschließend sei er mit seinem Karren losgezogen, um den Rest der Fische zu verkaufen. Unten am Strand sei er später auf den Fischer Melvin Coerl gestoßen, mit dem er ein wenig geplaudert habe. Danach habe er seinen Karren zurückgeschoben. Es sei ein ganz gewöhnlicher Arbeitstag für ihn gewesen.

Vanzettis Aussagen wurden von den Zeugen Rosen, Coerl sowie von Frau Brini und ihrer Tochter Lefevre bestätigt. Joseph Rosen nannte sogar die Namen weiterer Leute, die bestätigen konnten, daß er zur angegebenen Zeit mit Vanzetti zusammengewesen war.

Beim Kreuzverhör griff Katzmann auf seine bewährte Methode zurück, die Zeugen durch Unterstellungen und Verdrehungen zu verunsichern. So fragte er sie, was sie zu bestimmten Tagen und Tageszeiten getan hätten, die er beliebig benannte. Manche der Zeugen konnten sich nicht erinnern, womit Katzmann den Geschworenen vermitteln wollte, daß die Zeugen auch bei ihren anderen Angaben zugunsten Vanzettis logen. Sein Trick, das Erinnerungsvermögen der Entlastungszeugen durcheinanderzubringen und sie damit zu diskreditieren, zeigte immer wieder Erfolg.

Jahre nach dem Prozeß sagte die Zeugin Alfonsina Brini, die für ihre Aussagen einen Dolmetscher benötigte, in einem Interview mit der Amerikanerin Roberta Strauss-Feuerlicht dazu: *Zu schade, daß man nicht in der eigenen Sprache sprechen kann, denn die machen einen fertig – die machen einen fertig, wenn sie wollen. Man sagt eine Sache, und dann fangen sie mit einer anderen Sache an. Das sind schlimme Leute dort. Wissen Sie, die drehen die Gesetze so herum, wie sie es brauchen.*

Katzmann bot im Kreuzverhör sein bekanntes Repertoire auf, um Frau Brini wie all die anderen Zeugen der Verteidigung unglaubwürdig zu machen. Für ihn war klar, daß sowohl Alfonsina Brini wie auch ihre Tochter Lefevre zugunsten Vanzettis logen, denn schließlich gehörte dieser als Untermieter fast zur Familie, und – das vergaß er nicht zu erwähnen – sie hatten den Behörden seinerzeit Auskünfte über Vanzetti vorenthalten, als dieser in Mexiko war.

Für Katzmann schien nun ohnehin der Zeitpunkt gekommen, die politische Gesinnung der Angeklagten deutlicher zur Sprache zu bringen. Bislang war es ihm nicht gelungen, die überwiegend italienischen Zeugen zu verunsichern. Ihre Aussagen deckten sich mit denen Vanzettis, der für den 15. April, den Tag des Raubmordes in South Braintree, ein eindeutiges Alibi besaß. Katzmanns Absicht war es, den Geschworenen zwei Angeklagte zu präsentieren, die allen gängigen Vorurteilen entsprachen: zwei Agitatoren, zwei Radikale, zwei Feinde der Gesellschaft. Die Art und Weise, wie er das Kreuzverhör führte, hatte nur einen Zweck: die Geschworenen mit Tatsachen zu konfrontieren, die zwar nichts mit den Morden zu tun hatten, über die hier verhandelt wurde, die aber als willkommene Beweise dafür dienten, daß solchen radikalen Elementen alles zuzutrauen war – selbst das, was ihnen nicht nachzuweisen war.

Katzmanns Kreuzverhör mit Vanzetti und später auch mit Sacco ließ erkennen, daß es inzwischen um einen ideologischen Prozeß ging. Die erste Frage, die er an Vanzetti richtete, lautete: »So verließen Sie Plymouth im Mai 1917, um der Einberufung zu entgehen, nicht wahr?« Mit einem bedeutsamen Blick hinüber zu den Geschworenen fuhr er fort: »Als sich unser Land im Kriegszustand befand, liefen Sie davon, um nicht als Soldat kämpfen zu müssen?«

»Ja«, erwiderte Vanzetti.

In Katzmanns Lächeln lag nun Hohn. Dann fragte er: »Sie haben sich in einer öffentlichen Versammlung dagegen ausgesprochen, daß Männer in den Krieg ziehen. Sie sind doch der Mann, der das gesagt hat?«

Vanzetti antwortete zögernd und in schlechtem Englisch: »Ja, Sir. Ich bin sicherlich nicht der Mann, den Sie suchen, aber in diesem Fall bin ich Ihr Mann.«

Als Vanzetti anschließend beginnen wollte, seine Ansichten über Kriege und deren Auswirkungen auf die Völker darzustellen, unterbrach ihn Katzmann und befragte ihn – nicht ohne Hintergedanken – über seinen Aufenthalt in Springfield. Auszüge aus dem Protokoll:

*Katzmann: »Haben Sie jemals in Springfield, Massachusetts, gearbeitet?«*

*Vanzetti: »Nun, ich habe eigentlich nicht in der Stadt Springfield gearbeitet, sondern in einer Baracke bei Springfield.«*

*Katzmann: »In einer Baracke bei Springfield?«*

*Vanzetti: »Ja. In einer Baracke, wissen Sie, das kleine*

*Haus, in dem Italiener arbeiten und wohnen wie Tiere, italienische Arbeiter in diesem Land.«*

*Katzmann: »In dem der italienische Mann wohnt und arbeitet wie ein Tier?«*

*Vanzetti: »Ja.«*

*Katzmann: »Warum haben Sie das vorgebracht?«*

*Vanzetti: »Ich habe das vorgebracht, um Ihnen zu sagen: Wenn ich mich weigerte, in den Krieg zu ziehen, dann weigerte ich mich nicht, weil ich dieses Land nicht liebe oder weil ich die Menschen in diesem Land nicht liebe. Ich würde mich auch weigern, wenn ich in Italien wäre.«*

Katzmann hatte Vanzetti deshalb über Springfield befragt, weil er sich erhoffte, Vanzetti würde unvorsichtigerweise eingestehen, während der Arbeit einen Lastwagen gefahren zu haben. Doch Vanzetti verneinte dies. Damit war Katzmanns vorläufig letzter Versuch, durch scheinbar völlig zusammenhanglose Fragen einen Zeugen in Widersprüche zu verwickeln, gescheitert. Vanzetti hatte nie einen Lastwagen gefahren – und er konnte deshalb auch nicht jener Mann sein, zu dem ihn Katzmann mit dieser Frage gern gemacht hätte: zum Fahrer des Fluchtwagens in South Braintree.

Doch Vanzetti benötigte nicht nur ein Alibi für den Tag der Tat, sondern auch für den 5. und 6. Mai, um zu erklären, was sie getan hatten, als sie verhaftet wurden – vor allem aber: warum er und Sacco gelogen hatten.

Als Vanzetti im Zeugenstand dazu von McAnarney befragt wurde, gab er an, sich nach seiner Rückkehr aus New York, wo er wegen des Todes von Salsedo gewesen sei, am 1. Mai bei einem Freund in Boston einquartiert zu haben. Zwei Tage später, am 3. Mai, sei er zum Hafen gegangen, um Fische zu kaufen. Da sie ihm zu teuer waren, sei er nach Stoughton zur Familie Sacco gefahren. Danach schilderte er, wie Sacco, Orciani und Boda am Abend des 5. Mai aufbrachen, um Bodas Auto von der Reparatur abzuholen.

»Wofür brauchten Sie das Auto?« fragte McAnarney und ging hinüber zum Zeugenstand, wo Vanzetti, die Hände in Handschellen, flankiert von zwei bewaffneten Justizbeamten, saß.

»Wir wollten das Auto holen, um Bücher und Zeitungen zu transportieren«, antwortete Vanzetti.

McAnarney tat verwundert und sagte, er könne diese Antwort nicht verstehen. »Wofür brauchten Sie das Auto?« wiederholte er die Frage.

Vanzetti wiederholte: »Um Schriften, Bücher und Zeitungen herauszuholen aus den Häusern und Wohnungen.«

Mit gespielter Verwirrung fragte der Anwalt ein weiteres Mal nach: »Aus welchen Häusern und Wohnungen wollten Sie die Bücher und Schriften herausholen?«

»Aus allen möglichen Häusern«, antwortete Vanzetti in holprigem Englisch, »an fünf oder sechs Stellen, in fünf oder sechs Ortschaften. Drei, fünf oder sechs Leute hatten viele Schriften, und wir beabsichtigten, das herauszuholen und es an einen geeigneten Platz zu bringen.«

Auf die Frage McAnarneys, was er unter einem »geeigneten Platz« verstehe, sagte Vanzetti kämpferisch: »Unter einem geeigneten Platz verstehe ich einen Platz, wo Polizisten nicht hineingehen und nachsehen, die Schriften sehen, die Zeitungen sehen, die Bücher sehen, wie damals, als sie durchgesucht haben die Häuser vieler Männer, die aktiv waren in der radikalen Bewegung und in der sozialistischen und der Gewerkschaftsbewegung, und da hineingehen und Briefe wegnehmen und Bücher und Zeitungen wegnehmen und Männer ins Gefängnis stecken und viele deportieren.«

Vanzettis Anwalt erkundigte sich weiter, ob man ihm nach der Verhaftung auf der Polizeistation in Brockton mitgeteilt habe, daß er und Sacco unter Raubmordverdacht stünden. Im Prozeßprotokoll ist die Befragung festgehalten:

*McAnarney: »Hat Ihnen Polizeileiter Stewart in der Polizeistation Brockton oder Mr. Katzmann mitgeteilt, daß Sie unter Raubmordverdacht stehen?«*

*Vanzetti: »Nein.«*

*McAnarney: »Hat man Ihnen irgendeine Frage gestellt oder irgend etwas zu Ihnen gesagt, woraus hervorging, daß man Sie des Verbrechens vom 15. April beschuldigte?«*

*Vanzetti: »Nein.«*

*McAnarney: »Was haben Sie angesichts der Ihnen vorge-*

*legten Fragen geglaubt, warum man Sie in der Polizeistation Brockton festhielt?«*

*Vanzetti: »Ich glaubte, sie haben mich wegen einer politischen Sache verhaftet.«*

*McAnarney: »Wieso hatten Sie den Eindruck, daß Sie wegen Ihrer politischen Meinung festgehalten wurden?«*

*Vanzetti: »Weil ich gefragt wurde, ob ich ein Sozialist bin. Ich sagte: Nun –«*

*McAnarney: »Sie meinen, wegen der Ihnen vorgelegten Fragen ...«*

*Vanzetti: »Weil ich gefragt wurde, ob ich ein Sozialist bin, ob ich vom IWW bin, ob ich ein Radikaler bin, ob ich von der Schwarzen Hand bin.«*

Deshalb habe er bei seiner Verhaftung nicht die Wahrheit gesagt, denn er habe sogar eine mögliche Deportation gefürchtet. »Die Behörden in diesem Land waren damals mehr gegen das sozialistische Element als vor dem Krieg. Es waren außergewöhnliche Zeiten«, erklärte Vanzetti.

McAnarney brachte nochmals den Abend der Verhaftung zur Sprache:

*McAnarney: »Warum haben Sie Mr. Stewart an dem Abend, an dem er Sie verhaftete und mit Ihnen auf der Polizeistation sprach, nicht die Wahrheit gesagt?«*

*Vanzetti: »Ich hatte Angst, die Namen meiner Freunde anzugeben, weil ich wußte, daß fast alle Bücher und Zeitungen im Hause hatten, was die Behörden zum Anlaß nehmen konnten, sie zu verhaften und zu deportieren.«*

*McAnarney: »Sagen Sie uns, soweit Sie sich erinnern, was Mr. Stewart Sie alles gefragt hat.«*

*Vanzetti: »Er fragte mich, warum wir in Bridgewater waren, wie lange ich Sacco kenne, ob ich ein Radikaler bin, ob ich ein Anarchist oder Kommunist bin. Und er fragte mich, ob ich an die Regierung der Vereinigten Staaten glaube.«*

*McAnarney: »Ja.«*

*Vanzetti: »Ob ich an die Gewalt glaube, ob ich an die Anwendung von Gewalt gegen die Regierung der Vereinigten Staaten glaube.«*

Statt dieses Thema weiterzuverfolgen und den Geschworenen durch Vanzettis Aussagen begreiflich zu machen, welchen Verfolgungen und Repressionen sich radikale Emigranten gegenübersahen, sobald sie sich gegen die etablierten Institutionen und deren Vorstellungen vom Recht Andersdenkender, zumal politisch andersdenkender Menschen, auflehnten, griff McAnarney die heikle Frage von Vanzettis Flucht nach Mexiko auf. Doch nicht, um deutlich zu machen, daß auch viele amerikanische Wehrpflichtige vor der Einberufung geflohen waren und Vanzetti als Ausländer ohnehin nicht einberufen werden konnte, sondern er fragte ihn noch einmal, warum er eigentlich weggegangen sei.

Vanzetti antwortete: »Ich bin weggegangen, um nicht Soldat zu werden.«

Mit anderen unwesentlichen Erkundigungen beendete der Anwalt die direkte Befragung Vanzettis. Damit war die Chance vertan, den Geschworenen ein Bild von den realen Lebensumständen dieses Angeklagten zu vermitteln.

Mit keinem Wort war erwähnt worden, daß Männer wie Sacco und Vanzetti in ihrer neuen Heimat nur Pflichten, aber kaum Rechte hatten, daß sie hier als Fremde diskriminiert wurden, kurzum: daß sie Bürger zweiter Klasse waren. Haften blieb in den Köpfen der Geschworenen, daß Vanzetti ein Radikaler war, ein Mann, der als Fahnenflüchtiger seine patriotische Pflicht verweigert hatte, ein Mann, der die Gesetze des Landes nicht anerkannte.

Die häufig zusammenhanglose, sprunghafte Befragung durch McAnarney hatte das vorgeprägte Bild, das die Geschworenen von Vanzetti hatten, nicht korrigiert. Sie konnten den Angeklagten nicht verstehen, auch wenn für den 15. April Alibi-Zeugen zu seinen Gunsten ausgesagt hatten. In ihren Augen blieb er ein Täter. Dies war nicht zuletzt das zweifelhafte Verdienst seines Anwalts.

Anders Katzmann. Er wußte, was die Geschworenen hören wollten. Hier saßen patriotisch gesinnte Männer mit einem unumstößlichen Weltbild. Ihr Obmann etwa, Walter Ripley, vergaß bei Betreten des Gerichtssaals nie, die amerikanische Fahne zu grüßen. Für ihn war dies nicht nur ein strafrechtlicher, sondern vor allem ein politischer Prozeß.

Es ging hier um die Respektierung der Gesetze seines Landes, um die Loyalität zur Regierung, ja um die Freiheit überhaupt. So dachten und fühlten fast alle Geschworenen. Katzmann wußte, worauf es ankam.

Im Kreuzverhör brachte er seine Einvernahme Vanzettis am 6. Mai, dem Tag nach der Verhaftung, zur Sprache. Katzmann ging es darum, den Geschworenen zu beweisen, daß Vanzettis Behauptung, er habe damals deshalb falsche Angaben gemacht, weil er fürchtete, als Radikaler verhaftet zu werden, eine Notlüge war. Jetzt sagte Vanzetti, er habe seinerzeit gelogen, um zu vermeiden, sich und etliche Gesinnungsgenossen zu belasten.

»Wenn ich bei der ersten Sache etwas Falsches sagte, dann muß ich wohl bei allem was Falsches gesagt haben«, erklärte Vanzetti und versuchte damit Katzmanns Vorwurf zu entkräften, er habe geleugnet, Mike Boda zu kennen. Vanzetti: »Wenn ich Ihnen die Wahrheit über Boda sage, muß ich auch die Namen vieler meiner Freunde nennen.«

Katzmanns Absicht war es, den Geschworenen immer wieder bewußt zu machen, daß es sich bei Vanzetti um einen italienischen Radikalen handelte. Deshalb erwähnte er auch den Aufruf zu einer Versammlung am 9. Mai, den Vanzetti damals auf dem Weg nach Bridgewater verfaßt hatte und der nach der Verhaftung in Saccos Tasche gefunden worden war. Katzmann verlas mit lauter Stimme den Wortlaut des Flugblatts, das er aus dem Italienischen hatte übersetzen lassen:

*Arbeitskollegen, Ihr habt all die Kriege ausgekämpft. Ihr habt für all diese Kapitalisten gearbeitet. Ihr seid durch all die Länder gezogen. Habt Ihr die Früchte Eurer Mühen geerntet, den Preis Eurer Siege?*

*Tröstet Euch die Vergangenheit? Lächelt Euch die Gegenwart zu? Verspricht Euch die Zukunft irgend etwas? Habt Ihr ein Stück Land gefunden, auf dem Ihr wie Menschen leben und wie Menschen sterben könnt?*

*Über die Fragen, über die Argumente und über dieses Thema, den Existenzkampf, spricht Bartolomeo Vanzetti.*

*Stunde ... Tag ... Saal ... Eintritt frei.*

*Redefreiheit für alle. Bringt Eure Frauen mit.*

Doch wollte Katzmann den Geschworenen nicht nur einhämmern, daß er ein Radikaler, sondern auch, daß er ein Fahnenflüchtiger war.

»Sind Sie der Mann, Mr. Vanzetti, der am 9. Mai auf einer Versammlung in Brockton seinen Mitbürgern erklären wollte, daß sie in den Kriegen gekämpft, für die Kapitalisten gearbeitet und deren Art kennengelernt hätten? Sind Sie der Mann, der so zu den heimgekehrten Soldaten sprechen wollte?« fragte Katzmann, wobei er besonders der letzten Frage einen süffisanten Unterton gab.

»Ja, Sir«, antwortete Vanzetti knapp.

»Sie wollten Männern, die im Krieg waren, in einer öffentlichen Versammlung Ratschläge erteilen? Sind Sie dieser Mann?« fuhr Katzmann mit Blick auf die Geschworenen fort.

»Ja, Sir, ich bin dieser Mann, aber nicht jener, den Sie suchen«, entgegnete Vanzetti.

Katzmanns Fragen hatten zwar überhaupt nichts mit dem Überfall von South Braintree zu tun, aber sie trugen dazu bei, Vanzetti als radikalen Agitator zu präsentieren, der nicht einmal davor zurückschreckte, öffentlich gegen die patriotischen Pflichten der Amerikaner zu hetzen. Katzmanns Strategie war immer wieder die gleiche: mit Fragen, die in keinerlei Zusammenhang mit den Anklagepunkten standen, Vanzetti zu diskreditieren – als Radikalen, als Fahnenflüchtigen, als Lügner, als einen Mann, dem alles zuzutrauen war, auch ein Raubmord. Wo Indizien und Beweise fehlten, ersetzte Katzmann sie geschickt durch Verdächtigungen und Stimmungsmache, so auch gegen Ende seines Kreuzverhörs. Der Staatsanwalt las den Geschworenen zunächst jene Fragen und Antworten vor, die seinerzeit in der Polizeistation Brockton protokolliert worden waren, als Vanzetti von ihm befragt wurde, was er am 15. April getan hätte.

Damals hatte Vanzetti auf die Frage: »Sie wissen also nicht, wo Sie am Donnerstag vor jenem Montag, dem 19. April, gewesen sind«, ein »Nein« zur Antwort gegeben.

Nun wollte Katzmann erneut den Eindruck erwecken, Vanzetti habe damals die Unwahrheit gesagt. Das Prozeßprotokoll offenbart das raffinierte Vorgehen Katzmanns:

*Katzmann: »Aber nach Monaten erinnerten Sie sich?«*

*Vanzetti: »Nicht nach Monaten, sondern drei oder vier Wochen nachdem ich merkte, daß ich vorsichtig sein muß und mich gut erinnern muß, wenn ich mein Leben retten will.«*

*Katzmann: »Sie waren also nicht vorsichtig, als Sie Ihre Antwort auf diese Frage gaben?«*

*Vanzetti: »Ja, aber ich habe damals nicht gewußt, am 15. und am 24., daß das der Tag von dem Überfall in South Braintree und Bridgewater war. Ich habe das damals nicht gewußt.«*

*Katzmann: »Hatten Sie nicht die Absicht, mir die Wahrheit zu sagen, wo Sie an jenen Tagen waren, über die ich sie fragte?«*

*Vanzetti: »Ich wollte Ihnen die Wahrheit sagen, aber ich hatte nie im Traum daran gedacht, daß Sie sagen würden, daß ich am 15. und 24. hingegangen bin, um zu stehlen und einen Mann umzubringen.«*

*Katzmann: »Also, wenn Sie nicht im Traum daran gedacht haben, daß Sie für den Mord am 15. April angeklagt würden, wieso konnten Sie da so sicher sein, daß Sie sich nicht erinnern konnten, wo Sie am 15. April waren?«*

*Vanzetti: »Weil ... der 15. April für mich ein gewöhnlicher Tag wie jeder andere war. Ich verkaufte Fische.«*

Trotz der zahlreichen Zeugenaussagen, die bestätigten, daß Vanzetti am Tage des Verbrechens Fische verkauft hatte, war Katzmann geradezu besessen versucht, Vanzettis Alibi als ein nachträgliches Zeugenkomplott zu denunzieren. Was waren die Aussagen italienischer Zeugen schon wert? Was bedeutete schon das Alibi eines Anarchisten?

Distriktstaatsanwalt Katzmann war auch für die kommenden Tage gewappnet: für Nicola Sacco, der zwar ein besseres Alibi als Vanzetti hatte, aber keines, das ihn vor der Anklage hätte retten können.

Sacco war am Tage des Verbrechens nicht an seinem Arbeitsplatz gewesen. Für Katzmann und auch für die Geschworenen war damit klar: Er war einer der Täter. Im Gerichtssaal von Dedham mußte deshalb die Anklagevertretung nicht Saccos Schuld, sondern die Verteidigung seine Unschuld beweisen. Sie begann damit, jenen 15. April zu rekonstruieren, der für Sacco zu einem Schicksalstag geworden war.

Ende März hatte Sacco von seinem Bruder Sabino einen Brief erhalten, in dem dieser ihm den Tod der Mutter mitteilte. Sacco entschloß sich daraufhin, nach Torremaggiore zurückzukehren. Schon lange trug er sich mit dem Gedanken, mit seiner Familie wieder nach Italien zu gehen; jetzt verdichtete sich sein vager Plan zum festen Entschluß. Am 15. April nahm er einen Tag Urlaub, um auf dem italienischen Konsulat in Boston einen neuen Paß zu beantragen. Kurz vor neun Uhr stieg er in Stoughton in den Zug, gegen 9.40 Uhr traf er in Boston ein.

Zunächst ging er ins dortige Italienerviertel North End, wo er zufällig Professor Felice Guadagni traf, einen Journalisten und Vortragsredner, den Sacco nach einer Veranstaltung einst kennengelernt hatte und der ihm vorschlug, gemeinsam Mittag zu essen. Sie gingen hinüber in Bonis Restaurant, wo sie auf Albert Bosco, einen Redakteur der Zeitung *La Notizia*, und den Anzeigenwerber John D. Williams trafen. Nach dem Essen verabschiedete sich Sacco von der Runde und verließ das Restaurant, um sich auf den Weg zum Konsulat zu machen. Dort traf er gegen 14 Uhr ein und sprach mit dem Angestellten Guiseppe Andrower.

Im Prozeß schilderte Sacco das Zusammentreffen: »Ich sagte: Ich möchte meinen Paß für meine ganze Familie abholen. Er fragte mich – er sagte: Haben Sie das Bild bei sich? Ich sagte: Ja, und gab es ihm, ein großes Bild, wissen Sie. Er sagte: Nun, es tut mir leid, dieses Bild ist zu groß. Nun, sage ich, können Sie es zurechtschneiden und kleiner machen? Nein, sagte er, dieses Bild können wir nicht brauchen, weil es zu groß ist. Er sagte: Nein, es hat keinen Zweck, denn man muß ein Paßfoto machen, ein kleines, ganz kleines – und das tat ich dann.«

Sacco hatte – auch das konnte die Verteidigung nachweisen – später die notwendigen Paßfotos bei dem Fotografen Edward Maertens in Stoughton anfertigen lassen. Im Laufe des Nachmittags besuchte Sacco ein Kaffeehaus, wohin er sich mit Guadagni verabredet hatte. Dieser machte ihn mit einem ehemaligen katholischen Pfarrer namens Antonio Dentamore bekannt, der eine Zeitlang bei *La Notizia* als Redakteur gearbeitet hatte. Gemeinsam tranken sie Kaffee. Sacco erzählte den beiden von seinen Plänen, nach Italien zurückzukehren. Kurz nach 16 Uhr nahm er den Zug zurück nach Stoughton, wo er nach seiner Ankunft noch einige Einkäufe tätigte, ehe er gegen 18 Uhr nach Hause kam.

Saccos Alibi für diesen Tag und die Zeit des Verbrechens wurde von einer großen Zahl von Zeugen bestätigt. Es gab nur einen Schönheitsfehler: Fast alle Zeugen waren Italiener. Wie es um die Mentalität der Geschworenen bestellt war, hatte sich bereits im Plymouth-Prozeß gegen Vanzetti gezeigt: Hinter den Aussagen von Ausländern wurde eine Verschwörung vermutet, ein Komplott italienischer Gesinnungsgenossen, die zugunsten der beiden Angeklagten aussagten, um deren Kopf zu retten.

Die Verteidigung wußte, daß sie gegen diese Vermutung nur mit handfesten und belegbaren Zeugenaussagen bestehen konnte. Also präsentierte sie zehn Zeugen, die Saccos Aussagen bestätigten.

George Kelley, Saccos Vorarbeiter in der Three-K-Schuhfabrik, sagte aus, daß Sacco am Anfang der Woche nach einem freien Tag gefragt habe, damit er nach Boston ins italienische Konsulat fahren könne. Er habe ihm gesagt, das sei möglich, jedoch solle er den freien Tag erst dann nehmen, wenn er sein Arbeitssoll erfüllt habe. Vor Gericht gab Kelley zu Protokoll: »Ich sagte ihm damals, wenn er mit der Arbeit auf dem laufenden ist, kann er einen freien Tag haben. Es war damals nicht die Rede davon, welcher Tag es sein sollte. Das ging so bis Mittwoch, und er kam zu mir und sagte, er wollte morgen wegbleiben.«

Am 14. April habe Sacco ihm mitgeteilt, er werde den nächsten Tag freinehmen und erst am 16. wieder zur Arbeit kommen. Sollte das sorgfältig geplante Verbrechen davon abgehangen haben, daß Sacco seine Arbeit zeitgerecht fertigstellen konnte? Um Sacco für schuldig zu halten, mußte man annehmen, er habe seine Arbeit sorgfältig eingeteilt, um den Tag des Verbrechens freizubekommen.

Neben Kelley präsentierte die Verteidigung weitere Zeugen, die aussagten, Sacco am 15. April in Boston gesehen zu haben. Professor Guadagni, Albert Bosco und John D. Williams, die mit ihm in Bonis Restaurant gegessen hatten, sagten ebenso zugunsten Saccos aus wie Antonio Dentamore, der inzwischen als Leiter der Auslandsabteilung der Haymarket-Nationalbank arbeitete.

Giuseppe Andrower wurde von dem amerikanischen Vizekonsul, vor dem er seine Aussage machte, wegen des 15. April befragt, vor allem, warum er sich gerade an dieses Datum so genau erinnern könne. In einer Erklärung, die der Verteidigung vorlag, hatte Andrower dazu ausgesagt: *Der 15. April 1920 war ein sehr ruhiger Tag im königlich italienischen Konsulat, und da man uns noch nie ein so großes Foto zur Verwendung in einem Reisepaß vorgelegt hatte, nahm ich es an mich und zeigte es dem Konsulatssekretär. Wir lachten und plauderten über diesen Vorfall. Ich erinnere mich daran, daß ich das Datum auf einem großen Kalenderblock im Büro des Sekretärs gesehen habe, während wir über die Fotografie sprachen. Die Zeit war etwa 14 oder 14.15 Uhr, woran ich mich deshalb erinnere, weil ich etwa eine halbe Stunde später das Büro für diesen Tag zusperrte.*

»Warum«, fragte Anwalt McAnarney, »sollte ein Beamter der italienischen Regierung lügen?«

Und noch einen Zeugen rief die Verteidigung zugunsten Saccos auf, vielleicht den überzeugendsten. Nicht was seine Aussage betraf, sondern seine Nationalität. Er war Amerikaner – und ein rein zufälliger Zeuge: James Matthews-Hayes. Der Maurer, der als Straßenvermesser sein Geld verdiente, war zum Prozeß nach Dedham eingeladen worden, weil ein Gutachter der Verteidigung Informationen über Straßenarbeiten einholen wollte, die während der Zeit des Verbrechens am Tatort vorgenommen worden waren. Auf diese Weise wollte die Verteidigung Straßenarbeiter ermitteln, die vielleicht Angaben zum Banditenauto machen konnten.

Mr. Hayes hatte nach seinem Gespräch mit dem Gutachter beschlossen, sich noch ein wenig in den Verhandlungssaal zu setzen, um den Prozeß zu verfolgen. Sacco bemerkte Hayes im Gerichtssaal und wies McAnarney darauf hin, daß er mit diesem Mann am Nachmittag des 15. April im Zug von Boston zurück nach Stoughton gefahren sei. Der Anwalt bat Hayes daraufhin in einen Nebenraum und fragte ihn, ob er sich daran erinnern könne, wo er an jenem Tage gewesen sei.

Nachdem Hayes dies auf Bitte McAnarneys nachgeprüft hatte, wurde er von dem Anwalt in den Zeugenstand gerufen. Seine Aussagen sind im Prozeßprotokoll festgehalten:

*McAnarney: »Sind Sie als Ergebnis unseres Gespräches nach Hause gegangen, um nachzuforschen, ob Sie feststellen können, wo Sie am 15. April 1920 gewesen sind?«*

*Hayes: »Ja, Sir.«*

*McAnarney: »Was hat Ihre Nachforschung ergeben?«*

*Hayes: »Ich habe festgestellt, daß ich am 15. April nach Boston gefahren bin.«*

*McAnarney: »Sagen Sie uns nun, wieso Sie sich erinnern können, daß Sie am 15. April nach Boston gefahren sind.«*

*Hayes: »Ich erinnerte mich bei Durchsicht meines Terminkalenders sowie aufgrund anderer Ereignisse, die vorher stattgefunden hatten.«*

*McAnarney: »Haben Sie Ihren Terminkalender bei sich?«*

*Hayes: »Ja, Sir.«*

*McAnarney: »Um welche Zeit etwa sind Sie in Stoughton eingetroffen, wenn Sie sich genau erinnern?«*

*Hayes: »Zwischen fünf und sechs.«*

*McAnarney: »Am 15. April?«*

*Hayes: »Ja, Sir.«*

*McAnarney: »Kannten Sie Sacco?«*

*Hayes: »Nein, ich habe Sacco nicht gekannt. Habe ihn nie kennengelernt.«*

*McAnarney: »Haben Sie vor dem Zeitpunkt, an dem ich Sie ersuchte, sich Ihres Aufenthaltsortes am 15. April zu entsinnen, je darüber nachgedacht, wo Sie damals gewesen sind?«*

*Hayes: »Nein, Sir, dazu hatte ich nie einen Anlaß.«*

*McAnarney: »Und Sie wissen nicht, ob Sacco in jenem Zug war?«*

*Hayes: »Ich weiß es nicht.«*

*McAnarney: »Aber Sie sind mit diesem Zug gefahren?«*

*Hayes: »Ja, Sir.«*

Danach rief der Anwalt noch einmal Nicola Sacco in den Zeugenstand und fragte ihn, wo er »diesen Mann« gesehen habe.

»Ich erinnere mich, daß ich ihn am 15. April in Boston gesehen habe«, antwortete Sacco und fügte hinzu: »Ich habe ihn auf der Heimfahrt im Zug gesehen.«

McAnarney nickte mit erleichterter Miene: »Danke – keine weiteren Fragen.«

Richter Thayer, immer bemüht, Katzmann zur rechten Zeit das Wort zu erteilen, gestattete diesem nun, Sacco ins Kreuzverhör zu nehmen. Zuvor aber forderte er den Zeugen Hayes auf, den Gerichtssaal zu verlassen.

»Auf welcher Seite des Waggons haben Sie gesessen?« eröffnete Katzmann mit schneidender Stimme sein Verhör.

*Sacco: »Ich erinnere mich, daß ich auf der rechten Seite gesessen habe, in Fahrtrichtung nach Stoughton.«*

*Katzmann: »In welchem Abstand vom vorderen oder in welchem Abstand vom hinteren Teil des Waggons? Wo war Ihr Sitzplatz?«*

*Sacco: »Etwa in der Mitte.«*

*Katzmann: »Wo saß der Mann, von dem Sie nun sprechen?«*

*Sacco: »Auf der linken Seite, gleich neben mir.«*

*Katzmann: »Auf dem Sitzplatz am Mittelgang? Also neben dem Mittelgang?«*

*Sacco: »Neben dem Mittelgang, an der Seite.«*

*Katzmann: »Und wo saßen Sie? Am Mittelgang oder neben dem Fenster bei Ihrem Sitzplatz?«*

*Sacco: »Ich saß neben dem Mittelgang.«*

Draußen, vor den Türen des Gerichtssaales, saß Hayes. Er konnte den Dialog nicht mitverfolgen. Um so überraschender waren seine Aussagen, als er von Katzmann anschließend ins Kreuzverhör genommen wurde:

*Katzmann: »Auf welcher Seite des Waggons haben Sie auf der Fahrt von Boston nach Stoughton gesessen, auf der linken oder der rechten?«*

*Hayes: »Ich habe auf der linken gesessen.«*

*Katzmann: »Und in welchem Teil des Waggons?«*

*Hayes: »Etwa in der Mitte des Waggons.«*

*Katzmann: »Und auf welcher Seite der Sitzbank?«*

*Hayes: »Auf der Innenseite der Sitzbank.«*

*Katzmann: »Also am Fenster oder am Mittelgang?«*

*Hayes: »Am Mittelgang.«*

*Katzmann: »Haben Sie darüber mit Sacco gesprochen, bevor er in den Zeugenstand trat?«*

*Hayes: »Nein, Sir.«*

*Katzmann: »Oder mit seinem Anwalt?«*

*Hayes: »Nein, Sir.«*

*Katzmann: »Hat jemand vor mir Sie darüber befragt, in welchem Teil des Waggons Sie gesessen sind?«*

*Hayes: »Nein.«*

*Katzmann: »Oder auf welchem Teil der Sitzbank?«*

*Hayes: »Nein, Sir.«*

Hayes erwies sich für Sacco als wichtigster Zeuge. Seine Aussagen hatten bewiesen, daß Sacco am späten Nachmittag des 15. April im Zug von Boston nach Stoughton saß. Damit aber war der Versuch der Anklage, ihn als einen der Banditen in South Braintree zu überführen, vorläufig gescheitert. Als Katzmann bemerkte, daß Saccos Alibi für den 15. April lükkenlos war, versuchte er, diese Niederlage durch einen bewährten Rückgriff zu kompensieren. Er brachte nochmals die Ereignisse am 5. und 6. Mai zur Sprache.

Damals, als Sacco zusammen mit Vanzetti verhaftet worden war, soll er eine Bewegung gemacht haben, als wolle er zu seiner Waffe greifen. Diese Behauptung stützte sich allein auf die Aussage eines der verhaftenden Beamten. Sacco leugnete eine solche Bewegung, ebenso wie zuvor Vanzetti. Bei der ersten Vernehmung hatten beide versucht, ihren Aufenthalt an jenem Tag durch unwahre Angaben zu verbergen. Vanzetti hatte dies im Prozeß damit begründet, er habe Angst gehabt, ein gleiches Schicksal wie Salsedo zu erleiden. Deshalb habe er Namen und Adressen von Freunden verschwiegen. Sacco, der nun von Katzmann ins Kreuzverhör genommen wurde, argumentierte wie Vanzetti. Doch Katzmann sah in diesem Verhalten ein »Schuldbewußtsein«. Besonders die Tatsache, daß sie Waffen bei sich trugen, sprach für ihr »Schuldbewußtsein«, zumal Sacco, schlecht beraten von seinen Anwälten McAnarney und Moore, in diesem Punkt seine eigene Glaubwürdigkeit durch einige absurde Antworten erschütterte.

Als Moore Sacco im Prozeß fragte, warum er eine Pistole bei sich getragen habe, sagte Sacco, seine Frau habe die Pistole und die Patronen beim Saubermachen in einer Kommoden-Schublade gefunden und ihn gefragt, was er damit wolle. Sacco gab an, er habe sie eingesteckt, damit er mit Vanzetti »in den Wald schießen gehen« könnte. Dann aber sei er mit ihm, Boda und Orciani aufgebrochen und habe die Pistole und die Patronen vergessen. Katzmann hatte bei dieser Aussage die skeptischen Gesichter der Geschworenen beobachtet; er wußte, wie sie dies aufnehmen würden. Im Kreuzverhör griff er Saccos Aussagen wieder auf:

*Katzmann: »Sie wollen den Geschworenen sagen, daß Sie, als Sie am 5. Mai Ihr Haus verließen, nicht wußten, daß Sie diese Pistole hier drinnen stecken hatten? Wollen Sie das behaupten?«*

*Sacco: »Ja.«*

*Katzmann: »Haben Sie ihr Gewicht nicht gespürt?«*

*Sacco: »Nein, Sir.«*

*Katzmann: »Haben Sie es nicht bemerkt?«*

*Sacco: »Nein.«*

*Katzmann: »Sie haben die 22 Patronen in Ihrer Tasche nicht bemerkt?«*

*Sacco: »Nein.«*

Die Antworten mußten absurd auf die Geschworenen wirken. Sie, die niemals erfahren hatten, was es bedeutete, von Razzien bedroht zu sein, die kein Gefühl der Verfolgung, Diskriminierung und Emigration kannten – wie sollten sie nachvollziehen, daß einer in die Lage kommen konnte, lügen zu müssen, um sich zu schützen? Radikale Emigranten empfanden dieses Land, das für sie einst als Gelobtes Land galt, als sie ihre Heimat verließen, als bedrohlich.

»Ich war wild darauf zu kommen in dieses Land, weil ich gemocht freies Land, nennt man freies Land«, hatte Sacco in holprigem Englisch auf die Frage Moores geantwortet, warum er nach Amerika gekommen sei.

Katzmann griff auch diese Aussage in seinem Kreuzverhör auf:

*Katzmann: »Haben Sie gestern gesagt, Sie lieben freies Land?«*

*Sacco: »Ja, Sir.«*

*Katzmann: »Haben Sie dieses Land im Monat Mai 1917 geliebt?«*

*Sacco: »Ich habe nicht gesagt ... ich wollte nicht sagen, daß ich dieses Land nicht liebe.«*

*Katzmann: »Haben Sie dieses Land in der letzten Woche des Mai 1917 geliebt?«*

*Sacco: »Es fällt mir sehr schwer, dies mit einem Wort zu beantworten, Mr. Katzmann.«*

*Katzmann: »Es gibt zwei Wörter, die Sie benutzen können, Mr. Sacco: ja und nein. Welches ist es?«*

*Sacco: »Ja.«*

*Katzmann: »Und als es soweit war, daß Sie von den Vereinigten Staaten aufgerufen wurden, Soldat zu werden, haben Sie Ihre Liebe zu den Vereinigten Staaten dadurch gezeigt, daß Sie nach Mexiko davonliefen?«*

Wie schon bei Vanzetti war dies wieder eine rein demagogische Frage, denn Katzmann wußte, daß Sacco als Ausländer gar nicht einberufen werden konnte. Es hatte nichts mit den Anklagepunkten zu tun, sondern diente allein dazu, die Geschworenen gegen Sacco einzunehmen. Richter Thayer unterstützte Katzmann dabei erneut nach Kräften:

*Thayer: »Haben Sie das getan?«*

*Katzmann: »Sind Sie nach Mexiko davongelaufen?«*

*Thayer: »Er hat nicht gesagt, daß er nach Mexiko davongelaufen ist. Sind Sie nach Mexiko gefahren?«*

*Katzmann: »Sind Sie nach Mexiko gefahren, um nicht Soldat zu sein für das Land, das Sie liebten?«*

*Sacco: »Ja.«*

*Katzmann: »Ist das Ihre Vorstellung, Ihre Liebe zu Amerika zu beweisen?«*

*Sacco: »Ja.«*

*Katzmann: »Und wäre das Ihre Vorstellung, Ihre Liebe zu Ihrer Frau zu beweisen, indem Sie sie verlassen, wenn sie Sie braucht?«*

*Sacco: »Ich habe sie nicht verlassen.«*

Saccos Verteidiger, die während des Kreuzverhörs ruhig geblieben waren, erhoben gegen diesen Vergleich Einspruch, doch Richter Thayer lehnte ihn ab. Statt dessen setzte Katzmann sein unsachliches und unfaires Kreuzverhör in Übereinkunft mit Richter Thayer fort:

*Katzmann: »Warum sind Sie nicht in Mexiko geblieben?«*

*Sacco: »Nun, erstens, ich konnte mit meinem Beruf dort nichts anfangen. Ich mußte eine andere Arbeit annehmen.«*

*Katzmann: »Arbeitet man in Mexiko nicht mit Hacke und Schaufel?«*

*Sacco: »Ja.«*

*Katzmann: »Haben Sie in unserem Land mit Hacke und Schaufel gearbeitet?«*

*Sacco: »Das habe ich.«*

*Katzmann: »Warum sind Sie dann nicht dortgeblieben, in jenem freien Land, und haben nicht dort mit Hacke und Schaufel gearbeitet?«*

*Sacco: »Ich meine, ich habe nicht unter Opfern einen Beruf gelernt, um nach Mexiko zu gehen und dort zu hacken und zu schaufeln.«*

*Katzmann: »Ist das wegen ... entspricht Liebe zu den Vereinigten Staaten dem Geldbetrag, den Sie in diesem Land pro Woche bekommen können?«*

*Sacco: »Bessere Bedingungen, ja.«*

*Katzmann: »Ein besseres Land zum Geldverdienen, nicht wahr?«*

*Sacco: »Ja.«*

*Katzmann: »Heißt das, Mr. Sacco, daß Ihre Liebe zu unserem Land nach Dollars und Cents bemessen werden kann?«*

Jetzt rief McAnarney laut: »Euer Ehren, ich erhebe Einspruch gegen diese Frage. Und ich möchte meine Kritik an der ganzen Art und Weise der Befragung zum Ausdruck bringen.« Doch Richter Thayer erlaubte Katzmann, sein Kreuzverhör fortzusetzen:

*Katzmann: »Drückt sich Ihre Liebe zu unserem Land in dem Geldbetrag aus, den Sie hier verdienen können?«*

*Sacco: »Ich habe das Geld nie geliebt.«*

*Katzmann: »Was war denn der Grund dafür, daß Sie aus Mexiko zurückgekommen sind, wenn Sie nicht das Geld liebten?«*

*Sacco: »Der erste Grund ist, daß mir alles gegen den Strich geht, ganz anderes Essen dort, andere Natur, und überhaupt.«*

*Katzmann: »Das war der erste Grund. Es ging Ihnen gegen den Strich. Das Essen war nicht das richtige.«*

*Sacco: »Das Essen und vieles andere.«*

*Katzmann: »Sie hatten aber dort italienisches Essen, nicht wahr?«*

*Sacco: »Ja, aber wir haben es selber gekocht.«*

*Katzmann: »Hätten Sie sich nicht italienisches Essen von Boston nach Monterrey in Mexiko schicken lassen können?«*

*Sacco: »Wenn ich ein D. Rockefeller bin, mache ich das.«*

*Katzmann: »Wenn ich das richtig verstehe, sind Sie in erster Linie deshalb in die Vereinigten Staaten zurückgekehrt, um etwas zu essen zu bekommen. Stimmt das, etwas, das Sie mochten?«*

*Sacco: »Nein, nicht nur wegen des Essens.«*

*Katzmann: »Haben Sie nicht gesagt, das war der erste Grund?«*

*Sacco: »Der erste Grund –«*

*Katzmann: »Haben Sie nicht gesagt, das war der erste Grund?«*

*Sacco: »Ja.«*

*Katzmann: »Nun gut. Das war kein Herzenswunsch, nicht wahr?«*

*Sacco: »Herzens ...?«*

*Katzmann: »Ja.«*

*Sacco: »Nein.«*

*Katzmann: »Es war ein Magenwunsch, nicht wahr?«*

*Sacco: »Nicht bloß wegen dem Magen, sondern noch andere Gründe.«*

*Katzmann: »Ich spreche zunächst über den ersten Grund. Also der erste Grund für Ihre Liebe zu Amerika beruht darauf, daß es Ihren Magen befriedigt. Stimmt das?«*

*Sacco: »Ich werde nicht ja sagen.«*

*Katzmann: »Haben Sie das nicht gesagt?«*

*Sacco: »Nicht wegen dem Magen. Ich glaube nicht, daß es um eine Befriedigung geht nur für den Magen.«*

*Katzmann: »Was war Ihr zweiter Grund?«*

*Sacco: »Der zweite Grund, es war mir so fremd die Sprache.«*

*Katzmann: »Fremde Sprache?«*

*Sacco: »Ja.«*

*Katzmann: »Waren Sie dort in einer italienischen Kolonie?«*

*Sacco: »Ob ich was gekriegt habe? Ich verstehe nicht, Mr. Katzmann.«*

*Katzmann: »Entschuldigen Sie. Befanden Sie sich dort in einer Gruppe von Italienern?«*

*Sacco: »Ja.«*

*Katzmann: »Als Sie 1908 nach Amerika kamen, haben Sie da Englisch verstanden?«*

*Sacco: »Nein.«*

*Katzmann: »Die hiesige Sprache war Ihnen fremd, nicht wahr?«*

*Sacco: »Ja.«*

*Katzmann: »Was war der dritte Grund, falls es einen gibt?«*

*Sacco: »Ein dritter Grund: Ich war weit weg von meiner Frau und meinem Jungen.«*

*Katzmann: »Nun, gibt es außer diesen drei Gründen noch einen, warum Sie die Vereinigten Staaten liebten?«*

*Sacco: »Nun, ich kann's nicht so richtig sagen. Hier gibt's mehr Möglichkeiten für die Arbeiterklasse, glaube ich, als irgendwo anders, eine Chance, fleißiger zu sein, und mehr Industrie. Man kann eine Chance bekommen, alles zu kriegen, was man will.«*

*Katzmann: »Sie meinen, man kann mehr Geld verdienen, nicht wahr?«*

*Sacco: »Nein, nicht Geld, ich habe Geld nie geliebt.«*

*Katzmann: »Geld nie geliebt?«*

*Sacco: »Nein, Geld hat mich nie befriedigt.«*

*Katzmann: »Geld hat Sie nie befriedigt?«*

*Sacco: »Nein.«*

*Katzmann: »Was waren die wirtschaftlichen Verhältnisse, die Ihnen hier so gefielen, wenn es nicht die Chance war, mehr Geld zu verdienen?«*

*Sacco: »Ein Mensch, Mr. Katzmann, hat keine Befriedigung nur von dem Geld, für den Bauch.«*

*Katzmann: »Für was?«*

*Sacco: »Ich meine für den Magen.«*

*Katzmann: »Den Magen haben wir bereits erledigt. Nun spreche ich vom Geld.«*

*Sacco: »Da gibt es viele Dinge.«*

*Katzmann: »Nun, wir wollen alle hören. Ich möchte wissen, warum Sie Amerika so liebten, daß Sie, nachdem Sie in Mexiko Zuflucht gesucht hatten, als sich die Vereinigten Staaten im Krieg befanden, hierher zurückgekommen sind.«*

*Sacco: »Ja.«*

*Katzmann: »Ich möchte alle Gründe hören, warum Sie zurückgekommen sind.«*

*Sacco: »Ich glaube, das habe ich Ihnen schon gesagt.«*

*Katzmann: »Sind das alle?«*

*Sacco: »Ja. Durch die Industrie sind viele Dinge anders.«*

*Katzmann: »Da gibt es zu essen, ist das ein Grund?«*

*Sacco: »Ja.«*

*Katzmann: »Die fremde Sprache ist der zweite?«*

*Sacco: »Ja.«*

*Katzmann: »Ihre Frau und Ihr Kind sind der dritte?«*

*Sacco: »Ja.«*

*Katzmann: »Und die besseren wirtschaftlichen Verhältnisse?«*

*Sacco: »Ja.«*

*Katzmann: »Ist das alles?«*

*Sacco: »Das ist alles.«*

*Katzmann: »Finden Sie also unter diesen vier Gründen einen, den man Liebe zum Land nennt? Haben Sie diesen Grund genannt?«*

Erneut erhob Moore Einspruch gegen die Art und Weise des Kreuzverhörs. Richter Thayer jedoch gestattete Katzmann fortzufahren:

*Katzmann: »Haben Sie Liebe zum Land unter diesen vier Gründen gefunden?«*
*Sacco: »Ja, Sir.«*
*Katzmann: »Welcher ist die Liebe zum Land?«*
*Sacco: »Alle zusammen.«*
*Katzmann: »Alle zusammen?«*
*Sacco: »Ja, Sir.«*
*Katzmann: »Essen, Frau, Sprache, Wirtschaft?«*
*Sacco: »Ja.«*
*Katzmann: »Das bedeutet Liebe zum Land, ja?«*
*Sacco: »Ja.«*
*Katzmann: »Ist Treue zum Land, wenn es einen Soldaten braucht, ein Beweis für Liebe zum Land?«*

Es schien, als würde sich dieser Prozeß nur noch um die Flucht nach Mexiko drehen. In einem anschließenden Streitgespräch zwischen Richter Thayer und Saccos Verteidiger Moore ging es darum, wer mit dieser Art der Befragung angefangen habe und ob solche Fragen überhaupt zur Sache gehörten.

Thayer, der immer mehr in Rage kam, fragte die Verteidigung, ob sie behaupten wolle, Saccos Rolle beim Einsammeln der Schriften hätte im Interesse der Vereinigten Staaten gelegen, »um eine Verletzung des Gesetzes durch Verteilung dieser Schriften zu verhindern«.

McAnarney antwortete darauf: »Wir haben eindeutig keine derartige Position bezogen, und die derzeit vorliegenden Beweise rechtfertigen nicht die Vermutung dieser Frage.«

Doch Thayer ließ nicht locker. Immer wieder drängte er die Verteidigung, seine Fragen zu beantworten:

*Thayer: »Wollen Sie behaupten, daß das, was der Angeklagte getan hat, im Interesse der Vereinigten Staaten läge?«*

*McAnarney: »Bitte, Euer Ehren, ich erhebe Einspruch gegen die Behauptung Euer Ehren, weil sie die Rechte der Angeklagten präjudiziert, und ersuche, daß diese Behauptung den Geschworenen nicht zur Kenntnis kommen soll.«*

*Thayer: »Ich bin mir nicht bewußt, eine präjudizierende Bemerkung gemacht zu haben, und ich habe das auch nicht beabsichtigt.«*

*McAnarney: »Wenn Euer Ehren gestatten: Ich meine die Bemerkung in bezug auf unser Land und die Frage, ob das, was er getan hat, zum Vorteil des Landes war. Ich meine, daraus können nur solche Schlüsse gezogen werden, die für die Angeklagten von Nachteil sind.«*

Nach einer heftigen Debatte, an der sich zeitweise auch Moore und Katzmann beteiligten, versicherte Thayer den Geschworenen, er habe keinerlei Bemerkungen machen wollen, die die Angeklagten vorverurteilen könnten.

Doch genau dies hatte er getan. Er hatte es zugelassen, daß aus einem fragwürdigen strafrechtlichen Prozeß ein ideologisches Tribunal geworden war. Ja, alles deutete darauf hin, daß dahinter eine feste Absicht stand. Und bei den Geschworenen hatte dies seine Wirkung nicht verfehlt.

Es blieb Katzmanns Strategie vorbehalten, Sacco nun seinerseits auf jene Fährte zu locken, die ihn in den Augen der Geschworenen zur absoluten Unperson machte. Er bot Sacco die Möglichkeit an zu erklären, was er gemeint habe, als er sagte, er liebe ein freies Land. Sacco, nicht gewarnt von seinen Anwälten, hielt einen endlosen Vortrag, der ihn Kopf und Kragen kosten sollte (Auszüge):

*Als ich noch in Italien war, ein Junge, da war ich Republikaner. Ich dachte immer, als Republikaner hätte ich bessere Chancen, mich zu bilden, zu entwickeln, eines Tages eine Familie zu gründen, die eigenen Kinder zu erziehen. So dachte ich. Aber als ich dann in dieses Land kam, sah ich, daß es nicht so war, wie ich gemeint hatte, daß alles ganz anders war.*

*Ich habe in Italien nie so schwer arbeiten müssen wie in*

*diesem Land. Und ich war dort auch frei. Arbeiten mußte ich vielleicht zu denselben Bedingungen, aber nicht hart, an die sieben oder acht Stunden am Tag bei besserem Essen. Ich meine das wirklich. Natürlich gibt es auch hier gutes Essen, weil es ein größeres Land ist. Wer Geld hat, kann sich gutes Essen kaufen, aber nicht der Arbeiter, und in Italien hat der Arbeiter mehr Möglichkeiten, Gemüse zu essen.*

*Ich kam also in dieses Land. Ich arbeitete hier hart, und das über 13 Jahre. Aber ich konnte mir für meine Familie doch nicht das leisten, was ich mir vorgestellt hatte. Ich konnte nichts auf die Bank bringen. Ich hätte meine Kinder nicht auf gute Schulen schicken können und all das.*

*Man hat mir erklärt, hier habe jeder das Recht zu sagen, was er denke, es drucken zu lassen, es zu schreiben, es in einer Rede zu verkünden. Aber ich hatte mich getäuscht. Ich erlebte, wie gute Leute, intelligente, für Jahre ins Gefängnis kamen, im Gefängnis starben. Und nehmen Sie nur Debs, einen der bedeutendsten Männer in diesem Land. Er ist im Gefängnis, nur weil er ein Sozialist ist. Er wollte bessere Lebensbedingungen für die Arbeiterklasse durchsetzen, aber man steckte ihn ins Gefängnis. Warum? Wegen der kapitalistischen Klasse. Sie kennen sich aus. Sie sind dagegen, weil sie nicht wollen, daß auch unsere Kinder auf das Harvard College gehen. Denn dann hätten sie keine Chance mehr ... wenn die Arbeiter gebildet wären. Sie wollen die Arbeiter immer unten halten.*

*Gut, manchmal geben die Rockefellers und Morgans fünfzig ... ich meine fünfzigtausend Dollar für das Harvard College. Sie geben eine Million für eine andere Schule. Jeden Tag heißt es: Dieser Rockefeller ist ein großer Mann, der beste Mann im Land. Ich aber frage: Wer geht nach Harvard? Was haben die Arbeiter von dem Geld, das Rockefeller für Harvard stiftet? Sie haben keine Chance, je ihre Kinder nach Harvard zu schicken, denn Leute, die zwanzig Dollar in der Woche verdienen oder dreißig Dollar in der Woche oder meinetwegen auch achtzig Dollar und die fünf Kinder haben, die können kein Kind nach Harvard schicken, wenn sie sich satt essen wollen. Ich will, daß Menschen leben, wie es Menschen zukommt. Ich will, daß Menschen alles bekommen, was die Natur ihnen bietet.*

*Deswegen haben sich meine Vorstellungen geändert. Deswegen bin ich für Leute, die arbeiten und arbeiten, die sich entwickeln und keine Kriege mehr machen. Wir wollen nicht schießen. Wir wollen nicht andere junge Leute umbringen. Die Mütter haben gelitten und sich abgemüht, damit aus diesen jungen Leuten etwas werde. Die Mütter sollen dann aber auch was davon haben, daß ihre Kinder aufgewachsen sind. Warum sie zum Nutzen der Rockefellers und Morgans in den Krieg schicken? Warum? Was ist Krieg? Krieg ist nicht, wenn man, wie Abraham Lincoln, für ein freies Land, für bessere Bildung, für die Gleichberechtigung von Schwarz und Weiß kämpft, weil man weiß: Schwarze Menschen sind wie andere Menschen auch ... In unserem Fall ging es um einen Krieg der Millionäre. Nicht um einen Krieg für die Zivilisation. Das war ein Krieg, damit wieder jemand eine Million Dollar verdient.*

*Wir haben ein Recht, einen anderen Menschen zu töten? Ich habe für Iren gearbeitet. Ich habe für Deutsche und für Franzosen gearbeitet. Ich habe für Leute, die aus noch anderen Völkern stammen, gearbeitet. Ich mag sie so, wie ich meine Frau mag und mein Volk. Warum sollte ich sie töten? Was haben sie mir denn getan? Nichts. Und deswegen glaube ich auch nicht an Krieg. Ich würde am liebsten all die Kanonen zerstören. Ich kann nur sagen, die Regierung soll uns Bildung geben. Ich erinnere mich, daß es in Italien einmal einen Mann gegeben hat vor sechzig Jahren, der sagte: Schluß mit den Regierungen. Wenn all das Übel ein Ende haben soll, wenn es keine Verbrechen mehr geben soll, muß man der sozialistischen Literatur, der Bildung des Volkes und der Emanzipation eine Chance geben. Deswegen müssen die Regierungen abgeschafft werden. Deswegen bin ich für den Sozialismus. Deswegen mag ich auch Menschen, die Bildung wollen, eine Wohnung, in der es sich anständig leben läßt. Das ist alles.*

Sacco stellte sich den Geschworenen genau in dem Licht dar, in dem Thayer und Katzmann ihn dargestellt wissen wollten. Deshalb hatte Thayer ihn auch nicht unterbrochen.

Sacco hatte es gewagt, an den heiligsten Begriffen zu rütteln: Ein Radikaler und Fahnenflüchtiger hatte in mangelhaftem Englisch gesagt, er könne in Italien besser leben. Das mußte die Geschworenen verärgern und neue Fragen aufwerfen. Wenn es in Italien so viel angenehmer als in Amerika sein soll, warum hatten er und Vanzetti sich dann vor einer Deportation gefürchtet? Warum hatten sie dann gelogen?

Für den Fall, daß die Geschworenen in ihrer Verärgerung dem offenherzigen Ausbruch Saccos nicht richtig hatten folgen können, griff Katzmann noch einmal einige Punkte auf. Ob er gesagt habe, daß das Leben in Italien besser sei? »Nein«, antwortete Sacco, um dann hinzuzufügen, »doch die Arbeiterschaft kann mehr frisches Obst kaufen. Aber dafür gibt es keine Bildung und andere Dinge.«

Katzmann sprach ihn auch noch einmal auf seine Bemerkung zu Harvard an. Ob er Harvard verurteilen wolle? Sacco winkte ab: »Nein, Sir.« Ob sein Sohn in eine amerikanische Schule gehe? Sacco bejahte die Frage, wenn auch widerstrebend. Ob er wisse, daß Harvard Stipendien an Arme vergebe? Sacco schüttelte den Kopf.

Den Geschworenen mußte er als ein Mann erscheinen, der nicht nur schlecht informiert und voreingenommen war, sondern auch undankbar. Da in den zurückliegenden Tagen ohnehin vor allem von Fahnenflucht, Patriotismus und anarchistischen Überzeugungen die Rede gewesen war, konnte einmal mehr der Eindruck entstehen, daß es sich hier überhaupt nicht mehr um einen Raubmordprozeß handelte, sondern um ein politisches Tribunal. Katzmanns scharfe Fragen im Kreuzverhör, bei Vanzetti ebenso wie bei Sacco, hatten nichts mit den Vorgängen am 15. April zu tun, aber sie eigneten sich hervorragend dafür, jene Gefühle von Ablehnung, Verachtung und Haß zu verstärken, die die meisten Geschworenen ohnehin gegen ausländische Radikale hegten. Nur selten erhob die Verteidigung Einspruch gegen diese Art der Befragung, und wenn, dann wurde er von Richter Thayer stets mit den stereotypen Worten »Sie haben das angeschnitten« abgelehnt.

Eine skrupellose Anklagevertretung wußte, daß das Ergebnis dieses Prozesses eher von Emotionen als von Fakten abhängig war. Die angeblichen Beweise gegen Sacco und Vanzetti hatten sich im Prozeß in nichts aufgelöst, die Zeugenaussagen waren widersprüchlich oder völlig unbrauchbar. Um zu dem Schluß zu gelangen, daß Sacco und Vanzetti die Raubmörder von South Braintree waren, mußten die Geschworenen den gesamten Prozeßverlauf ignorieren. Katzmanns Strategie, die Logik der Fakten durch seine eigene zu ersetzen, hatte sich bewährt.

In einem abschließenden Plädoyer lieferte Katzmann zum letztenmal seine Konstruktion: Die Angeklagten waren Ausländer, Radikale und Stellungsflüchtige. Sie logen, sie benahmen sich verdächtig und trugen Waffen. Es gab Zeugen, die sie identifizierten. Katzmann gelang es, alle Indizien seiner Logik unterzuordnen, und diese hieß: Sacco und Vanzetti sind die Täter. Geschickt und dramatisch wandte er sich am Ende seines Plädoyers an die Geschworenen: »Meine Herren Geschworenen, tun Sie Ihre Pflicht. Tun Sie dies wie Männer. Haltet zusammen!«

Das Schlußwort der Verteidigung war engagiert, aber letztlich blaß. Gewiß, Anwalt Moore tat noch einmal alles Erdenkliche, um die Unschuld von Sacco und Vanzetti zu beweisen, ihr Alibi zu belegen und die Glaubwürdigkeit der Anklagezeugen zu erschüttern. Im Vergleich zu Vanzettis erstem Prozeß hatte die Verteidigung diesmal bessere Arbeit geleistet: Sie hatte zusätzliche Entlastungszeugen geladen, Gegengutachten besorgt, in Zusammenarbeit mit dem Verteidigungskomitee die Presse über den Stand des Prozesses wirksam unterrichtet. Aber war dies wirklich genug? Dedham war kein gewöhnlicher Prozeß, das hatten die zurückliegenden Wochen deutlich gezeigt.

Im Gerichtssaal hatten Sacco und Vanzetti ihren Prozeß aus einem Stahlkäfig verfolgen müssen – was sich in den Köpfen der Geschworenen bereits wie ein überwältigender Beweis ihrer Schuld darstellte. Sechsmal täglich, am Morgen, am Mittag und am Abend, wurden sie von einer bewaffneten Polizeieskorte zwischen dem Gefängnis und dem Gerichtsgebäude durch die abgesperrten Straßen von Dedham geführt. Sie mußten wie eine schreckliche Bedrohung wirken. Anwalt John McAnarney sagte später zu den außergewöhnlichen Sicherheitsvorkehrungen:

*Ein in Aussicht genommener Geschworener traf beim Betreten dieses Gerichts zunächst auf einen [bewaffneten] Wachtposten ... Er wurde von einem Wachtposten an der Tür aufgehalten.*

*Das ist der erste Hinweis, daß dies ein ungewöhnlicher Fall ist. Ich war in Norfolk County in vielen Mordfällen als Verteidiger tätig, aber so etwas hat es nie gegeben.*

*Sobald man durch die Tür ging, wurde man am Fuß der Treppe von einem weiteren Wachtposten aufgehalten. Das ist der zweite Hinweis.*

*Das menschliche Bewußtsein reagiert gewöhnlich so, daß diese Männer [die Geschworenen] die Wachtposten unwillkürlich mit den Angeklagten in Verbindung brachten. Sie waren nicht wegen der staatlichen Behörden da. Sie waren da, um jene Männer zu bewachen.*

*Am oberen Ende der Treppe war wiederum ein Wachtposten, und im Gerichtssaal befanden sich ebenfalls Wachen.*

*Die Geschworenen gingen vom Gerichtssaal in einen Raum, der früher unsere juristische Bibliothek war und nun als Geschworenenzimmer benutzt wurde. In diesem Korridor ging ein weiterer Wachtposten auf und ab.*

*All dies erweckte bei den Geschworenen den Eindruck, daß hier eine ungewöhnliche Situation vorlag. Diese Wachen waren dazu da ... die Geschworenenschaft vor den Angeklagten und ihren Freunden zu schützen.*

Der Prozeß endete am 14. Juli.

Über zweitausend Seiten hatte der Gerichtsprotokollant schon gefüllt, jetzt übernahm Richter Thayer noch einmal das Wort. Nach amerikanischem Recht hat der Richter die Geschworenen zu »belehren«, das heißt, er soll ihnen die wesentlichen Entschuldigungsmomente noch einmal ins Gedächtnis rufen.

Thayers Richtertisch war mit Blumen geschmückt, als er am Morgen des 14. Juli seine Instruktionen erteilte: »Das Gemeinwesen von Massachusetts hat Sie aufgefordert, einen höchst wichtigen Dienst zu leisten«, sagte er zu den Geschworenen. Dann fuhr er fort: »Obwohl Sie wußten, daß ein solcher Dienst anstrengend, schmerzlich und ermüdend sein würde, sind Sie dennoch wie echte Soldaten diesem Ruf im Geiste der höchsten amerikanischen Treue gefolgt. Es gibt kein besseres Wort in der englischen Sprache als ›Treue‹. Denn jener, der seine Treue zu Gott, zu seinem Land, zu seinem Staat und seinen Mitmenschen zeigt, stellt den höchsten und edelsten Typus wahren amerikanischen Bürgertums dar, das in der ganzen Welt nicht seinesgleichen hat.«

Nach seinem Appell an den Patriotismus faßte Thayer den Fall zusammen, doch nicht etwa die Identifizierungsaussagen oder das Alibi der Angeklagten, die letztlich die Kernpunkte des Prozesses gewesen waren, standen im Mittelpunkt seiner »Belehrungen«, sondern er erklärte den Geschworenen, sie hätten sich vor allem darüber klarzuwerden, ob bei den Angeklagten ein Schuldbewußtsein vorgelegen habe. Und geradezu genüßlich erwähnte er Einzelheiten, die ihm belastend erschienen:

»Verließen die Angeklagten mit Orciani und Boda das Haus von Johnson, weil das Auto keine Zulassungsnummer für 1920 hatte, oder haben sie Verdacht geschöpft, daß Mrs. Johnson vom Haus der Nachbarn telefonierte? Wenn ersteres der Fall ist, so müssen Sie sich sagen, daß ihr plötzliches Weggehen nicht als Schuldbewußtsein gewertet werden kann; trifft aber Ihrer Meinung nach letzteres zu, dann müssen Sie dies als Ausdruck von Schuldbewußtsein ansehen.«

Auch die Lügen nach der Verhaftung brachte er nochmals zur Sprache. Er verwies auf ihre Behauptung, sie hätten gelogen, »weil sie irgendeine Art von Bestrafung fürchteten«, da sie ausländische Radikale waren. Es war klar, daß er diese Version als Schutzbehauptung sah und erwartete, daß die Geschworenen es ebenso interpretierten.

Thayers Instruktionen an die Geschworenen hörten sich an wie eine Wiederholung von Katzmanns Abschlußplädoyer; eine Zusammenfassung des Falles aus der Sicht der Verteidigung kam darin nicht vor. Zeugen, die zugunsten Saccos und Vanzettis ausgesagt hatten, wurden ebensowenig erwähnt wie die Tatsache, daß es der Anklagevertretung weder gelungen war, ein Motiv für die Verbrechen vorzulegen, noch einen Beweis, daß die Angeklagten im Besitz des erbeuteten Geldes waren. Man hörte nichts von den anderen drei Banditen, nichts über die ungewöhnliche Tatsache, daß zwei Männer, die an einem aufsehenerregenden Raubmord beteiligt gewesen sein sollten, sofort zu ihrem normalen Alltag zurückgekehrt waren.

Nach mehr als dreißig Prozeßtagen, nach den Verhören von insgesamt 167 Zeugen, nach Saccos und Vanzettis Aussagen in eigener Sache, nach den ungeschickten Plädoyers der Verteidigung, dem verzerrenden, aber brillanten Plädoyer von Katzmann schloß Richter Thayer seine »Belehrungen« an die Geschworenen mit den Worten:

»Somit überantworte ich Ihnen die heilige Entscheidung über diesen Fall. Sie nehmen diese große Verantwortung mit in dieses Zimmer, in das Sie sich zurückziehen, in das stille Heiligtum, wo der große Schöpfer von Gerechtigkeit, Weisheit und gesundem Urteilsvermögen über all Ihre Entscheidungen wacht. Halten Sie sich immer vor Augen, Sie haben Ihrem Land zu dienen, Ihrem Gott und der Wahrheit.«

Die Geschworenen verließen daraufhin, nachhaltig patriotisch und gottesfürchtig eingestimmt, den Gerichtssaal und zogen sich zur Beratung zurück. Nach siebeneinhalb Stunden kehrten sie zurück.

Richter Thayer forderte den Protokollanten auf, die Geschworenen zu zählen.

»Wenn die Geschworenen bereit sind, nehmen Sie bitte den Wahrspruch entgegen«, sagte Thayer.

Ripley, der Obmann der Geschworenen, entgegnete mit feierlicher Stimme: »Wir sind bereit.«

Danach rief der Protokollant Nicola Sacco auf.

»Hier!« rief Sacco aus dem eisernen Käfig und erhob sich.

»Erheben Sie Ihre rechte Hand, Herr Obmann, und sehen Sie den Gefangenen an. Gefangener, sehen Sie den Obmann an. Was stellen Sie fest, Herr Obmann, ist der Gefangene vor den Schranken des Gerichts schuldig oder nicht schuldig?« forderte der Protokollant Ripley auf.

»Schuldig«, antwortete Ripley trocken.

»Des Mordes schuldig?«

»Des Mordes.«

Danach wurde Vanzetti aufgerufen. Er erhob sich. Das makabre Ritual wiederholte sich: »Erheben Sie Ihre rechte

Hand. Sehen Sie den Obmann an. Herr Obmann, sehen Sie den Gefangenen an. Was stellen Sie fest, Herr Obmann, ist Bartolomeo Vanzetti des Mordes schuldig oder nicht schuldig?«

»Schuldig.«

»Im ersten Grad, in jedem Anklagepunkt?«

»Schuldig. «

»Vernehmen Sie die Wahrsprüche, die das Gericht verzeichnet hat. Sie, meine Herren, erklären unter Eid, daß beide, Nicola Sacco und Bartolomeo Vanzetti, in allen Anklagepunkten des Mordes ersten Grades schuldig sind. Das erklären Sie, Herr Obmann. Das, meine Herren, erklären Sie alle.«

»Jawohl, jawohl, jawohl.«

Richter Thayer schien zufrieden. In loyalem Ton wandte er sich nochmals an die Geschworenen: »Meine Herren, ich habe dem, was ich heute morgen gesagt habe, nichts hinzuzufügen, außer Ihnen im Namen des Staates den Dank für Ihre Dienste auszusprechen. Sie können nun wieder nach Hause zurückkehren, von wo Sie fast sieben Wochen lang ferngeblieben sind. Das Gericht zieht sich nunmehr zurück.«

Bewaffnete Wachen führten die beiden Verurteilten fort. Saccos letzte Worte an jenem Ort, an dem ihr Schicksal besiegelt worden war, gingen im allgemeinen Aufbruch unter: »*Sono innocente!* – Sie töten unschuldige Menschen!«

*Neuntes Kapitel*

# Die juristische Verschwörung

Der Schuldspruch von Dedham löste weltweit große Empörung aus. Besonders die Zeitungen der Arbeiterorganisationen verlangten die Wiederaufnahme des Prozesses und geißelten das Verfahren als unfair, den Urteilsspruch als manipuliert. Aber auch liberale bürgerliche Stimmen wurden zugunsten der beiden Verurteilten laut. Der französische Schriftsteller Anatole France, der neben Zola zu den kritischsten Autoren seines Landes gehörte, veröffentlichte Ende Oktober 1921 einen offenen Brief an »das Volk der Vereinigten Staaten von Amerika«:

*Hört auf den Appell eines alten Mannes aus der Alten Welt, der kein Fremder ist, weil er sich als Mitbürger der gesamten Menschheit betrachtet. In einem Eurer Bundesstaaten hat man zwei Männer, Sacco und Vanzetti, wegen ihrer Gesinnung verurteilt. Es ist eine schreckliche Vorstellung, daß menschliche Wesen mit ihrem Leben für die Ausübung dieses heiligen Rechtes bezahlen sollen, das wir, gleichgültig, welcher Partei wir angehören, alle verteidigen müssen.*

*Laßt nicht zu, daß dieser ungerechte Urteilsspruch vollstreckt wird. Der Tod von Sacco und Vanzetti wird sie zu Märtyrern machen und Euch mit Schande bedecken!*

*Ihr seid ein großes Volk. Ihr solltet auch ein gerechtes Volk sein. Es gibt unter Euch viele intelligente Menschen, die klar zu denken verstehen. Ich ziehe es vor, mich an sie zu wenden. Ich rufe sie auf, keine Märtyrer zu schaffen. Das wäre ein unverzeihbares Verbrechen, das von nichts ausgewischt werden könnte und über Generationen auf Euch lasten würde.*

*Rettet Sacco und Vanzetti!*

*Rettet sie um Eurer willen, um der Ehre Eurer Kinder und der Generationen willen, die nach Euch und nach ihnen kommen.*

Freilich, der leidenschaftliche Appell von France blieb bei der Mehrzahl der Amerikaner ohne Wirkung. Die Protestversammlungen gegen das Urteil wurden fast ausnahmslos vom linken Flügel der amerikanischen Arbeiterbewegung getragen. Eine Resolution des Kongresses des amerikanischen Gewerkschaftsbundes, die auf Betreiben des Bostoner Gewerkschaftskartells zustande gekommen war und in der die Wiederaufnahme des Verfahrens gefordert wurde, blieb die Ausnahme. Ganz zu schweigen von den großen amerikanischen Zeitungen, die für den Ausgang des Prozesses nur wenige Zeilen auf einer der hinteren Seiten übrig hatten. Auch die gewaltigen Arbeiterdemonstrationen in Europa wurden in der Berichterstattung ignoriert oder aber mit hämischen Kommentaren bedacht, so wie in der *New York Times: Überall in Europa*, so hieß es dort, *beginnen die verschiedenen, mit den Bolschewisten sympathisierenden Gruppen gegen eine eingebildete Ungerechtigkeit loszuheulen.* Und um ihren Lesern die Gefährlichkeit dieser Protestteilnehmer zu suggerieren, erschien gleich daneben ein großer Bericht über mehr als hundert Kommunisten, die allein im September und Oktober 1921 mit dem ausdrücklichen Auftrag, Unruhe zu stiften, falls Sacco und Vanzetti hingerichtet werden sollten, ins Land eingereist waren.

Die Mehrheit der Amerikaner, an die Anatole France seinen moralischen Appell gerichtet hatte, wollte nichts vom Schicksal der beiden italienischen Einwanderer wissen. »Die Gerechtigkeit nimmt ihren Lauf«, hatte die Bostoner Presse nach dem Urteil geschrieben, und die meisten Bürger stimmten wohlgefällig mit der Ansicht des *Boston Globe* überein, der geschrieben hatte: *Die Gerechtigkeit wird sich von ihrem Kurs durch die Schreie der Radikalen nicht ablenken lassen: Sollte irgendein Fehler während des Verfahrens vorgekommen sein, so wird ihn das allwissende höchste Gericht von Massachusetts zu korrigieren wissen.*

Von den größeren bürgerlichen Zeitungen wagte es nur der Bostoner *American*, das Urteil anzuzweifeln: *Die in den stenografischen Protokollen aufgefundenen Beweise scheinen uns sehr wenig überzeugend zu sein, und wir hören, daß fast alle Reporter, die diesem Prozeß beiwohnten, darin übereinstimmen, daß der Schuldspruch nicht gerechtfertigt ist,* hieß es in einem Kommentar.

Vanzetti, der in einer der vielen Zellen im Staatsgefängnis von Charlestown saß, verfolgte die Reaktionen auf den Prozeßausgang aufmerksam. Noch hatte er sich nicht aufgegeben, noch glaubte er, das skandalöse Urteil, das ihn und Sacco getroffen hatte, könne revidiert werden. Aus seiner Zelle schrieb er an seine Schwester Luigia am 4. September 1921:

*Es ist unmöglich, in einem Brief einen Prozeß zu beschreiben, der sechs Wochen gedauert hat, besonders einen Prozeß, in dem so viele gesellschaftliche Kräfte, Feindschaften, Haßgefühle und Vorurteile gleichzeitig wirksam waren.*

*Leider kennst Du das Ergebnis. Ich wurde zum zweiten Male für ein Verbrechen verurteilt, das ich nicht begangen habe; ich bin nicht einmal je an dem Ort gewesen, wo es begangen wurde. Aber das letzte Wort ist noch nicht gesprochen. Der Fall ist in die Berufung gegangen. Wir werden die Entscheidung des Richters in einigen Monaten erfahren. Wenn sie negativ ausfällt, werden wir uns an den Obersten Gerichtshof von Massachusetts wenden.*

*In diesem Fall müßten wir ein Jahr lang auf die Entscheidung warten. Wie Du siehst, entwickeln sich die Dinge sehr langsam, und man muß Geduld haben. Die Anwälte sind jedoch optimistisch, sie hoffen, daß der Richter selber das Urteil aussetzen wird. Was die von Dir gewünschten Zeitungen und Informationen betrifft, so werde ich mein Bestes tun, damit Du sie so bald wie möglich erhältst ...*

*Hier sind die Italiener und einige Amerikaner noch mehr bereit, uns zu helfen, als vor dem Prozeß.*

*Ich bitte Dich daher, ruhig und stark zu bleiben. Wenn Du schwankend wirst, was soll dann aus mir werden?*

*Trotz allem bin ich gesund und ruhig. Ich würde mich besser fühlen, wenn ich wüßte, daß Du Dich nicht erschüttern läßt. Ich habe mich in vielen Gefahren befunden, auf meinen Reisen, bei meiner Arbeit und in New York, das gefährlicher ist als jeder Dschungel. Trotzdem bin ich immer mit heiler Haut davongekommen. Warum sollte ich einem Justizirrtum oder einer Justizvendetta zum Opfer fallen ...?*

Und in einem undatierten Brief, den er etwa zur gleichen Zeit an seine Schwester schrieb, war sich Vanzetti gar sicher, daß das Todesurteil nie vollstreckt würde. Geradezu übermütig schrieb er:

*Du weißt alles. Du kennst die allgemeine Entrüstung, die das unerwartete Urteil allerseits hervorgerufen hat; Du kennst die Großherzigkeit und die Anteilnahme, die die italienische Bevölkerung in Amerika für uns empfindet; Du weißt, wie viele einflußreiche Menschen auf unserer Seite sind; und Du weißt, daß das italienische Proletariat für unsere Freilassung demonstriert. Diese Dinge sollten Ruhe und Mut hervorrufen.*

*Doch kann ich Dir noch bessere Dinge berichten: Du sollst wissen, daß wir zwar zum Tode verurteilt worden sind, daß aber das Urteil nicht vollstreckt werden wird. Derzeit findet eine intensive Kampagne gegen die Todesstrafe statt, die darauf abzielt, uns vor der Hinrichtung zu retten. Da sich die besten Kräfte der Gesellschaft an dieser Kampagne beteiligen, kann man auf ein erfolgreiches Ergebnis hoffen.*

*Außerdem ist unsere Unschuld in dem Prozeß klar aufgezeigt worden. Hier ist niemand, der nicht begreift, daß wir aus Gründen des rassischen und politischen Hasses verurteilt worden sind. Man wird uns niemals preisgeben.*

*Die revolutionäre Presse in Italien wird eine Kampagne zu unseren Gunsten starten. Unser Leben und unsere Freiheit liegen in den Händen der italienischen Arbeiter. Sie haben die Macht, Tyrannen erzittern zu lassen ...*

*Auch die italienische Regierung wird sich unter dem Druck der Öffentlichkeit zum Eingreifen genötigt sehen. Die spanischen Arbeiter werden sich ebenfalls zu unseren Gunsten erheben.*

*Und hier? Hier werden Liebe, Zuneigung und Solidarität*

*eine unauslöschliche Seite schreiben, wenn die kapitalistische Inquisition wieder ihre Krallen ausstreckt.*

*Warum ich nicht mehr auf die Justiz vertraue?*

*Jeder, der willens ist, im Abschaum der Gesellschaft zu suchen, wird dort eine Unzahl meineidiger Zeugen finden; es sind solche, die so etwas tun, um ihre Karriere zu fördern. Die Geschworenen sind im allgemeinen verantwortungslose, kretinöse und fanatische arme Leute, ganz zu schweigen von Rassenhaß usw.*

*Jedenfalls warte ich geduldig ab, was die Justiz tun wird.*

Die Geduld Vanzettis sollte in den kommenden Jahren seiner Haft bis an die äußerste Grenze des Zumutbaren strapaziert werden. Zwischen 1921 und 1927 sollten acht Anträge zur Wiederaufnahme des Prozesses von der Verteidigung gestellt werden.

Der erste Antrag, der darauf hinwies, daß die Entscheidung der Geschworenen im Gegensatz zur Beweislage stand, war bereits am 18. Juli, also nur vier Tage nach dem Urteilsspruch, von der Verteidigung eingebracht worden. Am 24. Dezember – wie immer hatte sich Richter Thayer damit Zeit gelassen – wurde der Antrag abgewiesen. Thayer schrieb, die Geschworenen wüßten mehr als ihre Kritiker und hätten alle Beweisstücke und Zeugenaussagen sorgfältig geprüft. Abschließend schrieb er:

*Ich kann nicht – was ich tun müßte, wenn ich diese Wahrsprüche in Frage stellen wollte – der Welt verkünden, daß diese zwölf Geschworenen die Heiligkeit ihres Eides verletzt und, getrieben von Voreingenommenheit und Vorurteil, ihre Ehre, ihr Urteilsvermögen, ihre Vernunft und ihr Gewissen in den Wind geschrieben haben ...*

Moore hatte die Ablehnung des Antrags wohl vorausgesehen, denn schon zuvor, am 8. November, stellte er einen ersten sogenannten Zusatzantrag. Diese Anträge, die für eine mögliche Wiederaufnahme entscheidend waren, diese *motions*, wie sie die amerikanische Justiz noch heute bezeichnet, waren die einzige Chance der Verteidigung, ein neues Verfahren zu erzwingen. Freilich, die Vorbereitung der Anträge kostete viel Zeit – und damit auch Geld.

Die wichtigste Aufgabe des Verteidigungskomitees blieb deshalb neben der Öffentlichkeitsarbeit das Sammeln von Spendengeldern, um die Arbeit der Strafverteidigung zu finanzieren. Felicani, nach wie vor einer der wichtigsten Köpfe des Komitees und für die Finanzen zuständig, schaffte es, im Laufe der Zeit, also von der Anklage über die beiden Prozesse in Plymouth und Dedham und die Jahre der Revisionsversuche bis hin zum rechtskräftigen Urteil, weit über dreihunderttausend Dollar an Spendengeldern aufzutreiben. Ihm und Gardner Jackson, einem jungen ehemaligen Zeitungsreporter, der während des Prozesses in Dedham zum Komitee stieß und bald danach dessen Sekretär wurde, war es auch zu verdanken, daß es zwischen den häufig im Streit liegenden verschiedenen Gruppen und Organisationen, die sich im Komitee für Sacco und Vanzetti engagierten, nicht zum Bruch kam. Da gab es Gruppen, die sich dem Protest angeschlossen hatten, um ihn für ihre politischen Ideen zu vereinnahmen. Andere wiederum liefen Gefahr, die beiden Verurteilten zu Märtyrern zu verklären und darüber die notwendige, ja viel wichtigere juristische Kleinarbeit der Anwälte zu übersehen.

Es war Felicanis und Jacksons ausgleichende Führung, die dafür sorgte, daß es zwischen den einzelnen Komiteemitgliedern zu keinen unüberwindlichen Spannungen kam. Auch die Integration liberaler amerikanischer Bürger, die sich nach dem Urteilsspruch zugunsten von Sacco und Vanzetti einsetzten, war das Verdienst von Felicani und Jackson.

In den Jahren 1922 und 1923 konzentrierte sich das Komitee auf öffentliche Unterstützung für einen neuen Prozeß. Damit sollten vor allem die verschiedenen Anträge der Verteidigung öffentlich wirksam begleitet werden, denn nur über die *motions* war ein neues Verfahren zu erzwingen. An Revisionsgründen mangelte es keineswegs.

Moores erster Antrag, den er bereits am 8. November 1921 gestellt hatte, betraf das Verhalten des Geschworenen-Obmanns Walter Ripley, der wenige Monate nach dem Prozeß, am 10. Oktober, gestorben war. Ripley hatte, nach einer unter Eid bezeugten Aussage seines Freundes William H. Daly, der als Geschworener fungierte, während der Geschworenenklausur einige Patronen bei sich gehabt, die in Kaliber und Marke jenen glichen, die bei der Verhandlung als Beweisstücke zwar genannt, aber nicht zugelassen wurden. Obwohl es den Geschworenen verboten war, etwas in Betracht zu ziehen, was im Prozeß keine Rolle spielte, wurde über die Patronen im Geschworenenzimmer diskutiert. Dies verstieß gegen die Bestimmungen der Prozeßordnung. Und Daly sagte in einer weiteren eidesstattlichen Erklärung aus, Ripley habe ihm vor dem Prozeß auf seine Bemerkung, für ihn seien Sacco und Vanzetti keineswegs schon der Mordtat überführt, gesagt: »Zum Teufel mit ihnen, man sollte sie auf jeden Fall aufhängen!«

Der Antrag wurde abgelehnt.

Die zweite *motion* wurde am 4. Mai 1922 eingebracht und bezog sich auf die Zeugenaussage Louis Pelsers. Er war der Zeuge, der im Prozeß ausgesagt hatte, Sacco sei das »leibhaftige Ebenbild« des Mannes, den er damals auf Berardelli hatte schießen sehen. Vor dem Prozeß hatte er zwar noch in einer von der Verteidigung vorgelegten eidesstattlichen Aussage erklärt, er habe nur einen kurzen Blick des Banditen erhascht, nicht deutlich genug, um ihn identifizieren zu können. Doch im Zeugenstand erkannte Pelser Sacco dann eindeutig wieder. Im Kreuzverhör von Katzmanns Stellvertreter Williams auf die Widersprüche hingewiesen, hatte Pelser geantwortet, er habe an dem Tag, als er mit Moore über die Tat gesprochen habe, zuviel getrunken. Außerdem habe Moore auf ihn eingeredet. Vier Monate nach dieser für Sacco schwer belastenden Aussage erschien Louis Pelser nun erneut im Büro von Moore und legte ein überraschendes Geständnis ab: Er habe seine erste Version im Zeugenstand deshalb bestritten, weil ihn die Staatsanwaltschaft dazu verleitet habe. Jetzt fühle er sich schuldig und mache daher das Geständnis. Sechs Monate später widerrief er in einer weiteren Erklärung an die Anklage wiederum dieses Geständnis. Er behauptete nun, daß seine allererste Aussage doch nicht der Wahrheit entspräche und daß seine Prozeßaussage, Sacco gleiche dem Banditen »wie ein Ei dem anderen«, doch Gültigkeit habe...

In Pelser, damals ein schüchtern wirkender junger Mann von 21 Jahren, sah die Verteidigung eine Person, die allzu leicht beeinflußbar war. Aufgrund seiner ständig wechselnden Aussagen und Erklärungen verlangten die Anwälte, daß alle Aussagen Pelsers als ungültig betrachtet werden sollten. Zur Klärung der belastenden Erklärungen solle eine Wiederaufnahme des Verfahrens beitragen.

Der Antrag wurde abgelehnt.

Eine dritte *motion* wurde am 22. Juli 1922 eingebracht. Carlos E. Goodridge, der, wegen Betruges angeklagt, sich schuldig bekannt hatte und zu einer Bewährungsstrafe verurteilt worden war, hatte Sacco im Gerichtsgebäude »zufällig« erkannt, als dieser sich auf dem Wege zur Vernehmung befand. Im Prozeß hatte Goodridge dann ausgesagt, Sacco sei der Mann gewesen, der damals aus dem fahrenden Fluchtauto nach ihm geschossen habe, als er mit Freunden aus einem nahe gelegenen Billardsalon herausgelaufen war, um zu sehen, was geschehen sei. Im Prozeß hatten Saccos Verteidiger zu beweisen versucht, daß Goodridge vor ebendiesem Gericht wegen eines Betrugsdelikts angeklagt war – und Bewährung erhalten hatte. Thayer aber hatte zwischen Urteil und Aussage »keinen Zusammenhang« sehen können und den Beweis nicht zugelassen.

Nach dem Prozeß erforschte die Verteidigung die Lebensgeschichte dieses Zeugen und entdeckte, daß Goodridge in Wirklichkeit Erastus Corning Whitney hieß, mehrfach wegen Betrugs verurteilt worden war und bereits einige Male Gefängnisstrafen hatte verbüßen müssen. Seine dritte Frau sagte unter Eid aus, daß ihr Mann alle Personen italienischer Herkunft haßte und einmal geschimpft habe, »daß alle Italiener, die auf Schiffen nach Amerika herüberkämen, in Häfen versenkt werden sollten«. Mit diesen diskreditierenden Aussagen und der Vermutung, Goodridge verdanke seine milde Bewährungsstrafe wahrscheinlich der Tatsache, daß er Sacco als einen der Täter identifizierte, formulierten die Verteidiger ihre Eingabe.

Der Antrag wurde abgelehnt.

Die vierte *motion* betraf die Zeugin Lola R. Andrews und wurde am 11. September 1922 eingebracht. Die Frau, von der Presse wegen ihrer theaterreifen Auftritte vor Gericht als »ohnmächtige Lola« tituliert, hatte im Zeugenstand behauptet, am Morgen des 15. April den unter einem Auto liegenden

Sacco auf die Schulter getippt und nach einer nahe gelegenen Fabrik gefragt zu haben. Neun Monate nach dem Prozeß bekannte sie, falsch ausgesagt zu haben.

Lola Andrews, auch das hatte die Verteidigung zwischenzeitlich herausgefunden, hatte einen 19jährigen unehelichen Sohn, der in Maine lebte. Moores Mitarbeiter machten ihn ausfindig und arrangierten ein Treffen zwischen Sohn und Mutter in einem Bostoner Hotel. Im Beisein weiterer Zeugen sagten sie zu Mrs. Andrews, man habe ihre Vergangenheit genau recherchiert, jetzt solle sie die Wahrheit über den Raubüberfall aussagen. John, ihr Sohn, bat seine überraschte Mutter, die Wahrheit zu sagen, denn davon hingen Menschenleben ab. »Wenn du es nicht tust, kann ich dich nicht mehr als meine Mutter sehen.«

Die Frau weinte. Danach schilderte sie schleppend, wie der stellvertretende Staatsanwalt Williams auf sie eingewirkt habe, um sie zu einer belastenden Aussage zu zwingen. Sie unterzeichnete eine eidesstattliche Erklärung für Moore, die besagte, daß der Mann, den sie am 15. April am Tatort gesehen hatte, nicht Sacco gewesen sei.

Später widerrief Lola Andrews dieses Geständnis und beklagte sich, daß die Verteidigung sie durch die überraschende Gegenüberstellung mit ihrem Sohn, den sie jahrelang nicht mehr gesehen hatte, unter Druck gesetzt habe. Ebenso wie der Zeuge Pelser änderte sie wiederum ihre Aussage. Die Verteidigung begründete ihren Antrag auf Wiederaufnahme des Prozesses mit den unterschiedlichen Aussagen und Erklärungen der Zeugin.

Der Antrag wurde abgelehnt.

Die fünfte *motion* vom 30. April 1923 betraf das ballistische Gutachten von Captain Charles Van Amburgh und Captain William H. Proctor, die im Prozeß von der Staatsanwaltschaft als Zeugen benannt worden waren. »Es war Saccos Pistole, die den Schuß abgab und den Tod Berardellis zur Folge hatte«, so hatte damals Proctor erklärt. Zwei Sachverständige, Albert H. Hamilton und Augustus H. Gill, die danach auf Betreiben der Verteidigung für ein neues Gegengutachten die Waffen und Munition mit Hilfe eines Hochleistungsmikroskops untersucht hatten, waren zu einem gegenteiligen Schluß gekommen: Weder die angebliche Todeskugel noch die dazu passende Patronenhülse – so ihr 93 Seiten umfassendes Gutachten – seien aus Saccos Pistole abgefeuert worden. Ferner erklärten sie in ihrer Untersuchung, der Schlagbolzen in Vanzettis Revolver sei keineswegs neu, was eine weitere Widerlegung der Behauptung der Staatsanwaltschaft bedeutete, die behauptet hatte, daß es sich um Berardellis Waffe handele.

Nun erklärte Gutachter Proctor, er habe die Todeskugel und die Pistole Saccos damals mehr als ein Jahr in Gewahrsam gehabt und damit verschiedene Tests angestellt. Jetzt, am 23. Oktober 1923, gab er in einer eidesstattlichen Erklärung zu, er sei sich schon während der Verhandlung keineswegs sicher gewesen, ob die Kugel aus Saccos Pistole abgefeuert worden sei.

Damals, also mehr als zweieinhalb Jahre vor dieser Erklärung, hatte Richter Thayer bei seiner Belehrung den Geschworenen erklärt, sie sollten sich an Proctors Gutachten erinnern, das bezeugt habe, die Todeskugel sei aus Saccos Waffe abgefeuert worden. Und in seinem Abschlußplädoyer hatte Katzmann zu den Geschworenen gesagt: »Sie können alle Aussagen zur Identifizierung außer acht lassen und sich allein auf die Aussage der Experten stützen.« Freilich waren damit allein die Experten der Anklage gemeint, nicht etwa die Gegengutachten, die von der Verteidigung vorgelegt worden waren. Fünf Monate nach seiner Erklärung starb Captain Proctor. Er hatte nicht nur sein Gutachten revidiert, sondern auch darauf verwiesen, daß man ihm im Dedhamer Prozeß Fragen vorgelegt hätte, die in einer Weise formuliert gewesen seien, daß der Eindruck erweckt worden sei, er halte Sacco für schuldig. Die Erkenntnis kam zu spät.

Auch dieser, der fünfte Antrag, wurde abgelehnt.

Mit der Ablehnung der fünf Anträge für eine Wiederaufnahme des Prozesses begannen die Spannungen zwischen Moore und Felicani. Auch die Zusammenarbeit der Brüder McAnarney mit dem exzentrischen Anwalt Moore war in den zurückliegenden Jahren schlechter geworden. Sie warfen Moore vor, seine persönlichen Interessen häufig über die der gemeinsamen Prozeßarbeit gestellt zu haben. Hinzu kamen die immensen Honorarforderungen Moores, die die finanziellen Möglichkeiten des Verteidigungskomitees weit überstiegen.

Felicani, der nach der Ablehnung der Anträge gegenüber Freunden die anwaltlichen Qualitäten Moores immer häufiger kritisierte, drängte zu einer Trennung. Im November 1924 trat Moore – zutiefst verbittert über den Undank Felicanis – offiziell vom Fall Sacco und Vanzetti zurück. Zuvor aber wollte er sich aus Verärgerung darüber, daß ihm »sein Fall« genommen worden war, rächen, indem er beschloß, das Verteidigungskomitee zu bekämpfen. Er gründete eine eigene Gruppe, die Sacco-Vanzetti New Trial League (Liga für einen neuen Sacco-Vanzetti-Prozeß), und zwar nicht allein deshalb, um weiter in der Öffentlichkeit als aufrechter Verteidiger der beiden Verurteilten dazustehen, sondern vor allem, um die Geldmittel für Sacco und Vanzetti in der Hand zu behalten. Moore hatte immer noch gute Kontakte zu einflußreichen und wohlhabenden amerikanischen Liberalen, die er in seine New Trial League hineinzog. Moores Absicht, Felicanis Arbeit zu zerstören, blieb dennoch erfolglos. Zum einen konnte er kaum italienische Mitglieder für sich gewinnen, die lieber weiterhin im bestehenden Verteidigungskomitee mitarbeiteten, zum anderen wurde seine Liga weder von Sacco noch von Vanzetti akzeptiert.

Besonders Sacco, der Moore von Anfang an nicht mochte, verwahrte sich dagegen, daß sein Name und sein Foto auf Flugschriften von Moores New Trial League verwendet wurden. In einem wutentbrannten Brief forderte er Moore auf, er solle *bitte die Hände von dem Fall lassen,* und warf ihm vor, sich wegen des *süßen Geldes* an den Fall zu klammern.

Die New Trial League brach bald zusammen, und Moore verließ danach verbittert Boston. Das Verteidigungskomitee entschied sich danach für einen weniger egozentrischen Anwalt: für William G. Thompson, einen konservativen Mann, der als Mitglied des Rates der Bostoner Rechtsanwältevereinigung und als Lehrer an der juristischen Fakultät der Harvard-Universität ebenso geachtet wie einflußreich war. Im Gegensatz zu seinem Vorgänger, den Richter Thayer einmal als »langhaarigen Affen aus Kalifornien« tituliert hatte, war

Thompson ein undogmatischer Jurist, der in seiner Karriere sogar einmal als stellvertretender Staatsanwalt fungiert hatte und den niemand als Radikalen abstempeln konnte.

Thompsons Interesse an dem Fall Sacco und Vanzetti begann an dem Tage, an dem Richter Thayer im Dedhamer Prozeß versuchte, Moore in der Verteidigung zu behindern. Er war damals als Beobachter im Gerichtssaal anwesend und durchschaute schnell, daß hier die Verteidigung mit fragwürdigen Methoden behindert wurde; andererseits entging ihm nicht, daß Moore durch unnötige Provokationen Thayer geradezu animierte, die Rechte der Verteidigung einzuschränken. Später unterstützte er Moore dennoch mit seinem Rat und war ihm bei der Formulierung der letzten *motions* behilflich. Doch, wie sich zeigte, ohne Erfolg.

Als Thompson den Fall übernahm, ging es ihm einerseits um das Schicksal von Sacco und Vanzetti, an deren Unschuld er glaubte; andererseits sah er es als seine Verpflichtung an, eine offensichtliche Rechtsbeugung, wie er sie im Verfahren gegen die beiden beobachtet hatte, zu bekämpfen. Dafür wollte er seinen ganzen Einfluß geltend machen. Es gelang ihm, in der nun beginnenden Phase des Falles auch zunehmend Bürgerliche für den Fall der beiden italienischen Einwanderer zu interessieren und sie dazu zu bewegen, ihn in seinem zähen Kampf vor den Gerichten durch Geldspenden zu unterstützen.

Am 2. Oktober 1924 wandte sich Thompson in einem ausführlichen Berufungsantrag gegen die Ablehnung des Wiederaufnahmeverfahrens. Erst am 12. Mai 1926 entschied das Oberste Gericht von Massachusetts über Thompsons Antrag. Das Fazit: Gleichgültig, ob das Urteil im Dedhamer Prozeß richtig oder falsch sei – es behalte seine Gültigkeit. Es ginge nicht um die Richtigkeit des Urteils, sondern einzig und allein darum, ob Richter Thayer den Prozeß formell korrekt geführt habe. Dies aber sei der Fall. Den Buchstaben des Gesetzes war Genüge getan worden, die schiefe Logik der Justiz unangetastet geblieben.

Für Thompson, der, nachdem sich die Brüder McAnarney ebenfalls von dem Fall zurückgezogen hatten, alleiniger Anwalt von Sacco und Vanzetti war, blieb nur ein Weg: Er mußte bei Richter Thayer abermals einen Antrag auf Wiederaufnahme stellen. Wo aber gab es noch nachhaltige Revisionsgründe? Wo gab es überhaupt noch Anknüpfungspunkte, das Urteil zu Fall zu bringen? Wie konnte bewiesen werden, daß Sacco und Vanzetti weder Banditen noch Mörder waren?

Thompson mußte in dem Berg von Aussagen und Beweismitteln eine Fährte finden, die Richter Thayer unmöglich blockieren konnte. Die Zeit lief gegen ihn, und er wußte: Die Zeit lief vor allem gegen Sacco und Vanzetti, die seit dem Urteilsspruch in den Zellen der Gefängnisse von Dedham und Charlestown schmachteten.

*Zehntes Kapitel*

# Zwischen Hoffnung und Verzweiflung

Das Gefängnis von Dedham war ein für Strafanstalten ungewohnt gepflegter Bau, umgeben von hohen, alten Bäumen, dazwischen saftige, grüne Wiesen. Aber Sacco sah die Wiesen nicht. Das Fleckchen blauer Himmel, das er durch die Gitterstäbe seiner Zelle erblicken konnte, weckte schmerzliche Erinnerungen an seine italienische Heimat, an die Weinberge, die Olivenbäume, seine Kindheit.

An Mrs. Evans, die sich, ebenso wie eine Frau namens Mrs. Winslow, gemeinsam mit Aldino Felicani besonders um Saccos Familie kümmerte, schrieb Nicola aus der Haft: *Hier sitze ich immer allein, doch mit mir, in meiner Seele, in meinem Herzen, in meinen Gedanken, sind all die ungeheuren Legionen der edlen und opferwilligen Freunde und Genossen. Hier sitze ich, schreibe diese paar Zeilen. Das Sonnenlicht fällt auf mein Gesicht, und für ein paar Minuten fühle ich mich erlöst. Es heitert mich auf, wenn ich in den klaren blauen Himmel sehe.*

Doch immer seltener gelang es ihm, die harte Wirklichkeit der Haft zu verdrängen. Seit mehr als vier Jahren, von jenem 5. Mai 1920, an dem er in Untersuchungshaft genommen wurde, über die Zeit der Anklage und des Prozesses bis jetzt, da sein neuer Verteidiger die Berufung vorbereitete, hatte er in seiner Zelle unter Zweifeln und Ängsten gelitten. Noch war das endgültige Urteil nicht gesprochen, noch war er nicht endgültig als Verbrecher abgestempelt. Doch der Kampf um seine Unschuld, das Hin- und Hergerissensein zwischen Hoffnung und Verzweiflung hatten ihn zermürbt. Was wußten diese Richter von den Leiden eines Eingesperrten, von seinen Sehnsüchten und Ängsten? Für sie war er ein Verurteilter, ein Objekt der Rechtsprechung, ein juristischer Begriff – nichts sonst. Sie hatten keine Vorstellung davon, was es hieß, die Tage zu zählen bis zum nächsten Besuch, die unendlich langen Stunden zu ertragen, bis eine neue Nacht hereinbrach, an deren Ende sich nur alles wiederholte. Sie wußten nicht, was das hieß: warten und nochmals warten...

Sacco, der sein ganzes Leben über stets hart gearbeitet hatte, der nie erfahren hatte, was Muße ist, war im Gefängnis zur Untätigkeit verdammt. Da das endgültige Urteil noch ausstand, galt er formal als Untersuchungshäftling, und arbeiten durften nur diejenigen Gefangenen in Dedham, die zur Zwangsarbeit verurteilt worden waren. Sein kompakter Körper war voller Energie, die er nicht nutzen durfte.

Sacco war keine philosophische Natur wie Vanzetti, nicht so kontaktfreudig. Er sprach wenig und hatte seine Identität stets über seine Arbeit, seine Familie und seinen politischen Zusammenhang bezogen. In der Haft war er um all dies beraubt. Besonders unter der Trennung von seiner Familie litt er stark. Zwar besuchten ihn Rosina, seine Frau, und die Kinder Dante und Ines über all die Jahre regelmäßig; zwar wußte er, daß Aldino Felicani und die beiden Komiteemitarbeiterinnen Mrs. Evans und Mrs. Winslow aufopfernd für seine Familie sorgten, doch immer wieder kam es zu leidenschaftlichen Gefühlsausbrüchen über das Unglück der Trennung. Er durchlebte Augenblicke der tiefsten Verzweiflung.

Gegen Ende 1921 hatte Sacco bereits erste seelische Krisen durchlebt und sich über die Isolation beklagt. Die Gefängnisleitung beschaffte ihm danach kurzzeitig einen Arbeitsplatz in der Schuhfabrik der Strafanstalt, doch schon nach wenigen Wochen mußte er wieder zurück in seine Zelle verlegt werden, da er sich bei der Arbeit nicht konzentrieren konnte und sich mehrmals verletzt hatte. Um die Öffentlichkeit auf seine deprimierende Haftsituation hinzuweisen, hatte Sacco am 17. Februar 1923 mit einem Hungerstreik begonnen, den er über 31 Tage durchhielt.

Als Vanzetti in seiner Zelle von Charlestown davon erfuhr, zeigt er sich wenig angetan. In einem Brief an seine Schwester Luigia vom 15. März 1923 schrieb er geradezu verärgert:

*Du wirst bereits wissen, daß Sacco zum Mittel des Hungerstreiks gegriffen hat. Er ist entschlossen, freizukommen oder zu sterben. Er war 29 Tage ohne Nahrung...*

*Er ist sehr schwach, und wenn er weitermacht, wird er nicht mehr lange leben. Er hat höchstens noch eine Woche oder zwei. Sein Verstand ist durch sein Unglück zweifellos getrübt. Während er sich dessen, was er tut, völlig bewußt ist, bleibt das Faktum, daß er hofft, ja überzeugt ist, dieser Hungerstreik werde ihm die Freiheit bringen. Das ist ein Irrtum und beweist, daß sein Geist ein wenig verwirrt ist. Alles Flehen seiner Freunde und Lieben ist nutzlos.*

*Der Anwalt ersuchte das Komitee, Nicolas Frau und mich um die Erlaubnis, ihn von Ärzten untersuchen und die für seine Rettung notwendigen Maßnahmen treffen zu lassen, das heißt, ihn künstlich zu ernähren.*

*Dann übernahm der Anwalt selber die Verantwortung und ersuchte das Gericht, Nicola in ein Krankenhaus einzuweisen, damit seine geistige Gesundheit wiederhergestellt und sein Leben gerettet werde. Ich war wütend, aber machtlos, ich biß die Zähne zusammen und sagte nichts...*

Vanzetti schrieb im selben Brief, er vertraue auf die Arbeiter, nicht auf das Gesetz. Er gab sich kämpferisch, doch ein Hungerstreik schien ihm ein untaugliches Mittel, die Öffentlichkeit auf ihren Fall aufmerksam zu machen.

Die Mitglieder des Verteidigungskomitees waren über Vanzettis Haltung uneins. Die einen fragten sich, warum er Sacco nicht mit einem eigenen Hungerstreik unterstützt hatte, was dem Protest eine doppelte Wirkung verliehen hätte. Andere sahen in Saccos Entschluß, Nahrung zu verweigern, seinen seelischen Zusammenbruch. Nicht Agitation, sondern ärztliche Hilfe sei nötig, so argumentierten sie.

Am 16. März 1923 wurde Sacco nach vierwöchigem Hungerstreik von drei Psychiatern untersucht. Richter Thayer hatte sie bestellt. Sacco erklärte ihnen, er fühle sich verfolgt und sei in den Hungerstreik getreten, um nicht länger leiden zu müssen. In ihrem Bericht teilten die Ärzte Richter Thayer mit, daß Sacco »geistig verwirrt« sei, und Thayer ordnete daraufhin an, ihn ins Boston Psychopathic Hospital zu überweisen, um ihn dort weiter auf seinen Geisteszustand untersuchen zu lassen. Im Krankenhaus wurde ihm eröffnet, man werde ihn zwangsernähren, falls er weiterhin nicht esse. Später erklärte Sacco: »Ich war zu schwach und konnte keinen Widerstand leisten; also sagte ich: Gut, ich werde essen.«

In den Tagen danach begann Sacco verschiedene Male zu toben. Dabei schrie er: »Ich bin unschuldig! Es gibt keine Gerechtigkeit!« Vier Männer des Wachpersonals mußten ihn bändigen. Es gab keinen Zweifel: Sacco war über seine demütigenden Erfahrungen während des Prozesses, über seine deprimierende Situation des Gefangenseins seelisch krank geworden. Er dachte manchmal an Selbstmord.

Kurz nachdem das Gericht angeordnet hatte, Sacco müsse zur weiteren Behandlung in der Klinik bleiben, verschlechterte sich sein Zustand rapide. Als ihn Mrs. Evans besuchte, sagte er zu ihr, wenn man ihn ins Gefängnis zurückbringe, dann werde er Richter Thayer genau einen Tag Zeit geben, seine Freilassung zu erwirken – sonst werde er sich umbringen.

Auch in den nächsten Tagen wechselten Perioden der Ruhe, die den Klinikdirektor zu der Diagnose verleiteten, es gebe »keinen Hinweis auf irgendeine Art von Irresein«, mit wilden Anfällen, in deren Verlauf Sacco schrie, er wolle in Freiheit, er wolle zu seiner Frau und zu seinen Kindern.

*Man hatte ihm die wichtigsten Dinge in seinem Leben genommen,* schrieb der Arzt Ralph Colp Jahre danach in einem Aufsatz über Saccos damaligen Zustand in der Zeitschrift *The Nation. Frau und Kinder, Arbeit und seinen Auslauf und Kontakt mit der Natur.* Hinzu kam, daß Sacco noch immer nicht die Sprache derer, die ihn gefangenhielten und die ihn untersuchten, völlig verstand. Er fühlte sich nicht nur als »juristisches Objekt«, sondern auch als »medizinisches Opfer«.

Am 22. April 1923, an seinem 32. Geburtstag, wurde Sacco zur stationären Behandlung in das Krankenhaus für geisteskranke Rechtsbrecher in Bridgewater eingeliefert. Dort besserte sich sein Zustand. Er arbeitete auf der Anstaltsfarm, nahm wieder Kontakt zu seinen Verteidigern auf und hoffte, ein Berufungsantrag könnte Erfolg haben. Am 29. September

1923 wurde er aus der Klinik entlassen und dorthin gebracht, wo seine Zusammenbrüche begonnen hatten: in seine Gefängniszelle in Dedham.

Während Saccos Zusammenbrüchen und Klinikaufenthalten saß Vanzetti in einer der tristen Zellen des Staatsgefängnisses von Charlestown. Sein Verlangen nach Freiheit war nicht weniger schmerzlich als das von Sacco, doch seine robuste Mentalität erlaubte es ihm, die Tortur der Haft besser zu ertragen. Vanzetti war ein umgänglicher Mensch. Er pflegte Kontakt zu seinen Mithäftlingen, mit denen er im Gefängnishof häufig Ball spielte; dies, so sagte er einmal zu seinem Freund Felicani, sei »erholsamer als hundert Spekulationen«.

Auch dachte er immer wieder über ihren Fall nach. Wut stieg in ihm auf, wenn er sich an die Prozesse erinnerte, an Plymouth und Dedham. Doch er wollte gegen sein Schicksal kämpfen, gemeinsam mit seinen Freunden, Gesinnungsgenossen und Anwälten. Noch gab er sich nicht auf.

Im Gegensatz zu Sacco hatte man ihm in Charlestown erlaubt, in den Gefängnisbetrieben zu arbeiten. Zunächst beschäftigte man ihn in der Schneiderei, später fand er eine Stelle im Kohlenlager. Als Ausgleich zur körperlichen Arbeit las er alle Bücher, die er nur bekommen konnte. Er versuchte sich an Übersetzungen aus dem Englischen ins Italienische und verfaßte mehrere Artikel über Anarchismus sowie Erklärungen zum Prozeß, die er an italienische Zeitungen schickte, die seine Texte abdruckten. Während seiner Haft hatte Vanzetti auch begonnen, seine eigene Lebensgeschichte niederzuschreiben; Auszüge davon veröffentlichten zahlreiche Arbeiterzeitungen und erweckten damit großes Interesse an seinem Fall. Zur gleichen Zeit schrieb er viele Briefe an Freunde und Genossen, vor allem aber an seine Schwester.

Interessant ist die Tatsache, daß es in fast allen Briefen kaum einen Hinweis auf das Bedürfnis nach persönlicher Liebe gibt. Seitenweise schrieb er über die Klassenlage der Arbeiter, entwarf Gesellschaftsvisionen für die Zukunft, äußerte sich über den Mangel an Moral der Herrschenden, beklagte fehlende Gerechtigkeit und Toleranz und verlor sich gerne in metaphysischen Gedanken.

Eine Fähigkeit, die Vanzetti nicht nur unter Mithäftlingen beliebt machte, war sein Sinn für Ironie und Humor. So schrieb er einmal über den Abschluß eines Manuskriptes: *Was die Ideen angeht, so sind sie aufrichtig. Aber die Schrift geriet daneben, als es geschah, daß ein Ei, von dem ich annahm, es sei hart gekocht, in meiner Hosentasche zerbrach und dadurch mein ganzes Nervensystem außer Gefecht gesetzt wurde.*

Einen anderen Brief, der Vanzettis Humor beweist, schrieb er bereits im Herbst 1921 an Mrs. Evans. Man hatte ihn um sechs Uhr morgens geweckt und ihm mitgeteilt, er solle sich zu einer Fahrt ins Gerichtsgebäude fertig machen. *Nun sagte ich mir, als ich wieder in meine Zelle kam: Es könnte schlimmer kommen. Und es kam schlimmer. Auf dem Tisch fand ich mein Frühstück, eine Tasse Kaffee, drei Scheiben Brot, Kartoffelbrei – alles so kalt, wie sonst nur Eiscreme kalt sein kann.*

Über den anschließenden Transport, den er wie immer von Beamten bewacht und mit Handschellen gefesselt antreten mußte, berichtete er: *Sechs oder sieben Beamte standen an der Tür, mit ihrer rechten Hand nahe der Hosentasche, bereit, mich vor jedem Angriff zu schützen. Man muß schon der undankbarste Mensch von der Welt sein, um sich da nicht geehrt zu fühlen.*

Vanzetti war sicherlich ein mitteilsamerer Mensch als Sacco; er hatte vielseitigere, intellektuellere Interessen, und er war – dies beweist seine umfangreiche Korrespondenz – ein politischer Mensch, der sich über viele Fragen Gedanken machte: zornige, ironische, naive, dogmatische. Über seinen politischen Standort schrieb er einmal:

*Wir nennen uns Libertäre, was in Kürze gesagt bedeutet, wir glauben, daß menschliche Vollkommenheit durch die größtmögliche Menge an Freiheit und nicht durch Zwang herzustellen ist, daß das Schlechte in der Natur des Menschen und in seinem Verhalten nur beseitigt werden kann durch die Beseitigung seiner tieferen Ursachen und nicht durch Zwang oder Druck, was nur zu neuem Übel führt und Schlechtes zu Schlechtem fügt.*

*Noch immer hat es geheißen: Was mir hilft, ist gut, der Rest ist von Übel. Gorki spricht einmal von der Moral der Wilden und sagt dabei: Wenn ich das Weib meines Nachbarn stehle, so ist das gut, wenn mein Nachbar mein Weib stiehlt, so ist das böse. Wenn man genau hinsieht, so sind viele moralische Prinzipien, abstrakt genommen, wahr. Sie werden verdorben bei ihrer Anwendung.*

*Der Anarchist geht weiter und sagt: Alles, was mir hilft, ohne anderen zu schaden, ist gut; alles, was anderen hilft, ohne mir zu schaden, ist gut, der Rest ist schlecht.*

Das mag schlicht formuliert sein, aber es entsprach Vanzettis politischer Philosophie. Er hatte einen klaren, ausgeprägten Sinn für Gerechtigkeit und eine geradezu intuitive Abneigung gegenüber jeglicher Macht. Gesetze und Gerichte waren für ihn kein Schutz gegen Macht, sondern deren willfährige Instrumente.

*Die Gesetze sind der kodifizierte Wille der herrschenden Klasse ... Ein Rebell und Neuerer ist immer schuldig vor den Gesetzen, die dem Bewahrenden dienen,* äußerte er sich in einem seiner zahllosen Aufsätze, die er während seiner jahrelangen Gefangenschaft verfaßte.

Seine Vorstellungen über Religion und Glauben waren vor allem von einer entschiedenen Ablehnung der Institution Kirche geprägt. Er gab dafür *historische, wirtschaftliche und moralische Gründe* an. In Briefen von oft beträchtlicher Länge machte er jedoch klar, daß seine Ablehnung der kirchlichen Macht nur für ihn selbst gelten sollte. Auch die Frage des Glaubens sei eine individuelle Entscheidung, die er niemand anderem aufzwingen wolle. So schrieb er einmal: *Ich sehe, daß Sie wirklich und tief von der Wiedergeburt und all solchen Doktrinen überzeugt sind. Es mag schon wahr sein, und Sie haben alles Recht für Ihre Ansichten, die die Ängste unseres armen Lebens besänftigen. Ich weiß nur, daß ich nicht so bin, daß ich an keine der vielen religiösen Ansichten glauben kann, die mir unter die Augen gekommen sind. Dennoch bin ich ein großer Mystiker und kann nicht ohne Glauben auskommen.*

Vanzetti hatte als Anarchist allergrößten Respekt vor der Freiheit des Individuums. Seine Utopie einer anarchistischen

Gesellschaft grenzte er deshalb auch von kommunistischen Systemen wie dem der Sowjetunion scharf ab. Kollektivismus war für ihn nur eine andere Variante der Macht, die die Freiheit des einzelnen bedrohte: *Wir glauben entschieden, daß eine Veränderung kommen sollte, aber nicht in die Richtung von mehr Zwang, sondern von mehr Freiheit. Deswegen sind wir auch gegen jede Theorie des autoritären Kommunismus und Sozialismus, denn es würden dem menschlichen Geist so nur noch stärker die Daumenschrauben angezogen, und was wir am gegenwärtigen System auszusetzen haben, ist ja gerade sein Zwangscharakter.*

Vanzettis Gegenbild einer freien Gesellschaft, deren Grundlage *eine reale physikalische Gleichheit in Besitz, in Recht und Pflichten unter den Menschen ist,* blieb aber in allen seinen Texten nur ein großer Entwurf, nirgendwo wurde die politische Organisation der neuen Gesellschaft detailliert beschrieben. So scharfsinnig Vanzettis Analyse war, wenn es darum ging, etablierte Machtstrukturen und die damit verknüpfte Bedrohung des einzelnen zu beschreiben, so blaß blieben seine Gedanken bei anarchistischen Fragen.

Die Frage der Gewalt, die Anarchisten von jeher stark beschäftigt hat und die Vanzetti nicht nur theoretisch, sondern ganz konkret betraf, indem er wegen einer der radikalsten Gewalttaten, die den Tod zweier Männer zur Folge hatte, verurteilt worden war, griff er in einem Brief auf, den er eine Woche vor seinem Urteil in Dedham schrieb: *Wir können nicht leugnen, daß Gewaltakte von Männern begangen worden sind, die sich Anarchisten nennen, und manchmal auch von Männern, die das Recht haben, sich Anarchisten zu nennen. Aber sie sind dazu gebracht worden durch Verfolgung. Sie haben aus Selbstverteidigung oder aufgestachelt von Gewalt, Unterdrückung und Intoleranz, geübt durch jene, die an der Macht sind, so gehandelt.*

Was seinen eigenen politischen Standort betraf, so fehlte es nicht selten an Kritik. Dennoch, es ist überraschend, wie wenig klischee- und phrasenhaft sich Vanzettis zahllose Briefe, Texte und Aufsätze lesen. Er, ein Mann aus einfachen Verhältnissen, der nie eine besondere Schulbildung erhalten hatte, verfügte über Eigenschaften, die nicht nur seinen Anwalt Thompson beeindruckten: Er war wißbegierig, phantasiereich, wortstark – und er war kämpferisch.

Im Vergleich zu Sacco, der sich ebenfalls als Anarchist definierte, war er in seinen Ansichten komplexer, schärfer, politischer. Doch unter den zermürbenden Auseinandersetzungen mit den Gerichten litt er bald genauso wie Sacco. Nachdem Thayer alle fünf Anträge der Verteidigung auf Wiederaufnahme des Verfahrens abgelehnt hatte, schrieb er am 5. Oktober 1924 aus seiner Zelle einen Brief an seine Schwester Luigia, in dem er sie aufforderte, *den Mut nicht zu verlieren.* Doch um seinen eigenen psychischen Zustand stand es schlecht.

Anfang 1925 wurde auch er aus dem Gefängnis von Charlestown in das Krankenhaus für geisteskranke Rechtsbrecher in Bridgewater gebracht, wo er bis Mai 1925 blieb. Die Ärzte diagnostizierten »halluzinatorische und wahnhafte Zustände«. Wie schon zuvor Sacco, fühlte er sich verfolgt von Männern, die ihn umbringen wollten. Bis heute ist nicht eindeutig geklärt, ob Vanzetti in seiner damaligen Situation die Geisteskrankheit nur vorspielte. In einem Brief aus der Anstalt, der an seine Schwester Luigia adressiert war, schrieb er: *Glaube künftig nicht alles, was die Berichte, die Du über mich erhältst, zu besagen scheinen.*

Was aber wollte Vanzetti mit einer vorgespielten Geisteskrankheit erreichen? Glaubte er, sein Schicksal hinauszögern zu können, oder wollte er damit gegen Thayers negativen Bescheid rebellieren?

Offenbar hatten Vanzetti die Belastungen der zurückliegenden Jahre aus dem seelischen Gleichgewicht gebracht – viel mehr, als ihm selbst bewußt war. Sein ungeheures Bedürfnis nach Literatur, nach Kommunikation, das in seinen unzähligen Briefen und Aufsätzen überaus stark zum Ausdruck kommt, war sicherlich auch der Versuch, seine isolierte Situation zu verarbeiten. Doch im Vakuum der Gefängniszelle mußte dieser Rettungsversuch scheitern. Wie bei Sacco holte auch ihn die Wirklichkeit dramatisch ein.

Vanzetti war – wie Sacco in Dedham – verzweifelt. Am 6. Mai schrieb er, wieder aus dem Gefängnis, an seine Schwester:

*Während meines Aufenthalts auf dem staatlichen Gut in der Heilanstalt Bridgewater habe ich Stärke und Lebensmut gewonnen, ich bin in einem viel besseren Gesundheitszustand nach Charlestown zurückgekehrt. Der Anwalt ist froh, daß ich wieder da bin, er befürchtete, der Richter könnte meine Krankheit als Vorwand benutzen, um die Unterschrift auf bestimmten Papieren für den Obersten Gerichtshof zu verweigern.*

*Dieser Richter möchte uns leiden und sterben sehen ...*

Am Weihnachtstag 1925 teilte er Luigia mit, er erwarte die Berufungsverhandlung im Januar vor dem Obersten Gerichtshof:

*Es ist merkwürdig, ich habe einen ausgezeichneten Anwalt, dessen Honorar ein Vermögen kostet; ich habe ihn schon dutzendmal gefragt und weiß immer noch nicht mit Sicherheit, ob ich bei der Verhandlung vor dem Obersten Gerichtshof anwesend sein werde. Ich würde gern dortsein, wenn dies ein Recht ist, aber nicht, wenn es ein besonderes Privileg ist. Was ich fordere, ist Gerechtigkeit, nicht Privilegien.*

*Jedenfalls ist diese Frage nicht besonders wichtig; meine An- oder Abwesenheit im Gericht wird die Entscheidung, die dort getroffen wird, überhaupt nicht beeinflussen. Ich bin völlig überzeugt, daß diese Herren heute schon wissen, welche Entscheidung sie treffen werden.*

Vanzetti, der von Thompson zu Anfang nicht gerade angetan war, befürchtete das Schlimmste. Gut, der neue Anwalt war engagiert und hatte sorgsam an der Berufung gearbeitet, doch Vanzetti brachte ihm noch nicht allzu großes Vertrauen entgegen. Seit dem Prozeß war für ihn *eine juristische Verteidigung an sich völlig sinnlos und nutzlos.* Und als Thompson, anders als Moore, das Verteidigungskomitee aufforderte, jede unnötige Agitation zu unterlassen, weil sie nur jene Kräfte provoziere, die über seine Mandanten das Urteil sprechen würden, war Vanzetti zunächst verärgert darüber. Anders als Sacco, der von den juristischen und menschlichen Qualitäten Thompsons rasch überzeugt war, blieb Vanzetti in der Bewertung von dessen Arbeit lange Zeit distanziert.

Am 11. Januar 1926, an jenem Tag, als der Oberste Gerichtshof den Fall der beiden Italiener behandelte, schrieb Vanzetti in einem weiteren Brief an seine Schwester:

*Heute wurde unser Fall besprochen. Weder Nicola noch ich waren dabei, weil uns der Anwalt gesagt hatte, daß wir dazu nicht berechtigt sind ... Allerdings glaube ich, daß er gelogen hat. Wahrscheinlich wollte er das große Polizeiaufgebot im und um das Gerichtsgebäude vermeiden, zu dem es gekommen wäre, wenn wir dortgewesen wären ... Es heißt: In zwei Monaten werden wir die Entscheidung bekommen, und sie wird günstig sein. Vielleicht ist es wahr ...*

Mehr als vier Monate danach, am 12. Mai 1926, sollte sich bestätigen, was Sacco und Vanzetti in ihren Zellen befürchtet hatten: Die Urteile gegen sie wurden bestätigt, Richter Thayer wurde in allen Punkten Recht gegeben, eine Wiederaufnahme abgelehnt. So wie Thayer es seinerzeit unternommen hatte, die Staatsanwaltschaft und die Geschworenen gegenüber den Eingaben Moores zu schützen, hatte nun der Oberste Gerichtshof alles unternommen, die Lauterkeit ihres Richterkollegen Thayer zu bestätigen. Die Justiz von Massachusetts hatte eine Allianz geschlossen gegen zwei italienische Einwanderer, gegen ihre Ideen und Ideale. Aus seiner Zelle in Charlestown schrieb Vanzetti am 16. Mai 1926 an seine Schwester:

*Ich weiß, daß Dir die Entscheidung des Obersten Gerichtshofs von Massachusetts bekannt ist. Wir müssen tapfer sein, dem Mißgeschick widerstehen und nicht zulassen, daß es uns zur Verzweiflung treibt.*

*Ich sehe, daß es falsch war, Worte der Hoffnung und Ermutigung zu schreiben, denn dies mußte diesen Schlag um so härter und unerwarteter erscheinen lassen ...*

*Ich bin unglücklich darüber, daß Sacco, der von diesem ganzen Durcheinander völlig angeekelt ist, alle juristischen Bemühungen aufgeben will. Ich meine, daß wir bis zum Ende kämpfen sollten. Ich hoffe, daß er die Richtigkeit meiner Auffassung einsehen wird.*

Sacco lag an diesem Tag niedergeschlagen auf der harten Pritsche seiner Zelle. Ihm gingen die Vorgänge nicht aus dem Kopf, die Monate zuvor ihren Anfang nahmen mit einem kleinen Zettel, der in einer Zeitschrift steckte, die ihm der Stationskalfaktor gebracht hatte. Damals hatte Sacco zitternd die kurze Nachricht gelesen, die ihm die Luft nahm:

*Ich gestehe hiermit, daß ich am 15. April 1920 bei dem Verbrechen in der Schuhfabrik in South Braintree dabei war und daß Sacco und Vanzetti nicht dabei waren.*

*Celestino F. Madeiros*

Sacco durchströmte beim Lesen dieser Zeilen ein Gefühl der Hoffnung. Er dachte an seine Familie, an Rosina, an Ines und Dante, an Freiheit...

Damals, am Nachmittag des 16. November 1925...

*Elftes Kapitel*

# Das Geständnis

Celestino Madeiros war eine gescheiterte Existenz, eine tragische Figur. Er wurde 1902 auf den portugiesischen Azoren geboren. Seine Eltern wanderten nach Amerika aus, als er gerade drei Jahre alt war. Im „Gelobten Land" traf die Familie das Schicksal Tausender Einwanderer; sie landete in den Slums von New Bedford, einer Industriestadt in Massachusetts. Schon als Jugendlicher kam Madeiros mit dem Gesetz in Konflikt, und sein Strafregister wuchs entsprechend seinem Alter. Nach einem Bankraub in Wrentham, den er zusammen mit einem Komplizen namens Weeks durchgeführt hatte und bei dem ein Kassierer getötet wurde, faßte man Madeiros. Er wurde in das Gefängnis von Dedham gebracht, wo er seinen ersten Prozeß und später nach seiner Verurteilung das Ergebnis seiner Berufung beim Obersten Gerichtshof abwartete.

Schon längere Zeit hatte er versucht, mit Sacco in Kontakt zu kommen, doch der Italiener, der in einer Zelle neben der von Madeiros untergebracht war, ging auf Distanz. Er wußte, daß sich Spitzel und Provokateure um ihn drängten, er hatte gelernt, vorsichtig zu sein. Doch trotz Saccos ablehnender Haltung blieb Madeiros hartnäckig, selbst dann noch, als er in eine andere Zelle verlegt war. Im Baderaum oder während des Hofganges schlich er sich an Sacco heran: »Nick, ich weiß, wer die Sache in South Braintree gedreht hat.« Doch Sacco ignorierte ihn.

Schließlich schrieb Madeiros jenen Zettel, den er Sacco über Mitgefangene zukommen ließ. Die kurze Nachricht, die Sacco für einen Augenblick benommen machte, war das Geständnis eines Kriminellen, der die Schuld an einem Verbrechen auf sich nahm, das bislang Sacco und Vanzetti zur Last gelegt worden war. Warum aber sollte einer, dem das Schicksal der beiden italienischen Einwanderer seit langem bekannt sein mußte, erst jetzt ein Geständnis ablegen? Machte ihn seine Schuld ruhelos? Sah er, der zum Tode verurteilt worden war, keine Chance in seiner Berufungsverhandlung und wollte deshalb einen Schlußstrich ziehen, um sein quälendes Gewissen zu erleichtern?

Als Sacco die Notiz an seinen Anwalt Thompson sandte, ließ dieser sofort Nachforschungen anstellen. Wer war dieser Madeiros? Warum bezichtigte er sich selbst eines schweren Verbrechens?

Am 19. November 1925 trafen Sacco und Thompson mit Madeiros im Gefängnis von Dedham zusammen. Sie waren mißtrauisch, doch zugleich erwartungsvoll. Bei dem Gespräch wurde ihnen rasch klar, daß sie es hier mit keinem Spinner zu tun hatten; nein, hier saß ein Mann, der Einzelheiten von dem Raubüberfall in South Braintree erzählte, die nur ein Beteiligter wissen konnte.

Er sei gerade 18 Jahre alt gewesen, so erzählte Madeiros, als er mit einer Gruppe von Italienern in Kontakt kam, die darauf spezialisiert war, Frachtwaggons auszurauben. Eines Abends, als er wieder einmal bei einem Drink mit ihnen zusammensaß, habe man zu ihm gesagt: »Hey, wir haben einen guten Job für dich«, und ihm angeboten, bei einem Überfall mitzumachen. Er sollte hinten im Auto das Geschehen verfolgen und dafür sorgen, daß niemand versuchte, das Auto aufzuhalten. Ein paar Tage später, am 15. April 1920, habe man den Plan ausgeführt.

»Ich saß mit einem Colt, Kaliber 38, auf dem Rücksitz eines Buicks und war ziemlich erschrocken«, erzählte Madeiros, »denn die anderen haben plötzlich geschossen.« Dann schilderte Madeiros, wie sie die Flucht vorbereitet hätten. Um nicht erkannt zu werden, habe man zwei Autos benutzt, einen Buick für den Überfall und einen Hudson, in den sie später in einem Wald bei Randolp umgestiegen seien.

Zwei Autos? Die Anklage sprach immer nur von einem. Wußte die Staatsanwaltschaft von der Existenz eines zweiten

Wagens? Hatte sie den Hudson ignoriert, weil Bodas Overland dann keine Funktion in der Beweisführung mehr gehabt und der Hudson auf die bewährte Vorgehensweise von Berufsbanditen hingewiesen hätte?

Thompson gingen diese Fragen sofort durch den Kopf, nachdem Madeiros über seine Flucht vom Tatort erzählt hatte. Und er wollte mehr wissen von dem Mann, der ihnen gegenübersaß und ein Geständnis offenbarte, das seinen beiden Mandanten das Leben retten konnte.

»Wie viele Männer waren an dem Überfall beteiligt, und wie heißen sie?« fragte er Madeiros.

Drei Italiener seien außer ihm dabeigewesen und »ein schlanker Bursche mit hellem Haar«, erwiderte Madeiros. Namen jedoch wollte er keine nennen.

Thompson war klar, warum er sich weigerte, die Identität der Bandenmitglieder preiszugeben. Madeiros fürchtete die Rache der anderen. Ihre Arme reichten bis hinter die dicken Gefängnismauern. Es fand sich immer ein Killer, der für das Versprechen, nach seiner Haft ein Bündel Dollarscheine zu bekommen, einen, der »gesungen« hatte, umzubringen bereit war.

Nach diesem Gespräch traf Thompson mit Dudley P. Ranney zusammen, einem der stellvertretenden Distriktstaatsanwälte, der nun den Fall Sacco und Vanzetti bearbeitete. Beide waren sich darin einig, daß im Hinblick auf Madeiros' Geständnis nichts unternommen werden sollte, bis der Oberste Gerichtshof von Massachussets über dessen Berufung entschieden habe.

Am 31. März revidierte der Oberste Gerichtshof das Urteil gegen Madeiros mit der Begründung, der Gerichtsvorsitzende habe es im Prozeß versäumt, die Geschworenen darauf hinzuweisen, daß der Angeklagte so lange als unschuldig zu gelten habe, bis seine Schuld bewiesen wäre. Der Gerichtsvorsitzende in Madeiros' Prozeß hieß Thayer. Wie sensibel die Obersten Richter in bezug auf Madeiros' Rechte entschieden hatten, mußte Thompson verwundern. Im Fall Sacco und Vanzetti sahen sie keinerlei Anlaß, Thayers Verhandlungsstil als Revisionsgrund zu würdigen. Aber Madeiros war nur ein gewöhnlicher Mörder, kein Radikaler.

Obwohl Madeiros nach dem Spruch des Obersten Gerichtshofs wieder als unschuldig galt, machte er keinen Versuch, sein Geständnis zu widerrufen, im Gegenteil: Während er im Dedhamer Gefängnis auf seinen neuen Prozeß wartete, gab er mehrere eidesstattliche Erklärungen dazu ab. Im Mai 1926 schließlich wurde Madeiros zum zweiten Male wegen Mordes in Wrentham vor Gericht gestellt und für schuldig befunden. Das Urteil: Todesstrafe.

Da Madeiros ein Mann mit langer krimineller Karriere war, wußte Thompson, daß das Geständnis in bezug auf den Überfall in South Braintree noch zusätzlicher Beweise bedurfte. Zwar hatte ihm Madeiros anvertraut, der Grund für sein Geständnis wären „Saccos Frau und die Kinder", die ihm leid täten, doch damit konnte Thompson keinen Richter überzeugen. Er benötigte weitere Beweise, die Madeiros' Aussagen bestätigten.

Ein junger Anwalt aus Boston, Herbert Ehrmann, wurde von Thompson engagiert, um möglichst viele Fakten zu recherchieren. Ehrmann machte sich auf Spurensuche und wurde bald fündig. Der Polizeichef von Providence, den er als ersten aufsuchte, erzählte ihm auf seine Frage, ob es eine örtliche Bande gäbe, die sich, wie Madeiros ausgesagt hatte, auf die Beraubung von Güterwaggons spezialisiert habe, von der Morelli-Bande. Es handele sich bei dieser Gruppe um die fünf Morelli-Brüder, eine Art Familienunternehmen, so berichtete der Polizeichef, die allesamt in Amerika geborene Italiener seien. Der Polizei von Providence und New Bedford seien die Morellis nur allzu bekannt, ihr Strafregister sei beträchtlich. Und noch etwas teilte der Polizeichef dem Anwalt mit: Zur Zeit des Braintree-Überfalles standen die Morellis zwar unter Anklage wegen eines erneuten Güterwagenraubes, doch drei von ihnen befanden sich am 15. April 1920 gegen Kaution auf freiem Fuß. Als Ehrmann schließlich noch erfuhr, daß sich fünf der neun Anklagepunkte auf Schuhdiebstahl bei Slater & Morrill in South Braintree bezogen, wußte er, daß Madeiros' verschlüsselte Aussagen sich nun zu konkreten Fakten wandelten.

Ehrmann recherchierte anschließend noch hartnäckiger als zuvor. Auf der Polizeistation von New Bedford, in deren

Distrikt die Morelli-Bande ihre meisten Verbrechen verübt hatte, erfuhr er von den Beamten, daß sie ihrerseits die Morellis im Verdacht gehabt hatten, den Überfall von South Braintree verübt zu haben. Doch nach der Verhaftung von Sacco und Vanzetti waren sie dem nicht mehr nachgegangen. Schließlich war der Fall in Vergessenheit geraten. Aufgefallen sei ihnen damals, daß Mike Morelli einen neuen Buick gefahren habe, der nach dem Verbrechen nicht mehr gesehen wurde.

Einen der Morelli-Brüder, Joe, suchte Ehrmann im Zuchthaus Leavenworth persönlich auf und befragte ihn über den Überfall. Joe, der gerade eine Haftstrafe absaß, stritt alles ab und gab sich verschlossen: »Ich lasse mir von Ihnen nicht meinen guten Ruf beim Gefängnisdirektor verderben«, reagierte er aggressiv und verwies den Anwalt auf einen Mann namens Mancini. »Der sagt Ihnen vielleicht etwas zu Sacco...«

Anthony Mancini, ein Mitglied der vielköpfigen Morelli-Bande, saß im Gefängnis von Anburn eine Strafe wegen Mordes ab. Er hatte einen Komplizen umgebracht, doch gnädige Geschworene gefunden: Im Gegensatz zu Sacco und Vanzetti oder Madeiros hatte er für den Mord eine Haftstrafe an Stelle der Todestrafe erhalten.

Als Ehrmann Mancini auf Sacco und Vanzetti ansprach, wurde der Berufsverbrecher nachdenklich: »Ach, diese Leute sind keine Gangster, das sind Radikale... Sie glauben, daß man alles, was man hat, teilen soll.« Mehr wollte er Ehrmann nicht sagen – nichts davon, ob er am 15. April an dem Überfall beteiligt war oder etwas darüber wisse. »Nein, ich weiß nichts...« sagte er verschlossen.

Doch Ehrmann gab nicht auf. Er wollte dem stellvertretenden Distriktstaatsanwalt Dudley P. Ranney, der nun für den Fall verantwortlich war, unerschütterliche Beweise vorlegen – diesem Mann, der ihm Tage zuvor, als er ihm vorgeschlagen hatte, wegen der Geständnisse Madeiros' nun die Anklage gegen Sacco und Vanzetti aufzuheben, nur spöttisch geantwortet hatte: »Nur über meine Leiche.« Ranney wollte er durch neue Fakten beeindrucken – nein, er wollte ihn durch überzeugende Beweise zwingen, die Anklage zurückzunehmen.

Mit Thompsons Einverständnis reiste Ehrmann nach New York, um Mancinis Waffe einer ballistischen Untersuchung unterziehen zu lassen. Die Morelli-Bande besaß zahlreiche automatische Colts vom Kaliber 32, jenem Typ, den auch Sacco bei sich trug. Berardellis Todeskugel war aus einem solchen Colt abgefeuert worden, aber aus welcher Waffe die anderen fünf Kugeln stammten, einschließlich jener, die Parmenter tödlich getroffen hatte, war im Prozeß nie festgestellt worden. Ein Gutachter der Verteidiger hatte damals zwar ausgesagt, die Kugeln seien aus einer ausländischen Pistole von Kaliber 7,65 Millimeter abgegeben worden, und Hamilton, jener Ballistikexperte, der in den Berufungsverhandlungen für die Verteidigung ausgesagt hatte, bestätigte dieses Untersuchungsergebnis. Doch bei Geschworenen und Richtern fand diese Auffassung keine Resonanz.

In New York fand Ehrmann in den Akten Mancinis den Hinweis, daß dessen Mordwaffe ein automatischer Colt vom Kaliber 7,65 war.

Als Ehrmann seine Untersuchungen abgeschlossen hatte, war er sicher, genügend Beweise gesammelt zu haben, um jene Männer namhaft zu machen, die tatsächlich die Täter von South Braintree waren. Er hatte nicht nur die Morelli-Bande als vermutliche Täter identifiziert, sondern auch die Tatwaffen. Sogar einen Teil der Beute glaubte er nachweisen zu können. Kurz nach dem Überfall in South Braintree war Madeiros wegen wiederholten Diebstahls zu fünf Monaten Gefängnis verurteilt worden. Kurz nach seiner Entlassung machte er mit einer Freundin eine ausgiebige Vergnügungsreise quer durchs Land bis hinunter nach Mexiko. Recherchen brachten zutage, womit Madeiros, der Mittellose, seinen Trip finanziert hatte: Unmittelbar nach seiner Entlassung aus dem Gefängnis waren 2800 Dollar auf sein Konto überwiesen worden. Ehrmann war sicher: Das war Madeiros' Beuteanteil gewesen.

Doch letztlich mußte die Staatsanwaltschaft eine eigene Untersuchung durchführen, der Morelli-Bande den Prozeß machen und die Geschworenen entscheiden lassen. Ehrmann konnte nur Beweismaterial vorlegen; schuldig sprechen konnte er die vermutlichen Täter nicht. Aber die Staatsanwaltschaft zeigte daran kein Interesse. Im Namen des Distriktstaatsanwalts ließ Ranney verlauten: »Wir glauben die Wahrheit gefunden zu haben, und da wir sie gefunden haben, kann nichts anderes mehr eine Rolle spielen.«

Die Morelli-Theorie, die davon ausging, daß der Überfall von South Braintree das Werk einer kriminellen Bande sein müsse, wurde in einem sechsten Zusatzantrag von Verteidiger Thompson am 26. Mai 1926 noch einmal umfassend dargelegt. Der Antrag beruhte nicht nur auf den Aussagen, die Madeiros in seinem Geständnis gemacht hatte, sondern auch auf dem eindeutigen Beweismaterial, das Ehrmann in mühseliger Recherchenarbeit gesammelt hatte. Es ging um die Wiederaufnahme des Verfahrens – wieder einmal. Und wieder einmal mußte ein Mann darüber entscheiden, der an der Spitze der Verschwörung zur Verurteilung zweier Unschuldiger stand: Richter Thayer.

Vanzetti, der in seiner Zelle in Charlestown die Entwicklungen ebenso aufgeregt verfolgte wie Sacco im Gefängnis von Dedham, war mittlerweile von der guten Anwaltsarbeit Thompsons überzeugt. Seiner Schwester gegenüber lobte er ihn in einem Brief vom 19. September 1926: *Thompsons Begründung des Antrages war großartig.* Auch berichtete er ihr von einer Artikelserie, die die *New York Times* über ihren Fall veröffentlicht hatte; *fast gänzlich zu unseren Gunsten,* teilte er seiner Schwester Luigia mit.

Am 1. Oktober 1926 schrieb er ihr in einem weiteren Brief:

*Als die Verhandlung zu Ende war, sagte Thayer... er werde mehrere Wochen brauchen, um zu einer Entscheidung zu kommen...*

*Diese Ausrede, daß man mehr Zeit braucht, ist bloß ein Vorwand; sie dient dazu, den Dummköpfen etwas vorzumachen. Die Wahrheit ist, daß Thayer keine Wiederaufnahme des Prozesses zugestehen will, weil er weiß, daß wir gewinnen würden.*

*Er weiß, daß, wenn ein Wiederaufnahmeverfahren genehmigt und dann nicht durchgeführt wird (wie das manchmal vorkommt), dies ein Eingeständnis bedeuten würde, daß alle gegen die Behörden vorgebrachte Kritik auf Tatsachen be-*

*ruht. Ein Wiederaufnahmeverfahren zu genehmigen und auch stattfinden zu lassen, wäre noch schlimmer, denn dann würden all die Fehler, Mißbräuche und Unwahrheiten der Reihe nach aufgedeckt werden; es würde zu einem Skandal von monumentalem Ausmaß kommen. Es gibt nur einen Weg, auf dem Thayer gewinnen kann, nämlich, uns ein Wiederaufnahmeverfahren zu verweigern...*

*Ein Reporter von der »New York World«, der als Berichterstatter bei der Verhandlung anwesend war und den Fall genauestens geprüft hat, schrieb mir einen sehr optimistischen und ermutigenden Brief...*

*Ich allerdings, der ich nicht das Glück habe, ein bedeutender Journalist zu sein, sondern vielmehr das Unglück gehabt habe, ein gewisses Maß an persönlicher Erfahrung in dieser Sache gewonnen zu haben, bin neutral, wenn nicht gar pessimistisch...*

Vanzetti sollte in seinem Pessimismus erneut bestärkt werden. Am 31. Oktober 1926 entschied Richter Thayer in einer 25 000 Worte umfassenden Erklärung, das neue Beweismaterial reiche nicht aus, um die Aufnahme eines neuen Schwurgerichtsprozesses zu verfügen.

Als Thompson Vanzetti die Ablehnung mitteilte, stiegen Enttäuschung und Wut in diesem auf. Und alte Erinnerungen. Schon einmal, Ende 1921, hatte sein damaliger Anwalt Fred Moore einen Hinweis aus der Unterwelt bekommen, daß zwei Männer namens Frank Silva und James Mede an dem mißglückten Raubüberfall beteiligt waren, für den Vanzetti in Plymouth verurteilt worden war. Moore besuchte Mede, der sich ebenfalls gerade im Gefängnis von Charlestown befand. Für einen Geldbetrag in unbekannter Höhe plauderte Mede über die Vorbereitungen für den Raub in Bridgewater. Ja, er habe das Ding mit Frank Silva geplant, dann aber nicht daran teilnehmen können, weil er zuvor wegen einer anderen Straftat verhaftet worden war. Silva habe den Raub mit drei anderen Komplizen durchgeführt. Moore besuchte danach auch Silva, der im Gefängnis von Atlanta saß, jedoch ohne Erfolg. Silva schwieg.

Damals, Ende 1921, hatte Vanzetti Hoffnung, seine Verurteilung wegen der Tat von Bridgewater würde aufgehoben. Doch er täuschte sich. Die Behörden von Massachusetts hatten keinerlei Interesse an Silva oder Mede, denn sie hatten ja bereits einen Täter – ihn. Enttäuscht schrieb er am 3. September 1922 nach Hause: *Da sind die Geständnisse eines Häftlings, aber die Genossen und ich scheuen davor zurück, einen solchen Weg zu beschreiten ... Wir können nicht die Rolle von Polizisten spielen.*

Man muß die anarchistische Denkweise kennen, wonach es unmoralisch ist, mit staatlichen Behörden zu kooperieren und diesen beim Einfangen von Verbrechern behilflich zu sein, um zu verstehen, weshalb Vanzettis Anwalt Moore, aber auch die Mitglieder des Verteidigungskomitees damals nicht hartnäckiger die Geständnisse von Mede aufgriffen. Die Behörden wollten Vanzetti, Moore und ihren anarchistischen Gesinnungsgenossen nicht glauben. Ihr Dogmatismus versperrte ihnen die Sicht für die Realität.

Jetzt, da Vanzetti Thayers vielseitige Ablehnung las, war er sich sicher, daß auch damals kein noch so eindeutiges Beweismaterial Richter Thayer dazu bewogen hätte, das Urteil gegen ihn aufgrund der Geständnisse von Mede aufzuheben. Für Thayer waren er und Sacco die leibhaftigen Teufel auf Erden, er wollte seinen und Saccos Kopf.

Thayers Beschluß ignorierte Madeiros' Geständnis völlig, ebenso die Fülle von erhärtenden Beweisen, die Ehrmann zusammengetragen hatte. Statt dessen befaßte er sich vor allem mit der Behauptung Thompsons, es gäbe Hinweise dafür, daß Katzmann mit dem Justizministerium zusammengearbeitet habe, um eine Verurteilung zweier italienischer Radikaler herbeizuführen.

Thompson hatte in seinem umfassenden Antrag neben Madeiros' Geständnis und Ehrmanns erdrückenden Beweisen auch die zwielichtige Rolle des Justizministeriums im Fall Sacco und Vanzetti zur Sprache gebracht. Und er hatte allen Grund dazu. Von zwei ehemaligen Beamten des Justizministeriums hatte sich Thompson eidesstattliche Erklärungen beschafft, die besagten, daß Sacco und Vanzetti bereits vor ihrer Verhaftung auf einer Liste der »zu beobachtenden Radikalen« gestanden hätten. Sie besagten außerdem, daß Beamte des Justizministeriums zum Prozeß nach Dedham geschickt worden waren, um weitere Beweise für die radikalen Tätigkeiten der beiden Angeklagten oder ihnen nahestehender Zeugen zu sammeln.

Einer der Beamten, Fred J. Weyand, der bereits an den Palmer-Razzien mitgewirkt hatte, schilderte in dieser eidesstattlichen Erklärung seine Erfahrungen:

*Von Zeit zu Zeit kamen Instruktionen vom Amtsdirektor des Justizministeriums in Washington in bezug auf den Fall Sacco-Vanzetti ...*

*In diesem Fall entsprach das Übereinkommen zwischen den Beamten des Justizministeriums in Boston und dem Distriktstaatsanwalt der üblichen Vorgangsweise, wonach das Justizministerium dem Distriktstaatsanwalt bei der Herbeiführung einer Verurteilung behilflich sein soll, während dieser dafür den Beamten des Justizministeriums hilft, die von ihnen gewünschten Informationen zu erhalten ...*

*Die Bostoner Beamten hielten diese Männer für Anarchisten und hofften, aufgrund der Aussagen im Mordprozeß die erforderlichen Beweise zu erhalten, die sie dann gegen sie verwenden könnten, falls sie nicht wegen Mordes verurteilt würden. Ein Schriftwechsel zwischen Mr. Katzmann und Mr. West [Leiter der General Intelligence Division des Bureau of Investigation in Boston] befindet sich bei den Akten der Bostoner Amtsstelle des Ministeriums. Mr. West lieferte Mr. Katzmann Informationen über die radikalen Aktivitäten von Sacco und Vanzetti für die Kreuzverhöre ...*

*Ich bin und war immer schon fest davon überzeugt, daß jene Bostoner Beamten des Justizministeriums, die von dieser Sache wußten, der Auffassung sind und stets waren, daß diese Männer überhaupt nichts mit den Morden von South Braintree zu tun hatten und daß ihre Verurteilung das Ergebnis der Zusammenarbeit zwischen den Bostoner Beamten des Justizministeriums und dem Distriktstaatsanwalt ist ...*

Eine zweite eidestattliche Erklärung, abgegeben von dem ehemaligen Beamten Lawrence Letherman, bestätigte die Angaben seines Kollegen. Diese Kooperation zwischen der

Staatsanwaltschaft und dem Justizministerium lieferte Anwalt Thompson den Beweis, daß Sacco und Vanzetti wegen ihrer politischen Ansichten verurteilt worden waren. Sie waren nicht nur unschuldig, sie waren politische Opfer.

In seinem ablehnenden Beschluß vermochte Thayer keinerlei Zusammenspiel zwischen dem Bundesjustizministerium und der Justiz von Massachusetts zu entdecken. Er bezichtigte Thompson der »Hysterie«, weil dieser Katzmann beschuldigt habe, *miteinander zu kooperieren, um die beiden Angeklagten auf den elektrischen Stuhl zu bringen, nicht weil sie Mörder sind, sondern weil sie Radikale sind.*

Gegen Ende seiner Ausführungen schrieb Thayer: *Es ist ziemlich klar, daß der Anwalt nicht weiß, worin diese Beweise bestehen. Und wenn dies zutrifft, wie kann dann das Gericht feststellen, daß Beweise für eine Verschwörung existieren, die vorgelegt werden könnten? Man kann nichts vorlegen, was nicht existiert.*

Das war der Gipfel der Borniertheit. Selbstverständlich konnte Thompson keine detaillierten Beweise liefern; schließlich hatten Gerichte seinen Antrag abgelehnt, mit dem er die Herausgabe der Akten des Justizministeriums durch den Generalstaatsanwalt gefordert hatte. Der juristische Apparat demonstrierte schamlos seine Macht.

Der angesehene Publizist und Rechtsgelehrte Felix Frankfurter, damals Professor für Verwaltungsrecht in Harvard, faßte seine Analyse der Entscheidungen Thayers später in einem kleinen Buch mit dem Titel *The Case Sacco and Vanzetti* zusammen:

*Ich spreche hier als jemand, der eine beträchtliche Erfahrung im Strafrechtswesen hat, dessen spezielle Aufgabe es eine Zeitlang gewesen ist, Berufungsverfahren für die Regierung zu prüfen, und dessen wissenschaftliche Tätigkeit nunmehr darin besteht, eine große Anzahl von Gerichtsprotokollen und die auf ihnen beruhenden Urteile und Standpunkte zu untersuchen.*

*Ich stelle mit tiefem Bedauern, aber ohne die geringste Furcht vor Widerlegung fest, daß, jedenfalls in neuerer Zeit, Richter Thayers Entscheidung beispiellos dasteht in bezug auf die Diskrepanz zwischen dem, was die Akten aussagen, und dem, was die Entscheidung zum Ausdruck bringt. Sein 25 000 Worte umfassendes Dokument kann genaugenommen nicht anders bezeichnet werden denn als ein Sammelsurium von gefälschten Zitaten, Verdrehungen, Unterschlagungen und Verstümmelungen. Ein unvoreingenommener Beobachter könnte daraus unmöglich die Wahrheit über die neuen Beweise erfahren, die dem Richter als Grundlage für eine Wiederaufnahme des Prozesses vorgelegt wurden. Die Entscheidung ist buchstäblich mit nachweisbaren Fehlern durchsetzt und von einem Geist erfüllt, der einer juristischen Darstellung fremd ist.*

Auch andere Intellektuelle meldeten sich zu Wort. John Dos Passos, einer der bekanntesten Schriftsteller Amerikas, lieferte eine 126 Seiten umfassende Verteidigungsschrift mit dem Titel *Angesichts des elektrischen Stuhls*, die vom Verteidigungskomitee für fünfzig Cent verkauft wurde und in der er sich vor allem über den unfairen Prozeß, die Rolle des Justizministeriums und die Behinderung der Verteidigung ereiferte. Nicht nur Dos Passos' Schrift fand breites Interesse. Fast alle größeren Zeitungen des Landes, nicht nur linke, sondern auch bürgerliche und liberale, berichteten nach Thayers Beschluß über den Fall. Dies war sicher auch das Verdienst von Anwalt Thompson, der sich stets um die Unterstützung durch bürgerliche Kreise bemüht hatte. Kundgebungen und Demonstrationen waren nicht mehr allein die Sache der Arbeiterorganisationen (selbst die Kommunistische Partei Amerikas, die heftige Auseinandersetzungen mit den Anarchisten um den »richtigen Weg der Revolution« führte, hatte mittlerweile ein Sacco and Vanzetti Emergency Committee gegründet), sondern Tausender amerikanischer Bürger, die über das Vorgehen der Justizbehörden erzürnt waren.

Protest zugunsten von Sacco und Vanzetti regte sich nicht nur in Amerika. In fast allen europäischen Metropolen fanden Versammlungen und Demonstrationen statt; namhafte Literaten, Schauspieler, Gewerkschafter und Politiker, darunter auch der damalige Präsident des deutschen Reichstages, setzten sich für die beiden Männer ein, deren Fall sich nun tragisch zuzuspitzen begann.

Selbst konservative Blätter wie der Bostoner *Herold*, der stets einen heftigen Kampf gegen Sacco, Vanzetti, ihre Verteidiger und Freunde geführt hatte, veröffentlichte nach Thayers Entscheidung einen Leitartikel, der später dem Autor F. Lauriston Bullard sogar den Pulitzer-Preis einbrachte. Darin hieß es:

*Nach unserer Ansicht sollten Sacco und Vanzetti nicht gemäß dem Urteilsspruch hingerichtet werden, den die Geschworenen am 24. Juli 1921 gesprochen haben. Sie wissen nicht, ob diese Männer schuldig oder unschuldig sind. Wir haben keine Sympathien für die halbbackenen Ansichten, die sie vertreten. Aber während aus Monaten Jahre wurden und die große Debatte über den Fall anhielt, sind unsere Zweifel stärker geworden, und zögernd haben wir uns gezwungen gesehen, unsere ursprüngliche Meinung zu ändern ...*

*Wir haben die Entscheidung gegen die Wiederaufnahme des Verfahrens durch den Richter Webster Thayer, der den Vorsitz im ersten Prozeß führte, gelesen und sind der Ansicht, daß sie mehr im Tone einer interessierten Partei als in dem eines unparteiischen Schiedsrichters gehalten ist ...*

Freilich, es gab auch andere Meinungen. Im *Darbon Independent* vom 11. Dezember 1926 hieß es unter anderem:

*Die Parteigänger des Nicola Sacco und Bartolomeo Vanzetti, über die das Todesurteil schon gesprochen ist, versuchen jetzt, Gouverneur Fuller ... zu einem Gnadenakt zu zwingen.*

*Die höchsten Gerichte von Massachusetts haben erkannt, daß diese Männer ein faires Verfahren hatten. Der Vorsitzende hat sich ebenfalls in diesem Sinn geäußert und sich geweigert, das Verfahren noch einmal zu eröffnen. Die Angeklagten bekamen fünf Jahre ihres Lebens geschenkt, während die bedeutendsten Anwälte alle Einzelheiten des Verfahrens überprüft haben in der Hoffnung, einen Verfahrensfehler zu finden. Die Angeklagten hatten jede nur denkbare Möglichkeit, ihre Unschuld zu beweisen ...*

*Nur weil Sacco und Vanzetti Angehörige einer revolutionären Partei sind, erhebt sich nun großes Geschrei. Hinrich-*

*tungsdrohungen schwirren durch die Luft. Radikale Organisationen und Zeitungen im ganzen Land fordern ihre Freilassung ...*

Schon zuvor war im *Success Magazine* ein Interview mit dem neuen Gouverneur von Massachusetts, Alvan T. Fuller, erschienen, das die Überschrift »Warum ich an die Todesstrafe glaube« trug. Darin machte Fuller auch im Hinblick auf den Fall Sacco und Vanzetti seinen Standpunkt klar: keinerlei Rücksicht gegenüber Mördern, kein Nachgeben gegenüber Interventionen, die aus der Öffentlichkeit kommen. Fuller sah darin einen Angriff auf die staatliche Ordnung, ja auf das Gerechtigkeitsempfinden der Richter des Landes, denen er sein volles Vertrauen aussprach.

Das Interview endete mit einem eindeutigen Bekenntnis: *Ich möchte eines klarstellen: Ich bin strikt für die Durchführung der Todesstrafe an jenen, die anderen das Leben genommen haben. Freunde, Verwandte, selbst Zeitungen werden für eine Kampagne eingespannt, um den Mann zu gewinnen, dem nun einmal der Staat vor allen anderen die Ausführung der Gesetze übertragen hat.*

Während Gouverneur Fuller der Öffentlichkeit seine Einstellung zur Todesstrafe kundtat, überprüfte der Oberste Gerichtshof seines Landes die Entscheidung von Thayer. Und die Obersten Richter nahmen auch diese, vorläufig letzte, Hürde. Trotz zahlloser Einwände prominenter Rechtsgelehrter fanden sie an dem Beschluß ihres Kollegen nichts auszusetzen.

Am 9. April 1927, vier Tage nachdem der Oberste Gerichtshof Thayers Beschluß bestätigt hatte, fast sieben Jahre nach der Verhaftung und annähernd sechs Jahre nach dem Urteilsspruch, wurden Sacco und Vanzetti aus ihren Gefängniszellen dorthin gebracht, wo die juristische Verschwörung begonnen hatte: in den Gerichtssaal von Dedham.

*Zwölftes Kapitel*

# „Sie töten zwei Unschuldige!"

Nicola Sacco!« Der Gerichtsschreiber erhob sich. »Haben Sie einen Grund anzuführen, der es verbietet, daß das Todesurteil über Sie ausgesprochen wird?«

»Ja, Sir«, rief Sacco aus dem Gefangenenkäfig und wandte dabei seinen Blick hinüber zur Richterbank, wo Richter Thayer neben einer amerikanischen Fahne thronte. »Ich bin kein Redner. Mir ist die englische Sprache nicht sehr vertraut; wie mein Freund mir gesagt hat, will er ausführlich sprechen, und so möchte ich ihm die Chance geben.«

Er machte eine kleine Pause und wollte sich gerade setzen, doch dann riß ihn sein Gefühl mit, und er rief:

*Ich habe niemals erfahren, niemals gehört, nicht einmal in der Geschichte etwas so Grausames gelesen, wie es dieses Gericht ist. Nach sieben Jahren Verhandlungen hält man uns immer noch für schuldig. Und diese feinfühligen Leute sind heute mit uns hier in diesem Gericht aufgeboten.*

*Ich weiß, es wird ein Urteil sein zwischen zwei Klassen, der Klasse der Unterdrückten und der Klasse der Reichen, und es wird immer ein Konflikt sein zwischen der einen und der anderen. Wir verbrüdern die Menschen mit Büchern, mit Schriften. Sie verfolgen die Menschen, tyrannisieren sie und bringen sie um. Wir versuchen das Volk zu erziehen. Sie versuchen, eine Kluft zu schaffen zwischen uns und einer anderen Volksgruppe, die uns haßt. Das ist es, warum ich heute hier auf dieser Bank sitze, weil ich zur Klasse der Unterdrückten gehöre. Und Sie sind der Unterdrücker.*

*Sie wissen es, Richter Thayer, Sie kennen mein ganzes*

*Leben, Sie wissen, warum ich hiergewesen bin, und nach sieben Jahren, in denen Sie mich und meine arme Frau verfolgt haben, verurteilen Sie uns heute immer noch zum Tode. Ich würde gern mein ganzes Leben erzählen, aber was soll das? Sie wissen von früher schon alles, was ich gesagt habe, und mein Freund – ich meine, mein Genosse – wird reden, weil er die Sprache besser kann, und ich will ihm eine Chance geben. Mein Genosse, der freundliche Mensch, Sie haben ihn zweimal verurteilt, im Fall von Bridgewater und im Fall von Dedham, im Zusammenhang mit mir, und Sie wissen, daß er unschuldig ist. Sie übersehen die ganze Bevölkerung, die sieben Jahre lang auf unserer Seite gewesen ist, mit uns sympathisiert und uns ihre ganze Kraft und Freundlichkeit bewiesen hat. Das kümmert Sie nicht. Unter den Völkern und den Genossen und der Arbeiterklasse gibt es eine große Legion intellektueller Leute, die sieben Jahre lang mit uns gewesen sind, aber nicht, damit dieses ungerechte Urteil gefällt wird; trotzdem macht das Gericht weiter. Und ich denke, ich will euch allen danken, euch Menschen, meinen Genossen, die sieben Jahre lang mit mir gewesen sind, mit dem Fall Sacco-Vanzetti, und nun will ich meinem Freund eine Chance geben.*

*Ich habe eines vergessen, mein Genosse hat mich daran erinnert. Wie ich schon vorher gesagt habe, Richter Thayer kennt mein ganzes Leben, und er weiß, daß ich niemals schuldig war, niemals – nicht gestern noch heute noch jemals ...*

Thayer wirkte kalt und starr. Er verzog keine Miene. Im Gerichtssaal von Dedham, der an diesem Tag nicht genügend Platz aufwies, um alle Angehörigen, Freunde, vor allem aber Presseleute aufzunehmen, herrschte beklemmende Stille. Sacco, der nach dem Ablehnungsbeschluß auf Thompson einen gebrochenen Eindruck gemacht hatte, hatte sich noch einmal aufgebäumt. Hier, wo mit eisiger Kälte nun endgültig die Todesstrafe über ihn verhängt werden sollte, entluden sich seine aufgestaute Wut, Enttäuschung, ja Ohnmacht.

„Bartolomeo Vanzetti, haben Sie einen Grund anzuführen, der es verbietet, daß das Todesurteil über Sie ausgesprochen wird?« Die Stimme des Gerichtsschreibers unterbrach die Stille im Saal.

»Ja«, antwortete Vanzetti. Er stand auf und begann in ruhigem Ton seine Rede, die fast 45 Minuten dauerte und die hier nach den Protokollen des Gerichtsstenografen auszugsweise wiedergegeben wird:

*Ja, was ich sagen will, ist, daß ich unschuldig bin, und zwar nicht nur am Verbrechen von Braintree, sondern auch am Verbrechen von Bridgewater; daß ich nicht nur an diesen beiden Verbrechen unschuldig bin, sondern in meinem ganzen Leben nie etwas gestohlen und niemals Blut vergossen habe. Das ist es, was ich sagen will.*

*Und das ist nicht alles. Nicht nur, daß ich an diesen beiden Verbrechen unschuldig bin, nicht nur, daß ich in meinem ganzen Leben nie gestohlen, nie getötet und nie Blut vergossen habe, sondern daß ich mein ganzes Leben lang, seit ich zu denken begann, dafür gekämpft habe, daß das Verbrechen von der Erde verschwindet.*

*Jeder, der diese beiden Arme kennt, weiß sehr wohl, daß ich nicht hinaus auf die Straßen zu gehen brauche, um einen Mann zu töten und ihm das Geld wegzunehmen. Ich kann mit meinen beiden Armen leben und sehr gut leben ...*

*Nun muß ich sagen, daß ich nicht nur an alldem unschuldig bin; ich habe nicht nur mein ganzes Leben lang kein wirkliches Verbrechen begangen – wohl einige Sünden, aber keine Verbrechen –, ich habe nicht nur mein ganzes Leben lang gekämpft, um die Verbrechen zum Verschwinden zu bringen, nicht nur die Verbrechen, die das offizielle Gesetz und die offizielle Moral verurteilen, sondern auch das Verbrechen, das die offizielle Moral und das offizielle Gesetz billigen und heiligen – die Ausbeutung und Unterdrückung des Menschen durch den Menschen. Und wenn es einen Grund dafür gibt, warum ich als unschuldiger Mensch hier bin, wenn es einen Grund dafür gibt, warum Sie mich in einigen Minuten vernichten können, dann ist dies der Grund und kein anderer ... Alle halten sie zu uns, die Blüte der europäischen Menschheit, die besten Schriftsteller, die größten Denker Europas, die größten Gelehrten, die größten Staatsmänner Europas haben zu unseren Gunsten gesprochen. Die Völker fremder Nationen haben zu unseren Gunsten gesprochen.*

*Ist es möglich, daß nur einige wenige von den Geschworenen, nur zwei oder drei, ihre Mutter für weltliche Ehren und für irdisches Glück verurteilen würden; ist es möglich, daß sie recht haben gegen das, was die Welt, die ganze Welt gesagt hat, daß es falsch ist und von dem ich weiß, daß es falsch ist? Wenn es einen gibt, dann sollte ich das wissen: ob es richtig ist oder ob es falsch ist – ich und dieser Mann.*

*Sehen Sie, wir sind seit sieben Jahren im Gefängnis. Was wir während dieser sieben Jahre gelitten haben, kann keine menschliche Zunge schildern, und trotzdem sehen Sie mich vor Ihnen stehen, ohne zu zittern, Sie sehen, daß ich Ihnen geradewegs in die Augen sehe, ohne rot zu werden, ohne mich zu verfärben, ohne mich zu schämen oder zu ängstigen.*

*Eugene Debs sagt, daß nicht einmal ein Hund – oder so ähnlich – nicht einmal ein Hund, der Hühner tötet, mit solchen Beweisen, wie der Staatsanwalt sie gegen uns vorgebracht hat, von amerikanischen Geschworenen schuldig gesprochen worden wäre. Ich sage, nicht einmal einem räudigen Hund wäre seine Berufung vom Obersten Gerichtshof von Massachusetts zweimal abgelehnt worden – nicht einmal einem räudigen Hund.*

*Sie haben Madeiros ein Wiederaufnahmeverfahren gewährt mit der Begründung, daß der Richter vergessen oder versäumt hat, die Geschworenen darauf aufmerksam zu machen, daß der Angeklagte als unschuldig anzusehen ist, solange das Gericht ihn nicht schuldig gesprochen hat, oder so ähnlich. Dieser Mann hat gestanden. Der Mann wurde vor Gericht gestellt und hat gestanden, und das Gericht hat ihm eine Wiederaufnahme des Verfahrens gewährt. Wir haben bewiesen, daß es auf der ganzen Erde keinen Richter geben kann, der voreingenommener und grausamer ist, als Sie gegen uns gewesen sind. Wir haben das bewiesen. Trotzdem verweigert man uns ein Wiederaufnahmeverfahren. Wir wissen es, und Sie wissen es in Ihrem Herzen, daß Sie von allem Anfang gegen uns waren, ehe Sie uns noch erblickt hatten. Schon bevor Sie uns sahen, wußten Sie, daß wir Radikale sind, daß wir Unterdrückte sind, daß wir Feinde der Institutionen sind, an deren Wert Sie reinen Herzens glauben – ich möchte das nicht verurteilen –, und daß es zur Zeit des ersten Prozesses leicht war, einen Schuldspruch zu erwirken ...*

*Sie wissen auch, daß Sie sich gegen uns ausgesprochen haben, daß Sie von Ihrem Haß gegen uns gesprochen haben, von Ihrer Verachtung, gegenüber Freunden auf einer Bahnfahrt, im University Club von Boston, im Golf-Club von Worcester.*

*Ich bin sicher, wenn die Leute, vor deren Ohren Sie uns herabgesetzt haben, den Mut hätten, als Zeugen auszusagen, vielleicht, Euer Ehren – es tut mir leid, das sagen zu müssen, weil Sie ein alter Mann sind und ich einen alten Vater habe –, würden Sie heute da stehen, wo wir jetzt stehen, und zwar dann zu Recht ...*

*Mein erster Rechtsanwalt ist der Partner von Mr. Katzmann geworden. Der erste Anwalt, den ich als Verteidiger hatte, Mr. Vahey, hat mich nicht verteidigt. Er hat mich für dreißig Silberlinge verkauft, wie Judas Christus verkauft hat. Wenn dieser Mann Ihnen und Mr. Katzmann nicht gesagt hat, ich sei schuldig, so nur, weil er wußte, daß ich unschuldig war. Er hielt eine lange Rede vor den Geschworenen über Dinge, die völlig unwichtig waren. Über den springenden Punkt bei diesem Prozeß aber ist er mit ein paar Worten hinweggegangen. Natürlich mußte so bei den Geschworenen der Eindruck entstehen, mein eigener Verteidiger habe nichts zu sagen; er müsse wie die Katze um den heißen Brei schleichen und könne die entscheidenden Dinge nur mit Schweigen übergehen.*

*Wir standen in einer Zeit vor Gericht, die nun in die Geschichte eingegangen ist. Damit meine ich eine Zeit, in der es hysterische Ressentiments und Haß gegen Menschen mit unseren Prinzipien gab, gegen Ausländer, gegen Drückeberger, und es kommt mir vor – oder vielmehr, ich weiß –, daß sowohl Sie als auch Mr. Katzmann alles in Ihrer Macht Stehende getan haben, um die Leidenschaften der Geschworenen, die Vorurteile der Geschworenen gegen uns aufzustacheln ...*

*Die Geschworenen haßten uns, weil wir gegen den Krieg waren, und die Geschworenen konnten keinen Unterschied machen zwischen einem Mann, der gegen den Krieg ist, weil er Kriege für Unrecht hält, weil er ein Kosmopolit ist, und einem Mann, der ... für ein anderes Land ist, das gegen uns kämpft, weil er ein Spion ist, der ein Verbrechen begeht, um dem Land, an das er glaubt, zu dienen. Wir sind nicht Leute dieser Art. Niemand kann sagen, wir seien deutsche Spione oder Spione für irgendwen. Katzmann weiß das sehr genau. Katzmann weiß, daß wir gegen Kriege sind, weil wir den Zweck von Kriegen nicht einsehen.*

*Wir glauben, daß Kriege Fehler sind, wir glauben das jetzt um so mehr, da wir nach zehn Jahren die Konsequenzen und Auswirkungen besser überblicken. Wir glauben mehr denn je daran, daß es falsch ist, Kriege zu führen. Und ich will das Schafott besteigen, wenn ich der Menschheit sagen kann: Schaut her, ihr seid in einer Katakombe. Für was? Alles, was sie euch gesagt und versprochen haben, war eine Lüge, ein Betrug, ein Verbrechen. Sie haben euch Freiheit versprochen. Wo ist Freiheit? Sie haben euch Wohlstand versprochen. Wo ist Wohlstand? Sie haben euch Fortschritt versprochen. Wo ist Fortschritt? ...*

*Nun, ich habe bereits gesagt, daß ich dieser Verbrechen nicht schuldig bin, daß ich auch nie in meinem Leben ein Verbrechen begangen habe. Ich habe nie gestohlen, nie getötet, nie Blut vergossen. Ich habe gegen das Verbrechen angekämpft und ich habe mich hingeopfert, um Verbrechen auszulöschen, die das Gesetz von Kirche und Staat legitimiert und heiligt.*

*Und dies sage ich auch noch: Ich wünschte keinem Hund und keiner Schlange, nicht der niedrigsten und elendsten Kreatur hier auf Erden das, was mir zugestoßen ist wegen Dingen, an denen ich keine Schuld habe. Ich mußte leiden, weil ich ein Radikaler bin. Ich mußte leiden, weil ich ein Italiener bin. Ich bin ein Radikaler. Ich bin ein Italiener. Ich habe mehr um meine Familie und um Menschen, die ich gern habe, gebangt als um mich, aber ich bin davon überzeugt, Sie können mich nur einmal töten, aber wenn das anginge, würden Sie mich gleich zweimal hinrichten lassen. Und wenn ich zweimal wiedergeboren werden könnte, ich würde so leben, wie ich gelebt habe, und tun, was ich getan habe.*

*Mehr habe ich nicht zu sagen. Ich danke Ihnen.*

Richter Thayer erhob sich, um das Todesurteil zu verkünden, doch zuvor glaubte er, eine Erklärung abgeben zu müssen. Mit dünner Stimme versuchte er sein fleckenloses juristisches Gewissen zu demonstrieren:

*Nach dem Gesetz von Massachusetts sind es die Geschworenen, die entscheiden, ob ein Angeklagter schuldig ist oder unschuldig. Der Richter selbst hat absolut nichts mit dieser Frage zu tun. Das Gesetz von Massachusetts bestimmt, daß der Richter nichts mit den Tatsachen selbst zu tun hat. Alles, was er nach dem Gesetz tun kann, ist, das Beweismaterial darzulegen.*

*Es sind viele Beschwerden während des Prozesses eingelaufen. Diese Beschwerden wurden dem Höchsten Gerichtshof unterbreitet. Dieser Höchste Gerichtshof hat die ganzen Akten geprüft, und die endgültige Entscheidung war: Das Urteil der Geschworenen besteht zu Recht. Einwände abgewiesen.*

*Da dies wahr ist, bleibt dem Gericht nur noch eines zu tun. Dies ist keine Frage des Ermessens, es ist eine in den Statuten festgelegte Notwendigkeit, und da dies wahr ist, bleibt dem Gericht jetzt nur noch eine Pflicht, nämlich das Urteil zu verkünden.*

*Als erstes verkündet das Gericht das Urteil gegen Nicola Sacco. Es wird vom Gericht erkannt und angeordnet, daß Sie, Nicola Sacco, die Todesstrafe durch die Anwendung elektrischen Stroms an Ihrem Leib erleiden sollen, und zwar in der Woche, beginnend mit Sonntag, dem zehnten Tag des Juli im Jahre des Herrn eintausendneunhundertsiebenundzwanzig.*

*Das Urteil ist rechtskräftig.*

*Es wird vom Gericht erkannt und angeordnet, daß Sie, Bartolomeo Vanzetti ...*

»Warten Sie eine Minute, Euer Ehren. Kann ich eine Minute mit meinem Anwalt Mr. Thompson sprechen?« rief Vanzetti dazwischen, doch Thayer fuhr unbeeindruckt fort:

*Ich denke, ich sollte das Urteil verkünden: daß Sie, Bartolomeo Vanzetti, die Todesstrafe ...*

»Sie wissen, daß ich unschuldig bin!« rief Sacco aus. »Das sind dieselben Worte, die ich vor sieben Jahren gesprochen habe. Sie töten zwei Unschuldige!«

Thayer erhob seine Stimme:

*... durch die Anwendung elektrischen Stroms an Ihrem Leib erleiden sollen, und zwar in der Woche, beginnend mit Sonntag, dem zehnten Tag des Juli im Jahre des Herrn eintausendneunhundertsiebenundzwanzig.*

*Das Urteil ist rechtskräftig.*

*Dreizehntes Kapitel*

# Freiheit oder Tod

Die Bestätigung der Todesurteile von Dedham löste eine Flut von Protestschreiben, Anrufen und Petitionen aus, die alle an einen Mann gerichtet waren: den Gouverneur von Massachusetts, Alvan F. Fuller. Dieser hatte eine amerikanische »Selfmade«-Karriere hinter sich: In mittelständischen Verhältnissen aufgewachsen, brachte er es vom Inhaber eines Fahrradgeschäfts zum führenden Aktionär der Packard-Automobilfabrik und war zu einem der reichsten Männer von Massachusetts aufgestiegen. Die New Yorker *Harald Tribune* schrieb über ihn: *Nach sehr vorsichtiger Schätzung beträgt sein Vermögen etwa zwanzig Millionen Dollar; aber Geschäftsleute in Boston meinen, er sei mindestens vierzig Millionen schwer.*

Nachdem sich Fuller im Kapitalismus durchgesetzt hatte, wandte er sich der Politik zu. Als Mitglied der Republikanischen Partei zog er rasch in das Repräsentantenhaus ein, wo er, der sich selbst als einen Mann definierte, der »gern seine Bürgerpflicht erfüllt«, schon im November 1919 »die Hinrichtung des ganzen roten Abschaums von Anarchisten, Bolschewisten, Gewerkschaftsmitgliedern und Revolutionären« gefordert hatte. 1924 wurde er zum zweiten Gouverneur gewählt und erfüllte seine »Bürgerpflichten« zur vollen Zufriedenheit des politischen Establishments, so daß ihn die Abgeordneten zwei Jahre später in seinem Amt bestätigten. Fuller verkörperte alle ihre Ideale: Er war reich, gläubig und vor allem durch und durch patriotisch. Dieser Mann mußte nun die Entscheidung fällen, die Sacco und Vanzetti die Freiheit, lebenslange Haft oder die Hinrichtung bringen konnte.

Nach der Verkündigung des Todesurteils hatte die Verteidigung am 4. Mai ein Gnadengesuch an Fuller gerichtet. Es war von Vanzetti, nicht aber von Sacco unterzeichnet. Besonders jetzt, im letzten, dramatischen Stadium ihres Falles, hatte sich gezeigt, wie unterschiedlich die beiden waren. Vanzetti kämpfte um sein Leben, er hatte selbst in den langen Jahren seiner Haft den Lebenswillen nicht verloren, ganz im Gegenteil: Von den Zusammenbrüchen und der Einlieferung in die Nervenklinik hatte er sich rasch erholt und war noch kämpferischer geworden. Auf seltsame Weise hatte ihm das Gefängnis eine neue Identität verliehen. Er fand dort Zeit zum Lesen unzähliger Bücher und war stolz auf seinen Briefverkehr mit *Menschen, zu denen ich nur aus dieser fatalen Situation den Kontakt herstellen konnte*. Er hatte zu schreiben begonnen, zahlreiche Artikel und Texte verfaßt, die von Zeitungen gedruckt wurden. Vanzetti war ein Mann der Öffentlichkeit – zwar eingesperrt, aber doch nicht abgeschnitten von der politischen Diskussion.

Ganz anders Sacco. Für ihn waren die langen Jahre der Haft, die ständigen Auseinandersetzungen mit der Justiz, das trostlose Dasein zwischen Hoffnung und Resignation niederschmetternd. Am meisten aber litt er unter der Trennung von seiner Familie. Sacco hatte zu diesem Zeitpunkt jeden Glauben an die Gerechtigkeit verloren; insgeheim wünschte er sich ein rasches Ende herbei. Eine Erlösung – nichts sonst. Deshalb hatte er auf ein Gnadengesuch verzichtet – er wollte die Freiheit oder den Tod.

Vanzetti war über Saccos Weigerung, das Gesuch mit zu unterschreiben, verärgert. So mußte er das Stigma eines Bittgesuches an den Gouverneur allein tragen. Nichts war ihm unangenehmer. Er, der Kämpfer, der Fuller in einem Brief an seine Schwester als *richtige Laus, vor Geld und Eitelkeit strotzend und mit sturem Reaktionismus behaftet*, bezeichnet hatte, hielt Saccos Haltung für völlig falsch und engstirnig. Und auch Thompson war alles andere als glücklich über Saccos Weigerung, das Gnadengesuch zu unterschreiben. Gouverneur Fuller teilte er mit, Saccos Ablehnung ließe sich auf dessen geistige Erkrankung zurückführen, die er während seiner Haft erlitten habe. Der Anwalt beauftragte Dr. Myerson, einen der Ärzte, die Sacco nach dem Nervenzusammenbruch 1923 untersucht hatten, seine Vermutung in Form eines kleinen Untersuchungsberichtes zu untermauern.

Dr. Myerson sprach mit Sacco, der mittlerweile jeden Kontakt zu behördlichen Stellen ablehnte und sich auch gegenüber Freunden sehr zurückhaltend verhielt, in dessen Zelle. Danach schrieb er an Thompsons Mitarbeiter Herbert Ehrmann: *Meiner Auffassung nach zeigt er keinerlei Anzeichen einer geistigen Erkrankung.* Gegenüber Dr. Myerson hatte Sacco wiederholt, er wolle die Freiheit oder den Tod. Er habe sich keines Verbrechens schuldig gemacht und wolle nicht begnadigt werden, um den Rest seines Lebens im Gefängnis zu verbringen. Zum Schluß hatte er gesagt: »Vanzetti ist ein guter, treuer Freund und Genosse, aber er hat eine andere Weltanschauung als ich.«

Am 1. Juni 1927 gab Gouverneur Fuller die Ernennung eines Komitees bekannt, das ihn bei seinen Untersuchungen zu dem Fall beraten sollte. Mit demonstrativer Unvoreingenommenheit wollte er seine Haßgesänge gegen die Roten vergessen machen und lud die Verteidiger ein, ihm ihre Recherchen über die Morelli-Bande persönlich vorzutragen. Als Thompson Fuller bat, die Zeugen, die Sacco und Vanzetti in den beiden Prozessen belastet hatten, in deren Gegenwart nochmals anzuhören, lehnte er dies jedoch strikt ab. Er wollte anhand der Untersuchungsergebnisse des von ihm eingesetzten Komitees seine Entscheidung fällen. »Ich werde mir diese Entscheidung nicht leichtmachen«, sagte er zu Thompson und Ehrmann, als sie seine Amtsräume im Bostoner Regierungspalast verließen.

Bestand Grund zum Optimismus? Hatte sich Fuller vom kommunistenhassenden Abgeordneten zum vorurteilsfreien Gouverneur gewandelt?

Drei Männer hatte Fuller als seine drei Weisen ausersehen: den Richter Robert Grant, Abbott Lawrence Lowell, Präsident der Harvard-Universität, und Samuel W. Stratton, Präsident des Massachusetts Institute of Technology. Sie bildeten den sogenannten Lowell-Ausschuß. Alle drei waren in Strafsachen gänzlich unerfahren. Grant, ein ehemaliger Richter am Nachlaßgericht, stand zudem unter Verdacht, gegen italienische Einwanderer voreingenommen zu sein. Nachdem ihm auf einer Italienreise sein gesamtes Gepäck gestohlen worden war, hatte er gegenüber Freunden alle Italiener als Gauner bezeichnet.

Doch was viel augenscheinlicher war: Die drei Ausschuß-Mitglieder repräsentierten genau jene amerikanische Bürgerschicht, der das Leben von Menschen wie Sacco und Vanzetti fremd war – fremd und geradezu unheimlich. Dennoch, nicht nur liberale Amerikaner, die sich um das Schicksal von Sacco und Vanzetti sorgten, setzten ihre letzte Hoffnung auf diesen Ausschuß und die davon abhängige Entscheidung Fullers, sondern auch Mitglieder des Verteidigungskomitees. Gardener Jackson, nach wie vor einer der führenden Organisatoren, überredete die anderen Mitglieder, für die Zeit, in der sich der Lowell-Ausschuß beriet, auf Demonstrationen zu verzichten, um mögliche negative Rückwirkungen zu vermeiden. Später sagte er dazu: »Ich hatte stets Gutes über ihn gehört, und da war ich mir sicher, daß wir eine völlig ›objektive Beurteilung‹ erhalten würden.« Er sollte sich gründlich täuschen.

Am 11. Juli hatte der Ausschuß begonnen, seine Arbeit aufzunehmen. Die Anhörungen zogen sich bis zum 21. Juli hin. Mehrere Zeugen wurden gehört, darunter nochmals Professor Guadagni und Albert Bosco, die Saccos Alibi für den 15. April bezeugt hatten und bei denen man glaubte, Widersprüche in ihren Aussagen nachweisen zu können. Doch vergeblich, ihre protokollierten Zeugenaussagen, am Tattag mit Sacco in Boston zusammengetroffen zu sein, blieben unerschüttert.

Auch Richter Thayer mußte vor dem Ausschuß Rede und Antwort stehen, ebenso wie Distriktstaatsanwalt Katzmann und die Verteidigung. Thompson durfte Katzmann sogar ins Kreuzverhör nehmen, freilich mit einem wesentlichen Unterschied zum üblichen Kreuzverhör: Die Antworten durfte er nicht hören, sondern nur die Ausschußmitglieder. Das hatte zur Folge, daß der Anwalt keine vernünftige Strategie bezüglich der Fragen entwickeln und sich nicht überlegen konnte, wie an Katzmann heranzukommen war.

Richter Thayer sollte zu den Vorwürfen der Verteidigung

Stellung nehmen, daß er von Beginn an gegen die beiden Angeklagten gewesen sei. Daß sein Verhalten auch den Prozeß in Dedham zum Nachteil von Sacco und Vanzetti geprägt hatte, ebenso wie seine Entscheidungen über die diversen Wiederaufnahmeanträge, versuchten Thompson und Ehrmann durch eidesstattliche Erklärungen zu erhärten.

Drei Journalisten, die den Prozeß und die nachfolgenden Verhandlungen aufmerksam verfolgt hatten, äußerten sich über Thayers ablehnende Haltung, ja seinen Haß gegenüber den Angeklagten und ihren Verteidigern. Unter ihnen Elisabeth Bernhopf, eine Reporterin des *International News Service*, die öfter mit Thayer morgens im Zug nach Dedham fuhr. „Er benahm sich in einer Art und Weise, wie das kein Richter tun sollte. Den Anwalt Fred Moore bezeichnete er als einen ›langhaarigen Anarchisten aus dem Westen‹, von dem er sich nicht einschüchtern ließe ...« sagte sie aus.

John Beffel, Berichterstatter der *Federated Press*, gab eine weitere Darstellung von Thayers Feindseligkeit. »Warten Sie nur, bis ich den Geschworenen meine Anklage unterbreite. Ich werde es ihnen schon zeigen«, habe Thayer in seiner Anwesenheit einmal gesagt. Und Frank P. Silbey vom Bostoner *Globe*, einer der angesehensten Journalisten von Massachusetts, berichtete über Äußerungen, in denen Thayer in einer Verhandlungspause die Verteidiger als »verdammte Dummköpfe« tituliert hatte. Auch andere Zeugen bestätigten Thayers schroffe Ablehnung.

George V. Crocker, ein Mitglied des Universitätsclubs von Boston und ehemaliger Stadtrat, gab an, Thayer habe im Verlauf des Dedham-Prozesses mehrmals zu ihm gesagt, Sacco und Vanzetti seien »Anarchisten und Wehrdienstflüchtige und verdienten keinerlei Rücksicht«. Sinngemäß habe Thayer in seiner Gegenwart geäußert, es gäbe ohnehin zu viele Rote im Land.

Robert Benchley, ein Redakteur des *Life*-Magazins, bestätigte ebenfalls Thayers Aggressionen gegenüber Sacco und Vanzetti. Er habe 1921 ein ihm befreundetes Ehepaar besucht, Mr. und Mrs. Coes in Worcester, die ihrerseits Kontakt zu Thayer pflegten, der Mitglied ihres Clubs war. Mit beiden habe er einige Male Golf gespielt. Coes habe ihm einige Äußerungen Thayers zugetragen. So habe er Sacco und Vanzetti »Bastarde und Bolschewisten« geschimpft, die versuchten, ihn einzuschüchtern. Aber er werde ihnen noch »mächtig einheizen«.

Während sich der Lowell-Ausschuß mit diesen eidesstattlichen Erklärungen beschäfigte, die von der Verteidigung vorgelegt worden waren, lud Gouverneur Fuller die unterschiedlichsten Leute in sein Amtszimmer ein, um deren Meinung über den Fall zu hören. Auch Aldino Felicani und Gardener Jackson vom Verteidigungskomitee sprachen mit Fuller. Später erinnerte sich Jackson an diese Zusammenkunft:

*Am Schluß unseres Gesprächs, in dem uns viele detaillierte und eindringliche Fragen gestellt wurden, erklärte er: »Nun, meine Herren, wenn bloß alle Zeugen so offen und ehrlich gewesen wären wie Sie beide, dann hätte ich bei der Entscheidung über diesen Fall keinerlei Probleme. Ich zweifle nicht daran, daß Sie die volle Wahrheit gesagt haben, soweit Sie die Wahrheit kennen.«*

*Er gab uns die Hand, wir erhoben uns und verließen das Büro mit dem Gefühl, wirklich etwas erreicht zu haben.*

*Als wir schon im Gehen waren, rief Fuller mir vom Schreibtisch her zu: »Mr. Jackson, da ist noch eine Frage, über die ich mir nicht im klaren bin. Ich bin Geschäftsmann. Ich möchte für alles schriftliche Beweise sehen. Vanzettis Alibi im Zusammenhang mit den früheren Verbrechen, für die er vor Gericht gestellt und verurteilt wurde ... ist niemals durch irgendwelche schriftlichen Beweise gestützt worden.«*

*Ich kehrte mit Felicani wieder zurück ins Büro, und wir stellten gemeinsam fest: Also, er hat an jenem Tag Aale verkauft, und es gab 21 italienische Familien, die an jenem Morgen Aale von ihm kauften, genau zu dem Zeitpunkt, an dem er angeblich bei dem Überfall in Bridgewater dabei war.*

*»Ach, Mr. Jackson«, sagte Fuller, »das sind doch Italiener. Denen kann man kein Wort glauben.«*

Fuller bestätigte nur, was schon im Prozeß in Dedham offensichtlich gewesen war: Saccos und Vanzettis Alibi-Zeugen waren in den Augen der Staatsanwaltschaft, der Geschworenen und besonders für Richter Thayer allesamt Zeugen, deren Aussagen keine große Bedeutung beigemessen wurde. Sie waren Italiener, Freunde, ungeliebte Einwanderer. Die infame Diskriminierung dieser selbstgerechten Herrenmenschen traf sie mit voller Härte.

Als Felicani und Jackson die Amtsräume von Fuller verließen, waren sie nicht mehr beschwingt. Wie sollten sie außer den bereits vorhandenen Zeugenaussagen unwiderlegbare Beweise beschaffen, die bestätigten, daß Vanzetti tatsächlich Aale verkauft hatte, während in Bridgewater der Überfall verübt wurde?

Doch es ging um Vanzettis Kopf, und Felicani gelang es nach tagelangem Suchen, doch ein weiteres Beweismittel aufzutun, das bislang noch nicht Beachtung gefunden hatte: In der Dachkammer eines Fischhändlers fand er eine Schachtel mit alten American-Express-Empfangsbestätigungen, aus denen hervorging, daß ein Faß Aale am 20. Dezember 1919 bei der Firma Corso abgeholt worden war, um an den Fischhändler Vanzetti in Plymouth geliefert zu werden. Die Aale mußte am 22. oder 23. Dezember nach Plymouth gebracht worden sein, damit Vanzetti sie am Weihnachtstag verkaufen konnte.

Die Empfangsbestätigung ließ Felicani nach Absprache mit Thompson und Ehrmann dem Gouverneur überbringen. Hier hatte man den Beweis, den dieser wollte. Doch da hatten sie sich in Fuller getäuscht. Gegenüber einem Sekretär soll er geäußert haben: »Von Plymouth nach Bridgewater sind es nur zwanzig Meilen. Ein recht schlauer Trick – man fängt in Plymouth mit den Aalen an, eilt dann nach Bridgewater, um den Überfall zu verüben, und dann zurück nach Plymouth, um Aale zu verkaufen! Kann es ein besseres Alibi geben?« Doch das wußten Felicani und die beiden Anwälte zu diesem Zeitpunkt noch nicht. Sie vertrauten noch immer auf die Redlichkeit Fullers und dessen Versprechen, »alle neuen Fakten bei der Entscheidung zu berücksichtigen«.

Selbst Vanzetti war von der fairen Arbeit von Fullers drei Weisen überzeugt. Optimistisch schrieb er seiner Schwester Luigia am 14. Juli über ihre Befragung vor dem Gouverneursausschuß und charakterisierte deren Mitglieder als *Männer von Herz und Geist, die nur dann gegen uns entscheiden würden, wenn sie sicher wären, daß wir schuldig sind. Ich brauche da nichts zu befürchten.*

Bei einem Besuch im Gefängnis von Dedham, wohin Vanzetti zwischenzeitlich aus Charlestown verlegt worden war und wo er täglich mit Sacco unter strenger Aufsicht seinen einstündigen Hofgang absolvierte, erklärten Thompson und Ehrmann ihm und Sacco, daß die Aussichten auf Rettung minimal seien. Schon in den Ausschußsitzungen hätten sie gemerkt, so erzählten sie den beiden, daß sich die Lowell-Mitglieder »als Staatsanwälte betrachteten, die die Pflicht hätten, alles zu entwerten oder zu entkräften, was für die Unschuld der Angeklagten sprach«.

Gouverneur Fuller hatte wegen der Ausschußarbeit die Hinrichtung vom 10. Juli auf den 10. August verschoben. Eine Gnadenfrist – nicht mehr. Vanzettis naiver Optimismus hatte sich nach dem Gespräch mit den Anwälten rasch verflüchtigt. Am 17. Juli begannen die beiden Italiener mit einem Hungerstreik. »Wir können nicht verhindern, daß sie uns ermorden«, sagte Sacco, »aber wir können die Welt wissen lassen, daß sie Mörder sind.«

In zahllosen amerikanischen Großstädten und europäischen Metropolen gingen Tausende von Menschen für Sacco und Vanzetti auf die Straße. Sie forderten Gnade – nein, ihren Freispruch. Der Fall war endgültig international geworden, und Fuller spürte den Druck der Öffentlichkeit. Alle Welt wartete auf seine Entscheidung. Besonders aber Sacco und Vanzetti, die in den Zellen von Charlestown, wohin man sie in der Zwischenzeit gebracht hatte, ihren Hungerstreik fortsetzten.

Am 22. Juli begab sich Fuller nach Charlestown, um mit beiden zu sprechen. Der Presse gegenüber gab er an, sich vor seiner Entscheidung nochmals ein persönliches Bild machen zu wollen. Tatsächlich aber schien er besorgt darüber, die beiden Todeskandidaten könnten mit ihrem Hungerstreik ihr Leben durch Erschöpfung selbst gefährden. Es war eine perverse Henkerslogik, die Fuller ins Gefängnis trieb: Wenn schon der Tod, dann durch die Stromstöße des Gesetzes.

Sacco verweigerte das Gespräch. »Also, sehen Sie, Gouverneur«, antwortete Sacco, als Fuller nach dem Grund der Ablehnung fragte, »Sie sind ein Millionär, ein vielfacher Millionär, wie man mir sagte, und Sie können einfach nicht glauben, daß ein armer Mann irgendwelche Rechte hat. Es wäre für Sie bloß eine Zeitverschwendung, meine Geschichte anzuhören. Ich möchte nicht unhöflich sein ... aber warum sollte ich versuchen, Sie zu täuschen, indem ich Ihnen sage, daß ich an Sie glaube, und warum sollten Sie versuchen, mich zu täuschen?«

Fuller war durch die Offenheit Saccos einen Augenblick lang irritiert, dann ging er hinüber in das Büro des Gefängnisdirektors, um mit Vanzetti zu sprechen.

Im Vergleich zu Sacco hatte dieser ohne Zögern zugesagt. Er glaubte – wie so oft –, durch seine geballte Rhetorik den Gouverneur für sich einnehmen zu können. Fuller war nach dem anderthalbstündigen Gespräch von Vanzetti beeindruckt. »Ein interessanter Mensch«, sagte er beim Verlassen der Zelle zum Gefängnisdirektor.

Auch Vanzetti empfand eine gewisse Achtung vor Fuller. In einem Brief vom 28. Juli 1927 an seine Familie schrieb er: *Er scheint mir auf seine Weise ein ehrlicher und wohlmeinender Mann zu sein.* Doch von Optimismus war in diesen Zeilen nichts zu finden: *Ich kann nicht begreifen, wieso er uns angesichts all der zu unseren Gunsten sprechenden Beweise für schuldig halten kann. Ich fürchte, daß er unseren Zeugen, die überwiegend Italiener sind, keinen Glauben schenkt und daß er sich von der Tatsache überzeugen läßt, daß die Geschworenen, die über uns entschieden haben, immer noch von unserer Schuld überzeugt sind.*

Um seiner Meinung über das Verfahren noch einmal Ausdruck zu verleihen, hatte ihm Fuller erlaubt, sie schriftlich niederzulegen. In einem umfangreichen Brief, den er am 27. Juli an Fullers Amtssitz schickte, schilderte er noch einmal seine Erfahrungen als ausländischer Radikaler:

*Ich nehme an, Sie wissen, daß sich die einfachen Leute in Italien immer schon vor der Polizei gefürchtet haben. Es ist schwierig, diese Denkweise zu überwinden, vor allem wenn man weiß, was man in diesem Land mit unseren Genossen gemacht hat . . .*

*Die Menschen scheinen nicht zu begreifen, daß Italiener auf alle Fälle unbeliebt sind, besonders wenn es sich um arme und arbeitende Menschen handelt. Ihre Gewohnheiten sind nicht die Gewohnheiten der gewöhnlichen Amerikaner, und sie sind verdächtig. Sie haben bei den Geschworenen nicht die gleiche Chance wie ein Amerikaner. Die Geschworenen sind zwangsläufig gegen sie voreingenommen, und wenn sich dann noch herausstellt, daß diese Italiener Radikale sind, haben sie überhaupt nichts mehr zu vermelden . . . Ehe Amerikaner bereit sind, einen Italiener auf eine Stufe mit sich selber zu stellen und anzunehmen, daß er wahrscheinlich die Wahrheit spricht, muß der Italiener Geld machen und ein Vermögen besitzen . . .*

*Ich bin Italiener, ein Fremder in einem fremden Land, und meine Zeugen sind Menschen derselben Art. Ich wurde angeklagt und verurteilt aufgrund Aussagen größtenteils amerikanischer Zeugen. Alles steht gegen mich – meine Herkunft, meine Überzeugungen und mein bescheidener Beruf.*

Am Tage, als Vanzetti in seiner Zelle diesen Brief an Fuller schrieb – ein letzter Versuch, seine Gedanken und Gefühle jenem mächtigen Mann begreiflich zu machen, der über seinen und Saccos Kopf zu entscheiden hatte –, an diesem Tag legte der Lowell-Ausschuß dem Gouverneur seinen Bericht vor. Fuller ließ danach durch seinen Sekretär verlauten, er wolle die Entscheidung am 3. August bekanntgeben.

Während Sacco und Vanzetti ihren Hungerstreik fortsetzten, warteten Hunderte von Journalisten aus aller Welt, die mittlerweile in Boston eingetroffen waren und den Regierungspalast belagerten, warteten Tausende von Demonstranten, die für die beiden zum Tode Verurteilten auf die Straße gegangen waren, warteten die Mitglieder des Verteidigungskomitees, die Anwälte Thompson und Ehrmann, Vanzettis Schwester, Bruder und Vater und Saccos Ehefrau Rosina mit ihren beiden Kindern, warteten Sacco und Vanzetti auf die letzte Entscheidung über Leben oder Tod.

»Ordentlich was los«, sagte Fuller jovial zu den Pressevertretern, als er sich kurz nach zwanzig Uhr auf den Weg in seine Amtsräume begab. Voll Spannung und erregter Erwartung hatten sie überall ihren Platz eingenommen: in den Fluren, auf den Treppen, den Fensterbänken. Der Regierungspalast glich einer Journalistenfestung. Eine Stunde später erschien Fuller, um im Blitzlichthagel der Fotografen zu bedauern, daß er überarbeitet sei und kein Interview geben könne. Er sei aber überzeugt, der Bericht spreche für sich selbst... »Wie ist die Entscheidung?« riefen ungeduldig die Journalisten. Fuller winkte ab: »Sie werden bald unterrichtet...«, und verschwand eilig hinter der Tür zu seinen Amtsräumen.

Kurz vor Mitternacht erschien der Sekretär des Gouverneurs mit einem Stapel verschlossener Umschläge, auf denen jeweils der Name einer Zeitung stand. Hektische Bewegung erfaßte die wartende Schar der Journalisten. Einer von ihnen riß seinen gerade ausgehändigten Umschlag auf, überflog die Zeilen und warf einen Blick auf den letzten Satz.

»Sie müssen sterben...« rief er mit sich überschlagender Stimme, »sie müssen sterben!«

## *Vierzehntes Kapitel*

# Letzte Rettungsversuche

*New York. Der Vollzugsausschuß für den Proteststreik hat die etwa 500 000 Mitglieder der im Ausschuß vertretenen Arbeiterorganisationen für Dienstag vormittag zum Streik und zur Teilnahme an Protestversammlungen aufgefordert. In Boston versuchten im Laufe einer Kundgebung etwa 10 000 Arbeiter das Staatsgefängnis zu stürmen. Zur Verstärkung der Polizei mußte eine Abteilung Marineinfanterie aufgeboten werden. An die Polizei wurden Gewehre und scharfe Munition verteilt. Man befürchtet für Donnerstag, den Tag der Hinrichtung, Unruhen.*

Die Meldung, die von der *Neuen Zürcher Zeitung* am 9. August 1927 verbreitet wurde, hätte aus jeder beliebigen Metropole der westlichen Welt kommen können. Überall, in Berlin ebenso wie in Paris, Stockholm oder London, in Amsterdam, Rom, Hamburg, Brüssel, ja selbst im fernen Sydney sowie in den südamerikanischen Städten Buenos Aires und Montevideo fanden Großdemonstrationen und Protestversammlungen statt, nachdem die Entscheidung von Gouverneur Fuller, Sacco und Vanzetti auf dem elektrischen Stuhl hinrichten zu lassen, die Menschen erreichte. Selbst Papst Pius XI., sicherlich kein Freund des Anarchismus, beauftragte den apostolischen Nuntius in Washington, gemeinsam mit den amerikanischen Kardinälen zugunsten der beiden Verurteilten bei den Justizbehörden zu intervenieren.

Ein Sturm des Protestes ging um die Welt. Überwiegend erfaßte er die Arbeiterschaft, ihre Organisationen und Parteien, aber auch liberale Prominente in aller Welt. Künstler,

Wissenschaftler und Publizisten folgten den Protesten: Albert Einstein, H. G. Wells, Georg Bernard Shaw und mit ihnen andere Prominente unterschrieben Resolutionen, in denen sie die geplante Hinrichtung scharf verurteilten.

Doch formierte sich auch eine »patriotische« Front. Sie trat einmütig für den Gouverneur und seine Kommission ein und lobte Fullers »Courage«. Selbst der Bostoner *Herald*, der zuvor noch in einem Leitartikel kritische Töne angeschlagen hatte, stellte sich wieder auf Fullers Seite. Ein Mann namens Alvin Owsley, ehemaliger Führer der Amerikanischen Legion, einer reaktionären patriotischen Bürgerbewegung, sandte ein Telegramm an Fuller: *Ich freue mich, daß Ihre anstrengende Tätigkeit endlich abgeschlossen ist. Das Land steht hinter Ihnen ...*

Das waren keineswegs nur patriotische Phrasen eines einzelnen Fanatikers. In Tausenden von Telegrammen, Briefen und Leitartikeln wurde der Gouverneur zu seiner Entscheidung beglückwünscht – einer Entscheidung, die er am späten Abend des 3. August in einer dünnen Erklärung von nur fünf Seiten bekanntgegeben hatte. *Männer, deren Reputation von Intelligenz, Aufgeschlossenheit, intellektueller Ehrlichkeit und guter Urteilsfähigkeit über jeden Zweifel erhaben ist*, so stand darin zu lesen, seien *einstimmig zu einer Schlußfolgerung gelangt, die voll und ganz der meinen entspricht.*

Dann erläuterte er kurz, der Zweck der Lowell-Untersuchung sei die Beantwortung dreier Fragen gewesen:
- War das Schwurgericht unparteiisch?
- Haben die Angeklagten das Recht, eine Wiederaufnahme des Verfahrens zu fordern?
- Sind sie schuldig oder unschuldig?

Im Bericht führte er dazu aus:

*In bezug auf die erste Frage sind Beschwerden erhoben worden, daß die Angeklagten vor das Gericht gebracht und verurteilt worden seien, weil sie Anarchisten sind. Die Frage des Anarchismus ist von den Angeklagten berührt worden, als ob sie eine Erklärung ihres verdächtigen Benehmens geben wollten. Ihr Verteidiger hat gegen den Rat des Richters beschlossen, ihre Handlungen und ihr Verhalten auf die Tatsa-*

*che zurückzuführen, daß sie Anarchisten seien. Er deutete an, daß sie bewaffnet gewesen wären, um sich zu verteidigen, daß sie im Begriff waren, abends um zehn Uhr damit anzufangen, radikale Literatur einzusammeln, und aus diesem Grunde gelogen haben, um ihre Freunde nicht zu verraten.*

*Ich habe mit den elf noch lebenden Geschworenen gesprochen. Sie halten den Richter für unparteiisch; er habe ihnen nichts über seine eigene Auffassung gesagt.*

*Es sind verschiedene Aussagen vorgelegt worden, in denen behauptet wurde, daß der Richter voreingenommen war. Ich habe keine Anzeichen von Voreingenommenheit in der Prozeßführung entdecken können. Daß der Richter sich eine Meinung über die Schuld oder Unschuld der Angeklagten bildete, nachdem das Beweismaterial vorlag, ist natürlich und unvermeidlich.*

*Es wurde behauptet, daß verschiedene Vorkommnisse im Gerichtssaal sich zuungunsten der Angeklagten auswirkten. Nach sorgfältiger Befragung der Geschworenen und anderer finde ich keinerlei Beweise für diese Behauptung. Die Geschworenen sind ehrenwerte Männer, die äußerst zögernd zu ihrem Urteilsspruch kamen, aber durch das Beweismaterial dazu gezwungen wurden.*

*Die Formulierung der Anklage durch den Richter wurde von dem Verteidiger nicht beanstandet, und es wurden keine Beschwerden dagegen erhoben. Der Höchste Gerichtshof des Staates Massachusetts hat mehr als 250 Beschwerden geprüft, die im Laufe des Verfahrens erhoben wurden, und dabei festgestellt, daß das Verfahren vollkommen korrekt und ohne jeden juristischen Fehler durchgeführt worden ist.*

Auch in den neuen entlastenden Beweisen, die von der Verteidigung bei ihrem Antrag auf Wiederaufnahme des Verfahrens vorgelegt wurden, sah Fuller keinen Grund, sein Urteil zu korrigieren. Er lehnte mit Ausnahme des Geständnisses von Madeiros alle Beweise ab:

*Ich lege auf das Geständnis von Madeiros kein Gewicht. Es wird allgemein angenommen, daß Madeiros sich zu dem Verbrechen bekennt. Als ich ihn vernahm, konnte er weder Ein-*

*zelheiten angeben noch die Umgebung schildern. Madeiros meint, daß die Distriktstaatsanwaltschaft ihm Unrecht getan hat, weil sie ihn zum Tode verurteilte, während zwei seiner Komplizen, die mit ihm zusammen den Mord begangen haben, nur zu lebenslänglichem Gefängnis verurteilt wurden. Ich bin von seiner Behauptung der Mitwisserschaft an dem Verbrechen in South Braintree nicht überzeugt.*

Danach ging Fuller auf die Schuldfrage ein. Er habe *an diesem Fall nichts Ungewöhnliches gefunden ... außer daß Vanzetti nicht aussagte,* der seiner Meinung nach schuldig sei, weil er von *Augenzeugen des Überfalles wiedererkannt worden ist.* Weiter hieß es:

*Bei ihrer ersten Vernehmung durch die Polizei machten die Angeklagten Aussagen, von denen sie später zugaben, daß sie gelogen waren. Sacco behauptete, er habe am 15. April, dem Tage des Verbrechens in South Braintree, in Kelleys Schuhfabrik gearbeitet. Bei Nachprüfung stellte sich heraus, daß das nicht der Wahrheit entsprach.*

*Er behauptete weiter, daß er sich an jenem Tage im italienischen Konsulat in Boston befunden habe. Das wird nur durch einen früheren Angestellten des Konsulates bestätigt. Dieser Angestellte hatte dafür keine weiteren Beweise als seine Erinnerung.*

*Als Ergebnis meiner Untersuchungen,* resümierte Fuller, *kann ich keine ausreichende Rechtfertigung für ein Eingreifen der vollziehenden Gewalt erkennen.* Der abschließende und entscheidende Satz lautete: *Ich bin mit den Geschworenen der Auffassung, daß diese Männer, Sacco und Vanzetti, schuldig sind und daß sie einen fairen Prozeß gehabt haben.*

Am Tage nach Fullers Erklärung hatten Thompson, Felicani und Saccos Frau Rosina den beiden Verurteilten die niederschmetternde Nachricht überbracht. Vanzetti stammelte immer wieder: »Ich kann es nicht glauben.« Sacco sagte nur: »Das habe ich gewußt.«

Dann teilte ihnen Thompson mit, er lege sein Mandat nieder, da er keine Möglichkeit mehr sähe, in seiner Funktion als Anwalt etwas zu tun. Das einzige, was ihm bliebe, sei dieser letzte, demonstrative Akt. An seiner persönlichen Zuneigung zu ihnen würde sich nichts ändern. »Ich habe alles getan, alles ...« Dabei reichte er beiden die Hand.

Sacco und Vanzetti umarmten, sichtlich bewegt, Thompson. »Wir danken Ihnen«, sagte Sacco, »Sie haben viel für uns getan, alles, was möglich war.«

Dann diktierten sie Thompson zwei Botschaften mit der Bitte, für deren Verbreitung zu sorgen.

Vanzetti schrieb:

*Gouverneur Alvan T. Fuller ist wie Thayer und Katzmann, der falsche Zeuge und die anderen sind Mörder. Er reichte mir die Hand wie einem Bruder, suchte mich von seinen ehrlichen Absichten zu überzeugen und wies selbst auf Präzedenzfälle hin, die uns eine Rettung ermöglichen.*

*Trotzdem mißachtet und verleugnet er alle Beweise für unsere Unschuld, demütigt und mordet uns.*

*Wir aber sind unschuldig.*

*So kämpft die Plutokratie gegen die Freiheit, gegen das Volk. Wir sterben für die Anarchie! Es lebe die Anarchie!*

*Bartolomeo Vanzetti*

Sacco schrieb:

*Meine lieben Freunde und Genossen,*
*in unserer Todeszelle haben wir eben von dem Verteidigungskomitee gehört, daß Gouverneur Fuller beschlossen hat, uns am 10. August zu töten. Wir sind über diese Nachricht nicht erstaunt, denn wir wissen, die kapitalistische Klasse ist hart und ohne Gnade gegen Soldaten der Revolution. Wir sind stolz auf unseren Tod und werden fallen, wie alle Anarchisten gefallen sind.*

*Brüder, Genossen, Ihr seid die einzigen, die uns noch retten können.*

*Wir haben niemals Vertrauen in den Gouverneur gesetzt. Wir haben immer gewußt, daß Gouverneur Fuller, daß Thayer und Katzmann Mörder sind.*

*Mit warmen, brüderlichen Grüßen an alle* *Nicola Sacco*

Während Sacco und Vanzetti mit Thompson in dem Zellentrakt saßen, der für Todeskandidaten reserviert war, sprach Felicani mit Madeiros, dem die Hinrichtung für den Mord in der Bank in Wrentham ebenfalls bevorstand. »Pech für sie«, sagte Madeiros, »ich bin ein Krimineller. Ich habe ein langes Strafregister. Aber für sie ist das schändlich.«

Der Bericht des Lowell-Ausschusses wurde am 7. August veröffentlicht, vier Tage nachdem Fuller der Öffentlichkeit seine Entscheidung mitgeteilt hatte. Ausgehend von diesem Schriftstück unternahmen die beiden neuen – von Thompson vermittelten – Anwälte, Arthur D. Hill und Michael A. Musmanno, einen letzten juristischen Versuch, ein letztes Wettrennen mit Zeit und Henker.

Musmanno, ein junger Anwalt aus Pittsburgh, der ursprünglich nur eine Gnadenpetition der Emigranten-Organisation Sons of Haly überbracht hatte, verschrieb sich danach den Versuchen, die beiden Verurteilten zu retten. Er stellte beim Obersten Gerichtshof einen siebten und letzten Zusatzantrag auf Wiederaufnahme des Verfahrens mit der Begründung, Thayers Voreingenommenheit habe dem 14. Verfassungszusatz widersprochen, nach dem *ein ordentliches Verfahren und die Gleichheit vor dem Gesetz gewährleistet sein müssen.*

Kein Richter am Obersten Gerichtshof hatte jedoch die Rechtsbefugnis, einen Antrag auf Wiederaufnahme eines Verfahrens zu behandeln, nachdem ein Urteil gefällt worden war. Richter Hall leitete den Antrag deshalb an seinen Kollegen Thayer weiter, der nun paradoxerweise selbst darüber zu befinden hatte, ob er vorurteilsfrei entschieden habe oder nicht.

Thayer lehnte den Antrag ab. Begründung: »Was die Frage der Voreingenommenheit betrifft, so besteht jetzt keine und hat nie eine bestanden.«

Gab es nicht eidestattliche Erklärungen und Prozeßprotokolle, die das Gegenteil bewiesen? Aber die juristische Verschwörung hatte mittlerweile jegliche Zurückhaltung abgelegt. Der Mechanismus der Gesetzesmaschine hielt an seinen Opfern fest. Diejenigen, die ihn in Gang hielten, flüchteten in juristischen Formalismus.

Die Anwälte Hill und Musmanno hatten mit der Ablehnung von Thayer in eigener Sache gerechnet und bei den beiden Bundesrichtern Dr. Holmes und Stoney einen weiteren Antrag gestellt, das nicht vorurteilsfreie Verhalten von Thayer festzustellen. Auch dieser Antrag wurde abgelehnt.

Privat soll Bundesrichter Holmes zu Thompson gesagt haben, er sei überzeugt, »daß an diesen Männern nicht rechtmäßig gehandelt worden ist«. Aber Holmes war nicht der Mann, die unselige Allianz von Justiz und Politik aufzubrechen, die sich hier zusammenschloß, um das Leben zweier italienischer Einwanderer zu zerstören. »Wir können keine Einmischung der Regierung der Vereinigten Staaten in Angelegenheiten der Gliedstaaten zulassen und damit den fundamentalen Grundsatz der separaten Souveränität der Regierungen der Gliedstaaten und der Bundesregierung untergraben«, sagte er zu Thompson und entblößte sich damit als willfähriger Büttel eines Systems, dem die Einhaltung starrer Grundsätze wichtiger war als die Rettung zweier unschuldiger Menschen.

Nachdem Bundesrichter Holmes den Antrag abgelehnt hatte, wurde dieser dem Richter am Distriktbundesgericht George W. Anderson vorgelegt. Mit der Begründung, er habe »kein Recht, in das juristische Verfahren der Gerichte von Massachusetts einzugreifen«, lehnte auch er ab.

Aber noch war über den Antrag eines erneuten Hinrichtungsaufschubs, den Hill am 8. August, zwei Tage vor dem angesetzten Hinrichtungstermin, bei Richter George A. Sanderson – ebenfalls am Obersten Gerichtshof von Massachusetts – gestellt hatte, nicht entschieden worden.

Am Morgen des 10. August, des Tages, an dem Sacco und Vanzetti um Mitternacht hingerichtet werden sollten, spielte Richter Thayer auf seinem Sommersitz Golf. Er hörte nicht die verbitterten Rufe demonstrierender Männer und Frauen vor dem Regierungspalast in Boston. Polizei mit aufgepflanzten Bajonetten bewachte das Gefängnis von Charlestown, wo die beiden Italiener in ihren Todeszellen auf die Hinrichtung warteten. Auch Madeiros erduldete sein Schicksal. Stunde um Stunde verging. Drüben im Raum, in dem der elektrische Stuhl stand, untersuchte der Henker die Funktionsbereitschaft der Tötungsmaschine. Für ihn war alles in Ordnung. Die amtlichen Zeugen warteten ebenfalls, und ein Priester war anwesend, um Sacco, Vanzetti und Madeiros eine letzte Beichte abzunehmen und ihnen Trost zu spenden. Aber alle drei wiesen sein Besuchsangebot zurück.

Rosina Sacco saß mit ihren Kindern schweigend im Büro des Verteidigungskomitees. Sie war von den Justizbehörden aufgefordert worden, den Leichnam ihres Mannes in Empfang zu nehmen. Felicani, Jackson und ein Dutzend anderer Mitglieder leisteten ihr Beistand. Die Lage, in der sie sich befanden, war beklemmend. Wenn Fuller jetzt nicht eingriff, mußten Sacco und Vanzetti noch in dieser Nacht sterben, obwohl der Antrag der Verteidigung von Richter Sanderson noch nicht entschieden war.

Fuller war in einer heiklen Situation. Daß die beiden auf dem elektrischen Stuhl sterben sollten, davon konnte ihn der aufgeregte Mob, der seit Stunden vor seinem Amtssitz demonstrierte, nicht abbringen. Seine Entscheidung, ob die Hinrichtung ein weiteres Mal verschoben werden sollte, hing allein von Richter Sanderson am Obersten Gerichtshof ab. Fuller war an einem ordnungsgemäßen Ablauf gelegen. Der letzte Akt dieses Dramas sollte den Schein der Gerechtigkeit wahren. Die Stromstöße der Henker sollten sich formal korrekt durch die Körper der Verurteilten brennen. Mit einem Beratungsstab tagte Fuller bis in die Nachtstunden.

Schließlich, es war 23.23 Uhr, trat ein Sprecher vor die wartenden Journalisten und gab Fullers Entscheidung bekannt: Damit die Beratungen des Obersten Gerichts zu Ende geführt werden könnten, habe der Gouverneur einen zwölftägigen Hinrichtungsaufschub angeordnet. Die Hinrichtung werde auf den 22. August 1927 verschoben.

Im Gefängnis von Charlestown erfuhren Sacco und Vanzetti die Nachricht von dem Aufseher William Hendry, der zu ihren Todeszellen gerannt kam und schrie: »Jungs, alles ist abgesagt!« Sacco sagte nichts, Vanzetti antwortete: »Ich bin verdammt froh. Ich möchte gern meine Schwester sehen, bevor ich sterbe.«

*Fünfzehntes Kapitel*

# Das Ende der Tragödie

Der August 1927 war ein Monat der Berufungen, Demonstrationen, Streiks und Bombenanschläge. In der New Yorker Untergrundbahn, in einer Kirche in Baltimore und in einem Theater in Sacramento kam es zu Detonationen. Auch auf die Wohnung eines der Geschworenen in Dedham wurde ein Bombenattentat verübt.

Glücklich über diese Form des Protestes waren die Mitglieder des Verteidigungskomitees keineswegs. Felicani sah darin ein Werk verzweifelter Radikaler, »die zu empört sind, um Vernunft anzunehmen«.

Das Komitee rief dazu auf, vor dem Regierungsgebäude und dem Gefängnis von Charlestown zu demonstrieren. Tausende folgten dem Aufruf. Dabei war die Teilnahme vor allem für Ausländer nicht ungefährlich. Die Einwanderungsbehörden hatten alle Ausländer davor gewarnt, sich an Demonstrationen zugunsten Saccos und Vanzettis zu beteiligen, da sie damit »ihre Chancen auf Einbürgerung« zunichte machten. Der Leiter der Behörde verkündete, er werde sämtliche Demonstrationen und Versammlungen beobachten lassen. Doch kaum jemand ließ sich durch solche Drohungen einschüchtern. Mächtige Demonstrationen gerieten zu eindrucksvollen Solidaritätsbekundungen für die beiden Verurteilten, die in den Todeszellen von Charlestown auf die Vollstreckung des Urteils warteten.

Aber bei allem öffentlichen Protest: Tatsache war, daß die meisten Amerikaner in Sacco und Vanzetti Verbrecher sahen und ungeduldig darauf warteten, daß diese Männer endlich hingerichtet wurden. Eine Begnadigung wäre ihnen wie eine

Kapitulation erschienen, wie eine strategische Niederlage im Kampf um die Verteidigung der bestehenden Ordnung. Sie brauchten zwei Opfer, um ihre tiefsitzenden Ängste gegenüber jenen, die diese Ordnung anprangerten, bestätigt zu sehen. Sacco und Vanzetti waren zwei ideale Opfer.

Das wußten auch deren Anwälte Musmanno und Hill, die in ihren Rettungsversuchen nicht nachließen. Ihnen war klar: Sie führten einen aussichtslosen juristischen Kampf, doch ihn aufzugeben widersprach ihren Vorstellungen vom Beruf des Rechtsanwalts.

Am 16. August trug Hill dem Plenum des Obersten Gerichtshofs von Massachusetts eine neuerliche Berufung vor, nachdem Richter Sanderson entschieden hatte, die Verteidigung habe das Recht, gehört zu werden. Doch Hills Plädoyer war vergeblich. Generalstaatsanwalt Reading erklärte, nach der Verkündung des Todesurteils könne kein Antrag mehr auf Wiederaufnahme des Verfahrens gestellt werden. Zwei Tage später legten die Richter ihre Entscheidung schriftlich nieder.

An diesem 18. August verabschiedete sich Sacco von seinem vierzehnjährigen Sohn Dante. Er wußte, daß es nun keine Rettung mehr gab. Mit Tränen in den Augen umarmte er seinen Sohn. »Sei stolz auf deinen Vater und seinen Freund Vanzetti, Dante«, sagte er zu ihm, »wir sind unschuldig. Dein Vater ist kein Verbrecher.« Dann küßte er ihn. Als seine Frau Rosina, die ihn während der letzten zwölf Tage vor dem Hinrichtungstermin täglich besuchen durfte, an diesem 18. August den Besuchsraum mit ihren Kindern verließ, wußte Sacco, er würde Dante und die siebenjährige Ines nie mehr wiedersehen. Der Gedanke daran schnürte ihm die Kehle zu.

Zwei Wachbeamte brachten ihn zurück in seine Zelle. Sacco schluchzte laut. Die beiden Beamten versuchten ihn zu trösten, doch auch sie konnten nur mühsam ihre Gefühle unterdrücken.

Am selben Tag schrieb Sacco einen letzten Brief an seinen Sohn:

*18. August 1927*
*Staatsgefängnis von Charlestown*

*Mein lieber Sohn und Kamerad,*

*ich habe niemals geglaubt, daß unser unzertrennliches Leben zerrissen werden könnte, aber nach sieben qualvollen Jahren glaube ich nun doch, daß es dazu kommt. Aber andererseits hat das nicht wirklich die Ruhelosigkeit und den Herzschlag der Liebe verändert. Die ist geblieben, wie sie war. Mehr noch. Ich behaupte, daß unsere unbeschreibliche gegenseitige Zuneigung heute nur noch größer ist als jemals zuvor. Das ist nicht nur viel, sondern es ist großartig, weil man die echte brüderliche Liebe nicht nur in der Freude, sondern auch und vor allem in der Mühsal des Leidens erkennen kann. Merke Dir das, Dante. Wir haben das bewiesen und sind in aller Bescheidenheit stolz darauf.*

*Vieles haben wir während dieses langen Leidensweges erduldet. Wir setzen uns heute ein, wie wir uns gestern eingesetzt haben. Wir werden uns immer für unsere Freiheit einsetzen.*

*Wenn ich den Hungerstreik neulich beendete, so aus dem Grunde, weil kein Fünkchen Leben mehr in mir war. Weil ich mich mit meinem Hungerstreik für das Leben und nicht für den Tod einsetzte, wie ich es auch heute tue.*

*Ich habe das Opfer gebracht, weil ich in die Umarmung Deiner lieben kleinen Schwester Ines und deiner Mutter und all der geliebten Freunde und Gefährten des Lebens und nicht des Todes zurückkehren wollte. Somit, mein Sohn, beginnt heute das Leben langsam und ruhig zurückzukehren, aber noch immer ohne Horizont und mit Schwermut und Todesvision.*

*Nun, mein lieber Junge, nachdem Deine Mutter mir so viel erzählt und ich Tag und Nacht von Dir geträumt hatte, wie schön war es doch, Dich endlich zu sehen. Mit Dir zu sprechen wie damals – vorher. Vieles erzählte ich Dir bei diesem Besuch, und vieles mehr wollte ich sagen, aber ich sah, daß Du derselbe liebevolle Junge bleiben wirst, Deiner Mutter, die Dich so sehr liebt, treu zur Seite, und ich wollte Deine Gefühle nicht länger belasten, weil ich überzeugt bin, daß Du weiterhin derselbe Junge bleibst und Dich an das erinnerst, was ich Dir gesagt habe. Ich wußte das, und was ich Dir heute sage, wird Deine Gefühle belasten, aber weine nicht, Dante, denn viele Tränen sind vergeudet worden, wie auch sieben Jahre lang von Deiner Mutter, und haben keineswegs geholfen. So bleibe denn stark, mein Sohn, und weine nicht, damit Du Deine Mutter trösten kannst, und wenn Du Deine Mutter von der entmutigenden Einsamkeit ablenken willst, werde ich Dir verraten, wie ich das gewöhnlich tat. Nimm sie zu einem langen Spaziergang aufs stille Land mit, sammelt wilde Blumen hier und da, ruht im Schatten der Bäume inmitten des Zusammenklangs von rauschendem Strom und der sanften Stille der Mutter Natur, und ganz bestimmt wird ihr das Freude machen, wie auch Du glücklich dabei sein wirst. Aber denke stets daran, Dante, daß Du im Spiel des Glücks nicht alles für Dich benutzt, sondern erniedrige Dich selbst um eine Stufe und hilf den Schwachen, die um Hilfe rufen, hilf den Verfolgten und dem Opfer, denn sie sind Deine besseren Freunde; sie sind die Genossen, die kämpfen und fallen, wie Dein Vater und Bartolo in der Vergangenheit kämpften und fielen für den Sieg des Glücks der Freiheit für alle und die armen Arbeiter. In diesem Lebenskampf findest Du mehr Liebe, und Du wirst geliebt werden.*

*Ich bin sicher, nach allem, was Deine Mutter mir erzählte, was Du während dieser letzten, schrecklichen Tage, als ich in dem schändlichen Todeshaus lag, gesagt hast – diese Beschreibung machte mich glücklich, denn sie zeigte, daß Du der geliebte Sohn sein wirst, den ich mir immer erträumt hatte.*

*Deshalb, was auch immer der morgige Tag bringt – niemand weiß es –, aber falls man uns töten sollte, darfst Du nicht vergessen, Deine Freunde und Gefährten mit demselben heiteren Blick der Dankbarkeit anzuschauen, wie Du Deine Lieben anschaust, denn sie lieben Dich, wie sie einen jeden der gefallenen verfolgten Gefährten lieben. Ich sage Dir als Dein Vater, der Dir das ganze Leben bedeutet, als Dein Vater, der Dich geliebt hat und sie und ihren edlen Glauben (der auch meiner ist) kennt, ihr größtes Opfer, das sie immer noch für unsere Freiheit bringen, denn ich habe gemeinsam mit ihnen gekämpft, und sie sind diejenigen, die noch unsere letzte Hoffnung darstellen, daß sie uns noch heute vor dem Tod auf dem elektrischen Stuhl bewahren können. Es ist der Kampf zwischen den Reichen und den Armen um Sicherheit und Freiheit, mein Sohn, den Du verstehen wirst, wenn Du älter bist, in den Jahren dieses inneren Aufruhrs und des Kampfes auf Leben und Tod.*

*Ich dachte viel an Dich, als ich im Todeshaus lag. Das Singen und die lieblichen Stimmen der Kinder vom Spielplatz, wo es das Leben und die Freude der Freiheit gab, waren nur einen Schritt von der Mauer entfernt, die den verborgenen Todeskampf von drei begrabenen Seelen umgibt. Ich wurde so oft an Dich und Deine Schwester Ines erinnert, und ich wünschte, ich könnte Dich immerzu sehen. Aber es ist mir lieber, daß Du nicht zum Todeshaus gekommen bist, so daß Du nicht das schreckliche Bild von drei im Todeskampf Liegenden sehen konntest, die auf den Tod durch den elektrischen Stuhl warten, denn ich weiß nicht, welche Wirkung es auf Dich in Deinen jungen Jahren gehabt hätte. Wärst Du nicht so empfindsam, dann wäre es andererseits für Dich in Zukunft sehr nutzbringend, diese schreckliche Erinnerung dafür zu nutzen, die Schande des Landes bei dieser grausamen Verfolgung und dem ungerechten Tod aller Welt zu zeigen. Ja, Dante, sie können, wie sie es ja heute tun, unsere Körper martern, aber sie können nicht unsere Idee vernichten, die für die zukünftige junge Generation erhalten bleiben wird.*

*Dante, als ich von drei begrabenen Menschen sprach, wollte ich einen anderen jungen Mann namens Celestino Madeiros erwähnen, der mit uns zur selben Zeit auf dem elektrischen Stuhl hingerichtet werden soll. Er war vorher schon zweimal in diesem entsetzlichen Todeshaus, das mit den Hämmern des wahren Fortschritts zerstört werden sollte – dieses schreckliche Haus, das bis in alle Zukunft den Bürgern von Massachusetts Schande bereiten wird. Man sollte dieses Haus zerstören und eine Fabrik oder eine Schule errichten, um die vielen hundert armen Waisenjungen der Welt zu unterrichten.*

*Dante, ich bitte Dich noch einmal, sei lieb zu Deiner Mutter und den Lieben in diesen traurigen Tagen und stehe ihnen bei, und ich bin sicher, daß Dein tapferes Herz und Deine freund-*

*liche Güte ihren Schmerz lindern werden. Und Du wirst auch nicht vergessen, mich ein wenig zu lieben, denn ich liebe Dich – o mein Söhnchen! – und denke so viel und oft an Dich.*

*Beste brüderliche Grüße an alle Lieben, mit Liebe und Küssen an Ines und Deine Mutter. Mit herzlichster und zärtlichster Umarmung*

*Dein Vater und Freund*

*P. S.: Bartolo sendet Dir die herzlichsten Grüße. Ich hoffe, daß Dir Deine Mutter helfen wird, diesen Brief zu verstehen. Ich hätte ihn viel besser und einfacher schreiben können, wenn ich mich wohler gefühlt hätte. Aber ich bin so schwach.*

Anwalt Musmanno hatte sich noch am Abend in das Gefängnis begeben, um Sacco und Vanzetti die Beschlüsse des Gerichtshofs persönlich mitzuteilen. Vanzetti hörte sich den Wortlaut des Beschlusses zuerst gefaßt an, dann begann er plötzlich zu toben. Alle Enttäuschung, Ohnmacht und Wut brachen aus ihm heraus. Er schrie: »Holt die Millionen Menschen, holt sie!« Musmanno war dermaßen von Vanzettis Gefühlsausbruch überrascht, daß er Mühe hatte, ihn wieder zu beruhigen. Danach setzte sich Vanzetti hin und schrieb einen wirren Brief an seinen früheren Anwalt Thompson, in dem er *allen Nationen der Welt* befahl, *zu mobilisieren und die Vereinigten Staaten anzugreifen.* Es war das Dokument eines Verzweifelten.

Etwa zur gleichen Zeit ging Luigia Vanzetti in New York von Bord des Schiffes, mit dem sie den Atlantik überquert hatte. Luigia, die in den Jahren der Gefangenschaft mit ihrem Bruder so viele Briefe gewechselt, alle Stationen des Dramas durchlebt und mitgelitten hatte, war eine melancholische Frau von 36 Jahren, die jedoch viel älter wirkte. Aus ihrer ländlichen Idylle war sie hineingestoßen worden ins grelle Scheinwerferlicht. »Meine Mission ist es, Frieden und Trost zu bringen«, sagte sie zu den wartenden Reportern. Sie sei eine fromme Frau und wolle ihren Bruder zur Rückkehr in den Hort der Kirche bewegen. Bevor die Komiteemitglieder mit ihr verschwanden, sagte sie: »Ich hoffe zutiefst in meinem Herzen, daß dieses große Land, in dem Millionen von Menschen Freiheit und Glück gefunden haben, es nicht zulassen wird, daß mein Bruder und Sacco sterben.«

Am nächsten Tag trafen Luigia und Bartolomeo im Gefängnis von Charlestown zusammen. Vanzetti hatte seine Beherrschung wiedergefunden und war voller Ungeduld, seine Schwester in die Arme zu schließen, von der er vor mehr als 19 Jahren in Villafalletto Abschied genommen hatte. Zuvor hatte Saccos Frau Rosina, die Luigia als »meine Schwester im Unglück« bezeichnete, auf Vanzettis Bitte Gefängnisdirektor Hendry um Erlaubnis gefragt, ob er während des Besuchs seine Zelle verlassen dürfe, damit er seine Schwester nicht durch die dicken Eisenstäbe begrüßen müsse. Obwohl dies gegen die Gefängnisordnung verstieß, gab der Direktor seine Zustimmung. So konnten sich die beiden Geschwister unter Tränen umarmen. Immer wieder küßten sie sich. Später saßen sie weinend beisammen und erinnerten sich an ihre Kindheit. Über Religion und Politik sprachen sie kein Wort.

Sacco, der Luigia ebenfalls herzlich begrüßt hatte, saß wie jeden Tag mit seiner Frau Rosina zusammen. Sie hielten sich an beiden Händen, und Sacco streichelte zärtlich Rosinas Wangen. An diesem Tag gab er ihr einen Brief für seine kleine Tochter Ines mit, die ihm zuvor einen liebevoll bemalten Brief geschenkt hatte.

*19. Juli 1927*

*Meine liebe Ines,*
*ich wünschte, Du könntest verstehen, was ich Dir in tiefster Liebe und mit einer Seele voll Bitterkeit sagen möchte. Ich trage den Brief, den Du mir geschrieben hast, immer und bis zum letzten Tag meines Lebens an meinem ruhelosen Herzen, und ich werde selbst darum bitten, daß man ihn mir noch ins Grab mitgibt.*

*Mein höchster Wunsch war, mit Dir, Deinem Bruder Dante und Deiner Mama in einem kleinen Häuschen am Waldsaume zu leben, vereint durch die gleiche Hingebung und Liebe! Am Sommernachmittag mich mit Dir auf den Knien und in den Schatten einer Eiche zu setzen und Dich lesen, schreiben, glauben und lieben zu lehren.*

*Doch es sollte nicht sein. Die Bosheit der Menschen hat es nicht haben wollen. Ein widriges Schicksal hat uns getrennt. Diese alte Gesellschaft, die schon mit dem Tode ringt, hat mich grausam aus den Armen Deiner Mutter und von Eurer tiefen Liebe fortgerissen, und vergebens werdet Ihr, meine Kinder, mich erwarten.*

*Ich weiß jedoch, daß Ihr brave Menschen sein werdet. Ich bin sicher, Ihr wißt es, daß ich Euch zu jeder Minute mir nahe fühle, und ich sage Euch so vieles, von leidenschaftlicher Bangigkeit erfüllt.*

*Dankt für mich meinen Freunden, die für meine Freigabe gekämpft haben, und laßt mich Euch alle umarmen, Dich, Deinen Bruder und Deine Mutter.*

*Dein Vater Nicola Sacco*

Am Samstag, den 20. August fuhr Aldino Felicani mit Luigia und Rosina zur Sommerresidenz von Kardinal William O'Connel, dem geistlichen Oberhaupt der Bostoner Katholiken. Felicani versprach sich von ihm Unterstützung bei dem Versuch, an Präsident Calvin Coolidge ein letztes Gnadengesuch zu richten. Der Kardinal bot den beiden Frauen Tee und sein Mitgefühl an – mehr könne er nicht tun...

Musmanno befand sich an diesem Tag in Washington, um beim Obersten Gerichtshof von Amerika eine Berufung vorzulegen, die sich auf die Verletzung des 14. Verfassungsgrundsatzes berief. Danach ging er in das Justizministerium, um die Freigabe der Akten über den Fall Sacco und Vanzetti zu erwirken.

Doch all seine eifrigen Bemühungen scheiterten an der Arroganz der Macht. Ohne etwas erreicht zu haben, kehrte er nach Boston zurück. An Präsident Coolidge, der gerade in South Dakota Urlaub machte, sandte der Anwalt am nächsten Tag, dem 21. August, in mehrstündigen Abständen drei Telegramme und ersuchte ihn, von seinem Recht Gebrauch zu machen und Sacco und Vanzetti zu begnadigen. Es war ein Wettlauf mit der Zeit, ein Ringen um Leben oder Tod. Musmanno blieben kaum dreißig Stunden bis zum Hinrichtungstermin. Am späten Nachmittag rief er im Urlaubsdomizil des Präsidenten an und sprach mit dessen Sekretär. Dieser teilte ihm lakonisch mit, der Präsident ruhe gerade, er sei noch müde vom Angeln...

So verstrichen die letzten Stunden. Der Hinrichtungstag, der 22. August 1927, brach an.

Schon am Vormittag waren vor dem Gefängnis von Charlestown Polizeieinheiten aufmarschiert, die überall mit Gewehren und Panzerwagen in Stellung gebracht wurden. Das Viertel, in dem sich das Gefängnis befand, glich einem Heerlager. Dennoch waren wiederum Tausende von Demonstranten erschienen. Hinter den dicken Mauern saßen Sacco und Vanzetti in ihren Todeszellen. Nur noch wenige Stunden trennten sie vom Tod.

Am frühen Morgen hatte sie Musmanno besucht, der einen letzten Antrag auf Hinrichtungsaufschub in der Tasche hatte, verfaßt von einer Gruppe prominenter Juristen. Er wollte die Bittschrift umgehend an das Bundesdistriktgericht weiterleiten und legte beiden den Antrag zur Unterschrift vor. Vanzetti unterschrieb und bat Musmanno um ein Gespräch mit seinem ehemaligen Anwalt Thompson. Sacco weigerte sich zu unterschreiben.

Während Vanzetti auf Thompson wartete, schrieb er einen seiner eindrucksvollsten Briefe, gerichtet an Dante, den 14jährigen Sohn von Sacco:

*22. August 1927*
*Aus der Todeszelle des Massachusetts State Prison*

*Mein lieber Dante,*
*ich hoffe immer noch, und wir werden bis zum letzten Augenblick kämpfen, um unser Recht auf Leben und Freiheit zurückzugewinnen, aber alles, was Macht und Geld hat in diesem Staat, die ganze Reaktion ist für den Tod gegen uns, weil wir Anarchisten sind. Ich schreibe wenig davon, weil Du jetzt noch zu jung bist, um diese und andere Dinge zu verstehen, die ich gern mit Dir besprechen würde.*

*Aber Du wirst älter werden und hoffentlich verstehen, wie es Deinem Vater und mir ergangen ist und was Dein Vater und ich für Prinzipien hatten, Prinzipien, für die wir bald getötet werden.*

*Ich sage Dir jetzt, daß Dein Vater nach allem, was ich von ihm weiß, kein Verbrecher ist, sondern einer der tapfersten Männer, die ich je gekannt habe. Eines Tages wirst Du verstehen, was ich Dir hier sage. Daß Dein Vater alles, was dem menschlichen Herzen lieb und teuer ist, für seinen Glauben an Freiheit und Gerechtigkeit für alle geopfert hat.*

*An diesem Tag wirst Du stolz auf Deinen Vater sein, und wenn Du tapfer genug bist, wirst Du seinen Platz in dem Kampf zwischen Tyrannei und Freiheit einnehmen, und Du wirst seinen (unseren) Namen und unser Blut rächen.*

*Wenn wir jetzt sterben müssen, wirst Du, wenn Du diese Tragödie erst in ihrer ganzen Tragweite verstehen kannst, wissen, wie gut und tapfer Dein Vater mit Dir war, Dein Vater und ich, während dieser acht Jahre des Kampfes, des Leids, der Leidenschaft, Qual und Seelenangst.*

*Selbst jetzt schon sollst Du tapfer sein, gut zu Deiner Mutter und Ines.*

*Ich möchte Dich auch bitten, mich als Genossen in Erinnerung zu behalten und als Freund von Deinem Vater, Deiner Mutter und Ines, Susie und Dir, und ich versichere Dir, daß ich kein Verbrecher bin und keinen Raub und keinen Mord begangen, sondern nur bescheiden gekämpft habe gegen Verbrechen, die Menschen einander antun, und für die Freiheit von allen.*

*Denk daran, Dante, jeder, der etwas anderes von Deinem Vater und mir behauptet, ist ein Lügner, der unschuldige Tote beleidigt, die in ihrem Leben tapfer waren. Denk daran und wisse auch, Dante, daß wir, wenn Dein Vater und ich Feiglinge und Heuchler gewesen und unserer Überzeugung abtrünnig geworden wären, nicht hingerichtet worden wären. Aufgrund der Beweise, die sie gegen uns zusammengezimmert haben, hätten sie nicht mal einen aussätzigen Hund verurteilt, nicht mal einen tödlich giftigen Skorpion hingerichtet. Bei den Beweisen, die wir vorgelegt haben, hätten sie einem Muttermörder und gewohnheitsmäßigen Schwerverbrecher ein neues Verfahren zugebilligt.*

*Denk daran, Dante, denk immer daran: Wir sind keine*

*Verbrecher; sie haben uns aufgrund falscher Beweise verurteilt; sie haben uns ein neues Verfahren abgeschlagen; und wenn wir nach sieben Jahren, vier Monaten und siebzehn Tagen unbeschreiblicher Qual und Unrecht hingerichtet werden, geschieht das wegen dem, wovon ich Dir schon geschrieben habe; weil wir die Armen waren und gegen die Ausbeutung und Unterdrückung des Menschen durch den Menschen.*

*Die Dokumente über unseren Fall, die Du und andere sammeln und aufbewahren werden, werden Dir beweisen, daß Dein Vater, Deine Mutter, Ines, meine Familie und ich der Staatsräson der amerikanischen plutokratischen Reaktion geopfert worden sind.*

*Der Tag wird kommen, an dem Du die furchtbare Ursache des Obigen in ihrer ganzen Tragweite verstehen wirst. Dann wirst Du uns ehren.*

*Jetzt, Dante, sei immer tapfer und gut.*

*Auf Wiedersehen, Dante*

*Bartolomeo*

Am Nachmittag erschien Musmanno nochmals im Gefängnis, um sich von Sacco und Vanzetti zu verabschieden. Ein letzter, schmerzlicher Abschied von zwei Männern, von deren Unschuld er noch immer fest überzeugt war. »Wir danken Ihnen für alle Ihre Bemühungen von Herzen«, sagte Sacco. Dann umarmten sie sich ein letztes Mal.

Wenige Stunden zuvor hatten sich Sacco und Vanzetti von Rosina und Luigia verabschiedet. »Ach, Luigia, warum bist du gekommen!« rief Vanzetti und griff nach der Hand der Schwester. Er weinte, während Luigia betete.

In der Nachbarzelle umarmte Sacco weinend seine Frau: »Rosina, ich liebe dich und werde dich immer lieben.«

»Nick«, sagte Rosina, »ich sterbe mit dir.«

Thompson traf am frühen Abend, aus New Hampshire kommend, in Boston ein, um sich sofort nach Charlestown zu begeben. Im engen Raum neben der Hinrichtungskammer traf er mit Vanzetti zusammen, der ihn lächelnd begrüßte, als er den Raum betrat. Es sollte ein langes letztes Gespräch werden, eine bewegende Rekonstruktion ihrer tragischen

Geschichte. Dieses Gespräch veröffentlichte Thompson ein halbes Jahr später in Form eines Artikels in der Zeitschrift *Atlantic Monthly*. Auszüge hieraus:

*Ich begann unser Gespräch damit, daß ich einen der beiden Gefängniswärter, die 15 Fuß von mir entfernt auf der anderen Seite des Raumes saßen, bat, er möge doch zu mir kommen und meine Fragen an Vanzetti und dessen Antworten mit anhören.*

*Ich fragte Vanzetti, ob er gegenüber Mr. Graham oder Mr. Vahey jemals eine Bemerkung gemacht habe, aus der sich so etwas wie ein Schuldgeständnis in einem der beiden Fälle ableiten lasse. Mit großem Nachdruck und völlig aufgerichtet antwortete er: Nein.*

*Er sagte dann, was er mir schon häufig gesagt hatte: Die Herren Vahey und Graham seien nicht die Verteidiger seiner Wahl gewesen. Er habe sie als Anwälte auf das Drängen seiner Freunde akzeptiert, die das Geld aufgebracht hätten. Er ging dann auf sein Verhältnis zu ihnen ein, auf ihr Verhalten im Bridgewater-Fall und darauf, was er ihnen tatsächlich gesagt hatte. Dies hielt ich am nächsten Tag fest. Ich will es hier nicht wiederholen...*

*Der Wärter kehrte dann auf seinen Platz zurück. Ich sagte Vanzetti, daß mein Glaube an seine Unschuld eigentlich ständig zugenommen habe, einmal durch das, was mir an Tatsachen zur Kenntnis gekommen sei, zum anderen durch den Eindruck, den ich von seiner Persönlichkeit gewonnen habe, aber es bestehe natürlich die Möglichkeit, daß ich mich täusche. Um meinetwillen solle er mir deswegen zu dieser Stunde seines Lebens, da nichts ihn mehr retten könne, noch einmal versichern, daß er und Sacco unschuldig seien.*

*Vanzetti erwiderte ruhig und gelassen, mit einer Aufrichtigkeit, die keinen Zweifel zuläßt, daß ich mir in diesem Punkt keine Sorgen zu machen brauche, sowohl er als auch Sacco seien an dem South-Braintree-Verbrechen völlig unschuldig, das gleiche gelte für ihn im Fall von Bridgewater. Rückschauend sei er jetzt mehr denn je der Meinung, daß der Verdacht gegen ihn und Sacco in dem tiefen Mißtrauen der Amerikaner gegenüber der Lebensart und dem Denken anderer wurzele und in der Vorstellung, daß ein Radikaler auch allemal ein Verbrecher sei. Er wäre nie verurteilt worden, wenn er nicht Anarchist gewesen wäre; so genommen, sterbe er für seine Gesinnung. Er sagte, seine Gesinnung umfasse den Glauben an den Fortschritt der Menschheit und an die Auslöschung von Gewalt in der Welt. Er sprach ruhig, überlegt, mit tiefer Überzeugung. Er bat mich, alles zu tun, was in meiner Kraft stehe, um seinen Namen von dem Makel zu säubern, der auf ihm liege . . .*

*Er bat mich, an die Grausamkeit der sieben Jahre Haft und an den ständigen Wechsel von Hoffnung und Ängsten zu denken. Er erinnerte mich an Bemerkungen, die Richter Thayer gegenüber gewissen Zeugen, besonders bei Professor Richardson, gemacht hatte, und fragte mich, auf welchen Geisteszustand solche Bemerkungen meiner Ansicht nach hindeuteten. Er fragte mich, wie ein ehrlicher Mensch annehmen könne, ein Richter, der von Angeklagten als »diesen anarchistischen Bastarden« spreche, sei zur Unparteilichkeit fähig. Ob ich denn dächte, all die Grausamkeit, die ihm gegenüber und Sacco gegenüber geübt worden sei, solle ungestraft hingehen? . . .*

*Danach kam Vanzetti auf den Anfang zu sprechen, die frühen Kämpfe und den Fortschritt anderer großer Bewegungen für ein Mehr an Menschlichkeit. Er sagte, alle altruistischen Bewegungen seien dem Hirn irgendeines genialen Mannes entsprungen, später aber mißverstanden und pervertiert worden, und zwar durch populäre Torheit und düsteren Egoismus. Er sagte, alle großen Bewegungen, die überkommene Normen, Meinungen und althergebrachte Einrichtungen und den menschlichen Egoismus hätten verändern wollen, seien auf Gewalt und Verfolgung gestoßen. Er erwähnte Sokrates, Galilei, Giordano Bruno und andere, deren Namen ich vergessen habe, einige waren Italiener, andere Russen. Er bezog sich dann auf das Christentum und sagte, es habe einfach und aufrichtig begonnen, sei auch der Unterdrückung und Verfolgung ausgesetzt gewesen, später aber in Kirchenherrschaft und Tyrannei entartet.*

*Ich sagte, ich sei nicht der Meinung, daß der Fortschritt des Christentums durch die Konvention und die Kirchenherr-*

*schaft völlig abgewürgt werde, im Gegenteil, es biete für Tausende einfacher Menschen einen Anreiz. Die Essenz dieses Anreizes liege wohl in dem übermächtigen Vertrauen, das Jesus in die Wahrheit seiner Ansichten über Vergebung gesetzt habe, und zwar selbst dann noch, nachdem ihn seine Feinde, Verfolger und Lästerer ans Kreuz geschlagen hätten.*

*Nicht zum ersten und einzigen Male im Laufe dieser Unterhaltung zeigte Vanzetti ein Gefühl persönlichen Grolls gegen seine Feinde. Er sprach wortgewandt von seinen Leiden und fragte, ob ich wirklich allen Ernstes glaube, man könne als Mensch jenen, die einem sieben Jahre lang Leid und Qualen bereitet hätten, vergeben. Ich sagte ihm, wie gut ich ihn verstünde, ich bäte ihn aber, über den Einfluß eines höheren Wesens auf mich und ihn nachzudenken und über eine Macht, unvergleichlich viel größer als die Kraft des Hasses und der Rache.*

*Ich sagte, daß auf lange Sicht gewiß die Welt auf Liebe und nicht auf Haß reagieren werde und daß ich mir wünschte, er würde seinen Feinden vergeben, nicht so sehr um derentwillen, sondern im Hinblick auf seinen Seelenfrieden und weil das Beispiel eines solchen Tuns für seine Sache mehr werde bewirken können als irgend etwas anderes und auch das überzeugendste Argument für seine Unschuld sei.*

*Wieder trat in unserem Gespräch eine Pause ein. Ich stand auf, und wir sahen uns für ein, zwei Minuten schweigend an. Vanzetti sagte schließlich, er wolle bedenken, was ich gesagt hätte. Ich machte dann eine Bemerkung über die Möglichkeit einer persönlichen Unsterblichkeit. Ich sagte, mir sei wohl bewußt, daß es ihm schwerfalle, an Unsterblichkeit zu glauben; wenn es diese aber gebe, so könne er gewiß hoffen, ihrer teilhaftig zu werden.*

*Diese Bemerkung nahm er schweigend hin …*

*Die ganze Zeit über, abgesehen von den wenigen Augenblicken, auf die ich hingewiesen habe, behielt in seinem Bewußtsein der Glaube die Oberhand, die Menschheit könne zu einem besseren Dasein geführt werden. Ich war beeindruckt von der Kraft seiner Überzeugung und von dem Maß seines Wissens. Er redete nicht wie ein Fanatiker. Obwohl völlig von der Wahrheit der eigenen Ansichten überzeugt, konnte er noch ruhig und voller Verständnis zuhören, wenn jemand eine Meinung erklärte, die er ganz und gar nicht teilte. In dieser Schlußszene wurde der Eindruck, den ich von ihm während der letzten drei Jahre gewonnen hatte, nur vertieft – das war ein Mann mit einer machtvollen Überzeugung, selbstlos hohen Idealen ergeben. Es gab bei ihm kein Anzeichen eines Zusammenbruchs oder von Schrecken angesichts des herannahenden Todes...*

*Beim Abschied gab er mir einen kräftigen Händedruck und sah mich mit einem festen Blick an, der unmißverständlich die Tiefe seiner Gefühle und die Stärke seiner Selbstbeherrschung verriet.*

Dann ging Thompson zu Sacco, der auf der Pritsche seiner Zelle lag. Im selben Artikel schilderte er diese letzte Zusammenkunft:

*Unser Gespräch war sehr kurz. Er stand auf. Er kam kurz auf einige Meinungsverschiedenheiten zwischen uns in der Vergangenheit zu sprechen und sagte, er hoffe nicht, daß diese Unterschiede in unseren Ansichten auch unser persönliches Verhältnis beeinträchtigt hätten. Er dankte mir für das, was ich für ihn getan hätte. Er zeigte keine Anzeichen von Furcht, schüttelte mir fest die Hand und verabschiedete sich von mir.*

*Seine ganze Haltung war vollkommen aufrichtig. Es war sehr großzügig von ihm, nicht weiter auf unsere Meinungsverschiedenheiten einzugehen. Er hatte nämlich die Ansicht vertreten, alle Anstrengungen vor Gericht oder in der Öffentlichkeit seien sinnlos, weil eine kapitalistische Gesellschaft es sich nicht leisten könne, ihm Gerechtigkeit widerfahren zu lassen. Ich hatte einen gegenteiligen Standpunkt eingenommen, aber bei unserem letzten Treffen erwähnte er mit keinem Wort, daß der Ausgang ihm und nicht mir recht zu geben schien.*

Als Thompson am Abend das Gefängnis verließ und sich durch die Absperrgitter der Polizei zwängte, hinter denen sich niemand ohne Sondererlaubnis aufhalten durfte, überfiel ihn eine depressive Stimmung. Die letzten Stunden hatten ihn, der stets die Gesetze seines Landes für verteidigungswürdig gehalten hatte, sehr nachdenklich gemacht. Diese Männer, deren Ansichten er nicht teilte, aber respektierte, wurden vernichtet, weil sie unerwünschte Kritiker waren – Männer, die idealistisch noch immer an jene vollkommene Gesellschaft glaubten, die dieses Land so stolz verkündete, und die dieses Ideals wegen vor Jahren ihre italienische Heimat verlassen hatten. Thompson war niedergeschlagen wie nie zuvor in seinem Leben.

Musmanno hielt sich zur selben Zeit, zum zweiten Mal an diesem Tage, in den Amtsräumen des Gouverneurs auf und wartete auf Fullers endgültige Entscheidung, ob Sacco und Vanzetti in den nächsten Stunden sterben mußten. Schon am Nachmittag hatte er ihm erneut eindringlich den Fall geschildert und um einen erneuten Aufschub gebeten. »Nur Sie können das noch tun«, hatte er zu Fuller gesagt. Danach waren Rosina Sacco und Luigia Vanzetti erschienen, um den Gouverneur um Gnade zu bitten. Musmanno übernahm die Rolle des Dolmetschers, da Luigia nur Italienisch sprach.

»Exzellenz«, begann Luigia Vanzetti mit fester Stimme, »mein Bruder glaubt an Sie. Als Sie seine Hand schüttelten, nahm er das wie den Handschlag eines Bruders entgegen, eines verständnisvollen Bruders. Seine Unschuld steht fest. Darüber kann es keine Zweifel geben, Gott hat das in seinen Büchern aufgezeichnet. Das einzige Problem an diesem langwierigen Fall ist, daß die Machthaber nicht die Handschrift Gottes gelesen haben... Bitte, bitte, bitte, Herr Gouverneur, retten Sie meinen Bruder! Er ist zu jung zum Sterben. Bitte, Herr Gouverneur, retten Sie auch den guten Mann Sacco.«

Rosina Sacco wies Fuller darauf hin, daß er Familienvater sei, Frau und Kinder habe. »Mein Mann hat ebenfalls Frau und Kinder«, fuhr sie fort, »bitte, betrachten Sie diesen Fall als Familienvater. Können Sie es zulassen, daß mein Mann und Familienernährer aufgrund der Aussage einer Frau wie Lola Andrews sterben soll? Mein Mann ist zu mir immer gut und treu gewesen. Er hing an seinem Heim. Benimmt sich so ein Bandit?«

Fuller antwortete, er könne leider nichts tun, die Obersten

Gerichte hätten entschieden, und auch er müsse deren Entscheidung respektieren. Noch einmal entgegnete Luigia Vanzetti: »Aber, Herr Gouverneur, ich höre, daß Sie noch etwas tun können. Man sagte mir, Sie hätten die höchste Vollmacht, meinem Bruder und Sacco zu helfen. Sie sind Gouverneur. Lassen Sie mich meinen Barto nach Italien zurückbringen. Die letzten Worte, die mein Vater vor meiner Abreise zu mir sagte, waren: ›Bring Barto heim!‹«

Fuller erhob sich hinter seinem Schreibtisch und ging hinüber zum Fenster, das ihm den Blick auf den Vorplatz des Regierungspalastes freigab. Unten standen dicht gestaffelt Polizeieinheiten.

»Es tut mir leid«, sagte er, »es tut mir sehr leid, aber es gibt nichts, absolut nichts, was ich tun könnte, ohne meinen Amtseid zu verletzen.«

Die beiden Frauen begannen zu weinen, während Musmanno mit ihnen in den Vorraum zurückging, wo einige Freunde des Verteidigungskomitees, darunter Felicani und Jackson, auf sie warteten.

Es war mittlerweile kurz vor Mitternacht. Musmanno saß in den Amtsräumen und wartete. Endlich rief ihn Fuller zu sich.

»Mr. Musmanno, einen Aufschub der Hinrichtung kann ich nicht befürworten«, sagte Fuller mit abweisender Gestik.

»Und dabei bleiben Sie, das ist Ihr letztes Wort?«

»Für alle Zeiten«, antwortete Fuller knapp.

Im Büro von Gefängnisdirektor William Hendry hatten sich zu dieser Stunde bereits die sieben Zeugen der Hinrichtung versammelt, darunter der Bezirkshauptmann des Kreises Norfolk, ein Vertreter der Staatsanwaltschaft und ein Arzt. Da das Gesetz die Anwesenheit eines Pressevertreters vorschrieb, war als einziger Reporter W. E. Playfair von *Associated Press* als Zeuge geladen worden.

Der Gefängnispfarrer hatte zuvor Madeiros, Sacco und Vanzetti angeboten, vor ihrer Hinrichtung die Sakramente zu empfangen, aber alle drei lehnten wie damals, als man ihnen – Tage vor dem geplanten ersten Hinrichtungstermin – ebenfalls seelsorgerischen Beistand anbot, erneut ab.

Nach einigen Instruktionen verließen die Zeugen Hendrys

Büro, um den Hinrichtungsraum aufzusuchen. Dort nahmen sie ihre Plätze ein. Der elektrische Stuhl stand inmitten des weißgetünchten Raums: eine massive Metallkonstruktion, an der mehrere metallene Bänder und Riemen angebracht waren. Neben der monströsen Mordmaschine befand sich ein Wandschirm und dahinter drei flache grüne Tragbahren, reserviert für die Leichname.

Madeiros wurde als erster von den Wachbeamten geholt. In ihrer Begleitung stieg er die wenigen Treppen von seiner Zelle zum Hinrichtungsraum hinunter, in dem sein junges Leben ein frühes Ende finden sollte. Er setzte sich wortlos auf den elektrischen Stuhl, die Riemen wurden angeschnallt, das Signal zur Einschaltung des Stroms gegeben. Um neun Minuten nach Mitternacht wurde Celestino Madeiros für tot erklärt, im Alter von 25 Jahren.

Die Wachbeamten kehrten zurück, um Sacco abzuholen. Um elf Minuten nach Mitternacht trat er in das gleißende Licht des Hinrichtungsraums. Sacco sah müde und bleich aus. Sein dreißigtägiger Hungerstreik, den er erst wenige Tage vorher zwangsweise hatte beenden müssen, hatte ihn gezeichnet. Er setzte sich auf den Stuhl, die Wachbeamten schnallten die kalten Metallbänder um seine Gelenke.

»Es lebe die Anarchie!« rief er auf italienisch in den Raum. Danach, wissend, daß er nur noch wenige Atemzüge lang zu leben hatte, in gebrochenem Englisch: »Lebt wohl, mein Weib, all meine Freunde.« Sacco blickte zu den Zeugen, die bei diesem ritualisierten Justizmord mitzuwirken hatten. Als die Beamten die letzten Riemen um seinen Körper schnallten, sagte er höflich: »Guten Abend, meine Herren ...« Dann hob einer die Hand. »Leb wohl, Mutter ...!« rief Sacco aus. Seine Worte verloren sich im Sterben.

Um 19 Minuten nach Mitternacht wurde Nicola Sacco für tot erklärt. Er wurde nur 36 Jahre alt.

Vanzetti wartete schon darauf, abgeholt zu werden. Als er um zwanzig Minuten nach Mitternacht den Hinrichtungsraum betrat, wirkte er gefaßt und ruhig. Er reichte den Wachbeamten und Gefängnisdirektor Hendry die Hand und dankte diesen »für alles, was Sie für mich getan haben«. Dann setzte auch er sich auf den elektrischen Stuhl. Während die

Beamten die Riemen festschnallten, schaute er die Zeugen an und sprach langsam: »Ich möchte nur sagen, daß ich unschuldig bin und niemals ein Verbrechen begangen habe, aber wohl manchmal eine Sünde... Ich bin unschuldig aller Verbrechen, nicht nur dieses einen, sondern aller. Ich bin ein unschuldiger Mensch.« Dann, nach einer kleinen Pause, fügte er hinzu: »Ich vergebe den Leuten, was sie mir jetzt antun.«

Zum dritten Mal wurde das Zeichen zum Tod gegeben, und die Stromstöße brannten sich in Vanzettis Leib. Gefängnisdirektor Hendry kämpfte mit den Tränen. Flüsternd, kaum wahrnehmbar, sprach er die vom Gesetz vorgeschriebene Formel: »Nach dem Gesetz erkläre ich Sie für tot. Das Urteil ist hiermit vollstreckt.«

Es war 26 Minuten nach Mitternacht. Vanzettis Leichnam wurde auf die Tragbahre hinter dem Wandschirm neben Madeiros' und Saccos tote Körper gelegt. Er wurde nur 39 Jahre alt.

Die Zeugen verließen schweigend den Raum. Für sie gab es nichts mehr zu tun. Nur W. E. Playfair hatte die Aufgabe, der Welt mitzuteilen, daß eine Tragödie zu Ende gegangen war.

# Epilog

Am 19. Juli 1977, fast genau fünfzig Jahre, nachdem Sacco und Vanzetti hingerichtet worden waren, glaubte Michael Dukakis, Gouverneur von Massachusetts, einen Schlußstrich ziehen zu können. Im State House auf Beacon Hill in Boston trat er vor die Mikrofone und verlas eine Proklamation:

*Weil Nicola Sacco und Bartolomeo Vanzetti, beide hingerichtet kurz nach Mitternacht am 23. August 1927, keinen fairen Prozeß hatten, weil Richter und Staatsanwalt voreingenommen gegen Ausländer und Dissidenten waren, weil im Prozeß ein Klima politischer Hysterie geherrscht hat, sollten nun »jeder Makel und Schimpf für immer von den Namen ihrer Familien und Nachfahren genommen werden«. Der Gouverneur erklärt den 23. August 1977 zum Sacco-und-Vanzetti-Gedenktag.*

Für die Nachfahren kam die öffentliche Rehabilitierung spät – zu spät. Vanzettis Vater erlebte sie ebensowenig wie seine Schwester Luigia, die nach der Hinrichtung sofort nach Italien zurückgekehrt war, wo sie bis zu ihrem Tod zurückgezogen lebte. Rosina Sacco blieb in Amerika, obwohl sie tief verletzt worden war. 16 Jahre nach Saccos Tod heiratete sie 1943 nochmals einen italienischen Anarchisten. Ihre Kinder Dante und Ines wuchsen heran und hatten später selbst Kinder.

Während all der Jahre bis zu ihrem Tod äußerten sich Rosina, aber auch Dante (der 1971 starb) und Ines kaum zu den früheren Vorgängen in der Öffentlichkeit. Sie wollten nicht die Rolle der Hinterbliebenen eines Märtyrers spielen, in die sie unterschiedliche politische Gruppen immer wieder zu drängen versuchten. Das Schweigen der Familie Sacco war die Antwort auf das unendliche Leid, das ihnen zugefügt worden war.

Dukakis' Ehrenerklärung im Juli 1977 war der vorläufig letzte Akt einer Tragödie, die die Geschichte eines jeden unerwünschten Einwanderers und Dissidenten hätte sein können. Nur bei Sacco und Vanzetti kam zuviel zusammen: Sie waren Ausländer, Atheisten, Agitatoren – und Anarchisten. Sie lehnten Nationalismus, Kriege und jegliche Herrschaft ab, sie hatten andere Wertmaßstäbe als die zwölf Geschworenen, eine »weiße« Jury, die, angesteckt von der »roten« Furcht, glaubte, die Freiheit des Abendlandes mit Hinrichtungen verteidigen zu müssen.

Sacco und Vanzetti waren exemplarische Opfer.

# Quellen- und Literaturhinweise

Zur Rekonstruktion des Falles Sacco und Vanzetti habe ich eine Fülle von Büchern und Aufsätzen benutzt. Wenngleich, was Daten und Namen betrifft, unterschiedliche Angaben häufig für Verwirrung sorgten, waren sie alle unverzichtbar für meine Arbeit.

Es ging mir darum, die Lebensgeschichte und den Justizfall von Sacco und Vanzetti in dokumentarisch-erzählerischer Form möglichst authentisch zu schildern. Dort, wo Dialoge verwendet wurden, entspringen sie, ebenso wie die Beschreibung von Gedanken, häufig der Phantasie des Autors. Die kursiv gedruckten Texte sind sämtlich dokumentarisch.

Auf jene Bücher, die mir besonders hilfreich waren, möchte ich gern verweisen:

Roberta Strauss-Feuerlicht: *Justice Crucified, The Story of Sacco and Vanzetti,* New York 1977 (deutsch: *Sacco und Vanzetti,* Wien 1979)

August Souchy: *Sacco und Vanzetti – Dokumentation,* Berlin 1927, Frankfurt/Main 1977 (überarbeitete Neuauflage)

Eugene Lyons: *The Life an death of Sacco and Vanzetti (deutsch: Sacco und Vanzetti. Ihr Leben und Sterben,* Berlin 1928)

Howard Fast: *Sacco und Vanzetti – Eine Legende aus Neu-England,* Berlin 1956

Upton Sinclair: *Boston*, New York 1928 (deutsch: *Boston*, Berlin 1929, Neuauflagen Jossa 1978)

Frederik Hetmann: *Freispruch für Sacco und Vanzetti*, Baden-Baden 1978

Felix Frankfurter: *The Case of Sacco and Vanzetti*, New York 1927

Horst Karasek: *1886 – Haymarket. Die deutschen Anarchisten von Chicago*, Berlin 1975

Im einzelnen habe ich stellenweise aus folgenden Quellen zitiert oder mich an deren Schilderungen orientiert:

Vanzettis Lebensbericht (erschienen erstmals 1923 unter dem Titel *The Story of a Proletarien Life* in Boston) wurde auszugsweise zitiert aus der Dokumentation von August Souchy. Ebenso die beiden Abschiedsbriefe von Sacco aus der Todeszelle an seine Kinder Ines und Dante.

Die Textpassagen von Philip S. Foner sind dem Buch *Haymarket* entnommen, ebenfalls die Meldung aus dem *New York Herold* im dritten Kapitel.

Besonders hilfreich war mir die umfassende Arbeit von Roberta Strauss-Feuerlicht, der wohl gründlichsten zum Fall Sacco und Vanzetti. Alle Briefe von Vanzetti an seinen Vater und seine Schwester Luigia sind daraus auszugsweise zitiert, ebenfalls Anwalts-, Gutachter- und Zeugenaussagen sowie Dokumente zu den Palmer-Razzien, soweit sie wörtlich wiedergegeben wurden. Auch der Text von Lauriston Bullard (erschienen im *Boston Herold*) ist dieser herausragenden Arbeit entnommen.

Der Brief des Schriftstellers Anatol France wurde dem lesenswerten Buch von Frederik Hetmann entnommen. Thompsons Erinnerungen an sein letztes Gespräch mit Vanzetti, erstmals veröffentlicht 1928 in der Zeitschrift *Atlantic Monthly*, ist ebenso daraus auszugsweise zitiert wie der Gesetzestext (»Gesetz gegen das Zur-Schau-Stellen der roten Fahnen«) im dritten Kapitel. Der Titel dieses Buches geht auf eine Kapitelüberschrift in Hetmanns Arbeit zurück.

Die Ergebnisse des Lowell-Berichts sind nach Eugene Lyons zitiert, ebenso die Meldung aus dem *Boston Herold* im vierzehnten Kapitel.

Die Prozeßprotokolle sind auszugsweise zitiert nach: *The Sacco-Vanzetti Case: Transcript of the Record of the Trial of Nicola Sacco and Bartolomeo Vanzetti in the Courts of Massachusetts and Subsequent Proceedings, 1920–1927*, 5 Bde., New York 1928, Neuauflage New York 1969.

Vanzettis Abschiedsbrief an Saccos Sohn Dante wurde mir freundlicherweise von Katja Behrens überlassen, die auch die Übersetzung besorgt hat. Der Brief wurde erstmals in dem von ihr herausgegebenen Sammelband *Abschiedsbriefe*, Düsseldorf 1987, gedruckt.

Für Übersetzungen danke ich Roswitha Klein; Richard Grübling und Gabriele Göttmann für deren sorgfältige Manuskriptarbeit.